王元化
著作集

九十年代反思录

王元化 著

上海书店出版社

关于反思"五四"的讲稿

我中学读的是教会学堂，读大学又经抗战了，我又加了救亡运动，读的大学不是教会学堂，而且我也没有读完大学，如果说曾经对我有什么影响，那恐怕就是新约中的某些精神罢，西方十九世纪文学大概都浸润了这种精神，这时代也是我所看重的。我觉得在一个崇日傲欧的时期，我又重读不到曹雪芹。

期二文章中说：上海成了一个纱锭世界，我们许多藏书都自行销毁了，日后靠此居在沪郊，我可以说地里看，我对此很佳主义感，到了敬佬，浸透着之文精神而西方十九世纪文学似是我将要的读物，此许这是由于小时种种经受到是暗我的影响，使我对这些文，者时我的唯一读物，引者与我的浓厚兴趣，也许这是由于小时种种经受到是暗我的影响，使我对这些文学作品尤居生一种说同感觉，且到今天，西方十九世纪文学仍是我将要的读物。

来自一九九七年撰对五四的再认识再信答客问

唐弢 十月 清园

出版说明

王元化（1920.11.30—2008.5.9），湖北江陵人。著名学者、思想家、文艺理论家。号清园，曾用笔名洛蚀文、方典、函雨等。他从二十世纪三十年代开始写作，在漫长的学术生涯中，发表了多部作品。他对《文心雕龙》的解读，对五四启蒙思想的剖析，对卢梭"公意"的追问，他整个思想历程的"三次反思"等，都对当代思想学术产生了深远影响。他"不降志，不辱身，不追赶时髦，也不回避危险"的精神风骨，亦成为后学追慕的楷模。为了更好地传播王元化先生的思想学术，传承其精神文脉，更加完整地展现先生个人的观察、思考、认知与研究，我们此次以精装本形式推出"王元化著作集"，集中呈献给广大读者，谨以此表达对先生最真挚和最深切的纪念。

二〇二二年十月

目 录

近思札记（一九九四～一九九六）......1
《文心雕龙讲疏》序（一九九一）......20
关于斯城之会及其他答问（一九九三）......25
杜亚泉与东西文化问题论战（一九九三）......38
关于近年的反思答问（一九九四）......61
卢梭《社约论》笔谈三篇......74
  与友人谈公意书（一九九二）......74
  张奚若谈卢梭（一九九七）......79
  与友人谈社约论书（一九九八）......83
  [附]吴江来信......102
对"五四"的思考（一九九八）......106
对于"五四"的再认识答客问（一九九九）......110
  [附]《对于"五四"的再认识答客问》前文......129

"达巷党人"与海外评注（一九九一）......136
"子见南子"与前人注疏（一九九一）......143
关于京剧与文化传统答问（一九九五）......153
读黑格尔的思想历程（一九九六）......186

［附一］黑格尔《美学》札记三则（一九八八） 198

［附二］论知性的分析方法（一九八二） 216

读莎剧时期的回顾（一九九七） 224

《莎剧解读》跋（一九九七） 248

自述（一九九四） 253

［附］一切诚念终当相遇（胡晓明） 259

谈顾准和他的著作两篇 268

《从理想主义到经验主义》序（一九八九） 268

《顾准传》序（一九九九） 271

谈张中晓和他的著作两篇 276

《无梦楼随笔》序（一九九二） 276

《无梦楼随笔》台湾版序（一九九七） 281

谈孙冶方——《陈修良文集》序（一九九九） 287

《思辨短简》后记（一九八九） 296

《思辨发微》序（一九九二） 299

《思辨随笔》序（一九九四） 304

邂逅草书话（二〇〇〇） 309

谈诙谐 309

《幻洲》记略 312

《九尾龟》 315

近思札记

本文是从一九九四年下半年至一九九六年底所写的文章中摘录出来有关反思的片断。

一九九七年三月一日

一

基础理论和应用学科形成了一种水涨船高的关系。十多年前我曾提出了这一看法,但遭到一些人反对。他们认为这是一种理论脱离实际的倾向,而不讲实用的理论,只是抽象的玄谈和学究的把戏。所以有些研究单位不从学术本身去考虑问题,而是按照实用观点来规划研究方向和制定科研项目,以致完全成了为行政和企业出谋划策的附庸机构。这种情况是由来已久的。"文革"时,周培源等要求重视基础理论,曾遭到强烈抨击。那时张春桥正在宣扬"一块石头砸开了哲学的大门",他还把一位农村大娘顾阿桃用少数文字夹杂着圈圈与图像写成的学习材料,吹捧为活学活用的典范。专讲实用而忽视基础理论的观点,至今仍在支配着一些人的头脑,其后果是堪忧的。近几年来大学的历史系和哲学系，已很少有人问津，报考者寥寥。各校招生多不满额，不得不降低录取分数线。这两个系出来的毕业生，到了社会上则很难找到工作。人文学科已陷入困境，而人文精神的衰落终将导致一个民族的文化水平和精神素质的下降。

《雨僧日记》曾记陈寅恪对中国学术的看法："中国古人惟重实用，不究虚理，其短处长处均在此。长处乃擅长政治及实践伦理学，短处则是对实事之利害得失观察过明，而乏精深远大之思。"（大意）寅恪认为"昔时士子群习八股，以求功名，今之留学生皆学工程实业，不肯用力于学问，探索天理人事之精深博奥。不知实业以科学为根本，倘不揣其本，而治其末，充其量只能成为下等之工匠，一旦境遇学理略有变迁，则其技不复能用，所谓最实用者，乃适成最不实用"。寅恪在阐明基础与实用关系时，简明扼要地揭示了专趋实用而乏远虑之弊。上面摘引的《雨僧日记》写于一九一九年，距今已七十余年矣，今天还需要重复同样的话，真是令人感到悲哀。

也是在本世纪早期，国内报刊上出现了对"杀戮现在"的谴责。当时，重视现在的倾向蔚然成风，认为"过去"已不存在，"未来"尚未存在，只有"现在"永远在场，是永远的存在。而不知道只有过去才能使现在成为现在，并通过现在规范了将来。如果不去考虑急功近利对于将来的影响，那么为了现在也同样会成为将来的杀戮者。美索不达米亚、希腊、小亚细亚一带居民，想要扩大耕地，砍光了森林，虽然当时收到了效益，可是失去了森林，也就失去了积聚和储存水分的中心，以致使这些地方后来成了不毛之地。这一事实，正可以作为短期性行为的有力例证。

二

我不能同意把人的素质问题归为所谓"国民劣根性"问题。人的素质与文化教育有着密切关联，但又不能仅仅归之于文化教育问题。不容讳言，文化滑坡，教育质量下降，文盲的大量存在，势必影响人的素质。文化教育有着不可推卸的责任，应该做大量的工作。但除此以外，还有一个问题却往往被大家所忽视，这就是公民意识问题。长期以来，由于公民权利没有受到应有的重视和维护，以致影响到每个公民对于自己应尽的责任和义务，采取了一种不关痛痒的冷漠态度。这是形成长期缺乏公民意识的主要原因。一个重公德，讲卫生，有礼貌的文明社会或文明城市，并不是单靠"五讲四美"的群众运动或制订类如吐痰罚款等措施所能建立起来的。倘使每个公民没有出自内心的需要，认为讲公德和自己的利益休戚相关，倘使没有这种公民意识的自觉，那么，无论依靠来自外面多么严厉的强制手段，也是无济于事的。在一个市民空间十分狭窄的社会里，每个人对社会只是处于一种被动状态，只有服从，而不会积极参与去维护它。没有自治的能力，对贪污腐败无法监督，对伪劣产品无处投诉，在这种情况下，就不可能对社会产生休戚相关、荣辱与共、血肉相联的感情，自然也就不会建立人人为我，我为人人的公民意识了。在这样一个社会里，每个人只会关心自己的小天地。由于一种反拨作用，甚至不惜以邻为壑，把一切公德置之脑后，成为毫无群体意识的自私自利者。

三

谈到传统不能不涉及"五四"。我并不认为"五四"是全盘反传统的。"五四"反对儒家，但对于法家、老庄、墨子，不但不反对，倒大多是肯定或赞扬的。"五四"反对所谓"贵族文学"，但对于作为小传统的民间文化，即"五四"时期所谓"平民文学"，小说、山歌等，是竭力推崇的（令人奇怪的是，"五四"时期对于同是民间文化的京剧却是反对的）。为了解决自己思想中的一系列问题，我不得不对过去一些认识进行反思。四五年来，我写了不少关于这方面的文章，检讨自己过去对"五四"的理解，对传统文化的理解，对黑格尔哲学的理解，对《文心雕龙》的理解。我把自己前后不同的认识，分别写进《杜亚泉与东西文化问题论战》、《关于现代思想史答问》、《关于近年来的反思答问》、《〈文心雕龙讲疏〉序》、《清园夜读》、《〈清园论学集〉序》等著述中。这些反思也可以说是对自己所作的自我批判。我觉得这很有必要，倘固执于保持一贯，不管过去的认识和理解对不对，一概坚持下来，那么思想就会陷入凝固和僵滞。

七年前，我在一本拙著的跋文中回顾过去，曾这样说："我在荆棘丛生的理论道路上，历经劫难，虽一再蹉跌，有过犹豫，有过彷徨，也走过弯路，但没有作过违心之论，我始终信守为学不作媚时语的原则。"我这样做是本着自己的良知，自信并没有任何曲学阿世的成分。可是一位论者看了那篇谈杜亚泉的文章，加我以"一百八十度转变"的评语。另一位青年友人则警戒我说，我批评激进主义的观点会产生亲痛仇快的后果，要我再写篇文章把事情谈清楚，以免引起误会云云。这虽然是出于好意，但我并未接受，因为我认为一个人倘使至今还在信奉"凡敌人赞成的我们就要反对"之类的原则，那是没有办法去消除他的误会的。最近读到一篇文章，说人生难以摆脱的欲念有三：权（power），钱（property），名（prestige）。后一种往往是知识分子难以超越的欲障。唐德刚在《胡适口述自传》注文中,曾提到他的老师对于身后名的重视。相形之下,我很赞成有些前人对于名誉地位一概都不要那种毫无牵挂的洒脱态度。

我想读过我那几篇文章的都可以明白,我的反思并没有侈谈时代精神的宏伟目的,只是按照四十年代我年轻时批判自己身上的机械论的经验,想要克服自己的片面性,纠正错误,使自己有所提高,能够更加成熟一些,看问题较深入一些。我把这些体会撰写成文,也不过想给读者提供一些参考,并无其他深意。有人把九十年代概括为反思的时代,认为这是对八十年代的反动,而其标志则是对于激进主义的批判。这篇概括性很强的文章,把大陆出现的反思归结为受到海外余英时先生于八十年代末所作的一篇演讲和一篇文章的影响。我想这估计恐怕并不怎么准确。黑格尔曾说具体的普遍性不同于抽象的普遍性,前者可以将特殊性和个体性统摄于自身之内。我认为这只是存在于黑格尔的逻辑学中,而并不存在于现实中。实际上,普遍性愈大,它所能概括的特殊性和个体性则愈少。设想有一种不同于抽象普遍性的具体普遍性,使这种概括可以放之四海而皆准,那只是美好的空想。

我对于激进主义的认识是用了半年多时间仔细阅读了大量资料而形成的。当时并没有想到激进主义问题,我的反思主要是在其他方面。但读了这些资料之后,我认为激进主义纵使不是极左思潮的根源,也和它有着密切的联系。这意见就写在谈杜亚泉的那篇文章中。读过这篇文章的人都可以看出,我的意见和海外某些学人的说法并不相同。一九九一年海湾战争时期,我参加了在夏威夷举行的中国文化研讨会,在会上有人把现代知识分子划分为激进主义的、自由主义的、保守主义的三类。我说我不能同意这种划分,它使我想到大陆上习见的把知识分子划分为左、中、右那种使每个人都穿上号衣的分类法。如果硬要按照这样干脆省事的划分来站队，我不知道自己应该站在哪里。最近有一篇号称反省的文章把反对激进主义的人一概称为保守主义者，甚至把"五四"时期一些国家主义者也说成是反对激进主义的保守派，这是按照政治上的派别划分，把激进主义局限在左的范围之内，于是把反对激进主义的人一概视为右的保守主义了。这实际上是用政治派别来划分，把左说成是激进派，把右说成是保守派。类似这种说法过去也有，虽然说的人的用意不同。"四人帮"粉碎后，就有过"四人帮""右得不可再右了"的说法，因为左是革命的，右是反动的，所以"四人帮"也就不代表极左思潮了。但我对激进主义一词的用法与此不同。我是把激进主义作为采取激烈手段，见解偏激，思想狂热，趋于极端的一种表现，它并不是专属哪一个政治党派的。在这种意义上，"四人帮"是激进主义，在政治上被称为极右的希特勒的纳粹党和墨索里尼的棒喝团，也都是激进主义。将政治上的概念套到学术思想上，就如过去将党派性、两条路线斗争等等政治概念套到哲学上一样是不妥的。

四

最近我正在阅读有关无政府主义思想的资料。西方革命思潮最早进入中土的是无政府主义。这是在本世纪初开始的。大约在一九〇二年，马君武首先介绍了《俄罗斯大风潮》。由于中国革新运动屡遭失败，当时一些和平稳健人物，如蔡元培、马叙伦，甚至太虚和尚，也都浸染了这股无政府主义思潮。代表当时无政府主义思潮的主要人物刘师培于一九〇四年发表在《中国白话报》第六期的《论激烈的好处》

一文说："天下的事情，没有破坏，就没有建设。这平和党的人各事都要保全，这激烈派的人各事都要破坏。我明晓得这破坏的人断断不能建设；但是中国到了现在，政府既坏得不堪，十八省的山河都被异族占去了，中国的人民不实行革命，断断不能立国，就是破坏两字，也是断断不能免的了。"这段话颇能道出当时无政府主义者的思想情绪，如果用来对于激进主义一词的说明，倒是和我的界说是十分接近的。

激进主义发生在"五四"以前，"五四"和"五四"以后的思想界都或多或少受这一思潮的影响。"文革"时期的"造反有理"、"大乱才有大治"、"破字当头立在其中"、"两个彻底决裂"等等，都是这股思潮愈演愈烈的余波。我的反思是想要发掘极左思想的根源，这和意图否定八十年代是不相干的。不过我对于所谓八十年代是重思想，九十年代是重学术，因而九十年代的反思，就形成了"学术出台，思想淡化"，或今天更进一步的"学术压思想"诸如此类的意见，是不能同意的。我仍旧认为今天应该多一些有学术的思想和有思想的学术。如果有人反对，硬要将思想和学术截然分开，这是他的自由。我不想强人从己，也不想强己从人。我说的只是我以为然的道理，希望它或许对读者不无借鉴之处。

五

据《太虚法师年谱》载，太虚和尚早年在思想上与严复、章太炎、梁启超、梁漱溟等都发生过某种瓜葛。他曾撰《整理僧伽制度论》，其中"论僧"部分与章太炎的建立宗教论同旨。在评论世学方面，则有《论陈独秀自杀论》、《睐盦读书录》、《论胡适之中国哲学史大纲上篇》、《读梁漱溟君唯识学与佛学》、《论梁漱溟东西文化及其哲学》、《近代人生观的评判》等。所可惜者,《年谱》在这方面大多一笔带过,其中只有"大师不满胡适之进化论的历史观念,责其抹煞个人之才性,不明佛法之心性","梁漱溟时有《唯识述义》公世,右空宗而抑唯识,大师为论空与唯识,义本一致"等数条。《年谱》还记有太虚游绍兴,盘桓二三月,曾撰文于《绍兴公报》,宣导立宪政治及普及教育等。此事亦见孙伏园著《鲁迅先生眼中的太虚》一文。关于太虚相信无政府主义,《年谱》于辛亥前一年(一九一〇)条下有这样的记载:太虚"由君宪而国民革命,而社会革命,而无政府主义",当时太虚曾为吕大任主编《良心月刊》,鼓吹无政府主义。并著《无神论》比较政治与宗教的进化历程:"政治界之进化,由酋长而君主,由君主而共和,由共和而无治(指无政府)。宗教界之进化,由多神而一神,由一神而(无神)尚圣,由尚圣而无教。"《年谱》称这一说法为"遮他边"。大概佛家因破人我诸执而成"日损之学"(用熊十力说),所以才可能接受行彻底破坏的无政府主义学说吧。但无论如何这总是证明了无政府主义在当时风行之广。"五四"时期胡适所记日记中称谈论无政府主义为当时的"时髦"风尚。但真正原因恐怕只能以中国百年来改革多遭挫折来说明。社会过于黑暗,使许多要改变现状的志士仁人,选择了采取暴力手段的无政府主义。当时接受无政府主义思潮的人还有不少性格和平受到传统文化熏陶很深的人物,如蔡元培、马叙伦等。

无政府主义在当时风行的另一个原因,在于它是最早传入我国的西方革命理论。无政府主义是一种激进主义。激进主义这一概念在许多人心目中并不一样,批评激进主义的人立场也不尽相同。我并不认为激进主义专属哪一党派,而是界定它为思想狂热,见解偏激,采取破坏手段,趋于极端的一种思潮。较远的例如无政府主义,较近的例如红卫兵的造反运动。关于前者我曾举出刘师培的理论。这不是孤立的，早期无政府主义者几乎都持类似看法。一九〇三年马叙伦发表在《政艺通报》上的《二十世纪新主义》，就提到无政府主义者的破坏宗旨。同年，杨笃生撰《湖南之湖南人》，第五篇以《破坏》为题，歌颂破坏精神说："非隆隆之炸弹，不足以惊起入梦之游魂；非霍霍之刀光，不足以刮其沁心之铜臭。呜呼！破坏之活剧，吾曹安得不一睹之？破坏之悬崖，吾曹安得不一临之？轰轰烈烈哉，破坏之前途也；葱葱茏茏哉，破坏之景象也。夷羊在牧，吾以破坏为威凤之翔于天；旱魃行灾，吾以破坏为神龙之行于海。"同年，自然生（张继）撰《无政府主义》，燕客在序中明白宣告："破坏不能与建设并行，现欲行大破坏，当专以破坏为脑。"文末大声疾呼："吾愿杀尽满洲人，杀尽亚洲特产之君王、杀尽政府官吏、杀尽财产家、杀尽资本家、杀尽孔孟之徒、杀尽结婚者。"这种荡涤一切的狂热，令人不由得想到半个多世纪后的"破四旧"、"大批判"、"造反有理"、"两个彻底决裂"、"横扫一切牛鬼蛇神"、"破字当头立在其中"、"大乱才有大治"等等造反的口号与行动。其区别是前者处于被压迫地位，而后者是受到保护的。但就手段来说则两者完全一致。我为了究明成为长期顽症的极左思潮的历史根源，近两年读了一些有关无政府主义的著作。自然，极左思潮的思想根源并不完全来自西方传入的激进主义，它也和中国历代的农民运动有着一定的关联。红卫兵运动的狂热性与冲动性，都可以在已往的太平天国或义和团等农民运动中找到类似的特征。

《年谱》记太虚与杨仁山于民国元年成立佛教协进会于镇江金山寺，人称"大闹金山"事件，震动佛教界。后又倡佛教三大革命于上海静安寺，而遭人诋诃。但从《年谱》中还看不到他有主张暴力的言论和行动。

六

一九〇七年，刘师培偕妻子何班（后更名震）东渡日本，先办《天义报》，遭查封后，又办《衡报》。这两个刊物是刘师培思想转向无政府主义时办的，但其中也留下不少有关我国早期社会主义思潮的重要文献。《天义报》第十六、十七、十八、十九四期合刊上（一九〇八年），载有刘师培的《〈共产党宣言〉序》。朱维铮为《论学论政》所写的序言说，据此序推测，"在我国出现的《共产党宣言》第一份中译本，很可能是刘师培组织翻译并刊行的，可惜至今没有找到译本。无论刘师培何震夫妇的动机如何，他们至少使中国人进一步粗略得知马克思主义学说，在这点上功不可没"。刘师培在序中说，《宣言》的这个译本乃是"日本堺利彦君据英文本直译，而民鸣君复译以华文"。又说："（《宣言》）之所谓共产者，系民主制的共产，非无政府主义制的共产也。"从而明白表示了无政府主义与马克思主义的区别。

《衡报》最值得重视的文章有二。其一是《论共产制易行于中国》。这里说的共产制，援引了苦鲁巴特金（今译克鲁泡特金）《面包掠取》第三章："详述无政府共产主义，最精之语则谓，由无政府而生共产制，由共产制而无政府。"作者认为这种共产制于中国古史"确然有征"，并举《礼记·祭法篇》的"共财"说、顾炎武释《礼记大传》的"合食通财"说、《汉书·食货志》的"计亩均收"说，以及《礼记·礼运》的"老有所终，壮有所用，幼有所长，鳏寡孤独废疾者皆有所养"等，谓"此即共产之确据"。然而最引起我注意的还是下面这段话："东汉之时，张鲁据汉中，诸祭酒各起义舍于路间亭传，悬置米肉以给行旅，食者量腹取足，此亦共产制之行于一方者。"这令我不禁想起，五十年后，在讨论人民公社决议案时，曾附毛注《张鲁传》以供参考，也是认为五斗米教的种种措施含有共产制的因素。如果上面那篇文章果为刘师培所撰，那么他在这个问题上，却是一鞭先着。

另一篇文章，则是《无政府革命与农民革命》。文章一开头就明确断言："欲行无政府革命，必自农民革命始。"所谓农民革命，指的乃是"以抗税诸法反对政府与田主"。文章阐明革命必自农民始的理由有四：甲、中国大资本家以田主为多数。乙、中国人民以农民为多数。丙、中国政府的财政以地租为大宗，农民抗税，财政必定不支，则颠覆政府必易奏功。丁、财产共有制必以土地共有为始基，如农民实行土地共有，则一切财产均可易为共产制。作者接着分析了农民为什么可以投入革命的理由，除指出团结性等等以外，最值得注意的，是作者从历史上不断涌现的农民造反运动，来证明农民最具抵抗力（反抗性）。作者列举陈涉起于佣耕，刘秀起于力农。唐初刘黑闼起于漳南，所率都是农民，而西晋农民扰乱，也都是无食农民。明代邓茂士以佃农之微起兵闽省，而明末之乱也以无食农民占多数。近世蔓延北方被称为"稔匪"之众者，实如曾国藩之奏，"聚则为匪，散则为农"。辛亥前，北方及川、黔、湘、浙、粤各省会党，多事力农，反对差役，其殴官各巨案，鲜出于市民，而多行之于农村。更近发生的镇江之闹漕，桐乡万倾湖之暴动，湖北之后湖，安徽之八都湖等等事件，都以农民反抗为主。作者在那时就提出革命当以农民为主力的理论，诚然也是一鞭先着的。

三十多年前，笔者在上海古籍书店二楼旧书部，见有《刘申叔先生遗书》，问价过百元，把书买回家去，则可堆满小半间房间，这不是我辈可以问津的。然而不仔细读他的书，就无法对其人其学作出公允的评价。刘师培仅仅活了三十多岁，他的一生极为复杂，其行径之曲折，往往令人诧异。如早期投书端方，晚年依靠袁世凯，这些失去操守的行为，一再受到人们的指摘，即使对他取同情态度的弟子亦不为之讳。黄季刚曾评曰："忧思伤其天年，流谤及于后世，贻人笑柄，至可痛惜！"但世人诋诃，多出于道德上的责备，殊少思想上的探索。其实从激进革命走向拥戴独裁，也不是没有思想上的线索可寻。这在中外近代史上是不乏先例的。所谓两极相反亦相通，我以为激进主义的趋向极端、崇尚暴力、蔑弃人道、反对民主可能就是两极相通的途径之一。

七

五十年前我和先父共同翻译了英国吟唎所著的《太平天国亲历记》。他翻译了前八章，我翻译了后面的第九至第二十六章。

原著是罕见的书，我不知道在英国本土是否还有收藏。我见到它完全出于偶然。五十年代初我开始对太平天国发生兴趣。那时原工部局收藏的一批书，搬到了虎丘路亚洲文会图书馆存放。我得到友人沈之瑜的帮助在那里借到了吟唎这本著作。起先我只想以它作为创作的资料，后来因受出版社的嘱托才将它翻译出来。翻译过程在本书再版《跋》中已作了交待。这里我想再补充几句。本书再版修订时，我在《跋》中曾据罗尔纲的意见，将地名芦墟改为甪直。跋文在报上发表后，即得读者杨其民来信，指出原译芦墟不误。后又得读者陆之铭来信，也以为原译是正确的。杨君考辨甚详，大意说，吟唎自上海出发，溯黄浦江至松江，再至芦墟买丝，途程恰好六十英里，正与书中所说里数相符。若由松江去甪直，不仅绕路，亦无水路可通，且甪直亦非产丝之地。书中曾说该地佛寺被捣成粉碎，但甪直名刹保圣寺却并未被毁，而甪直的唐塑罗汉则至今保存。陆君来信则说他本人即芦墟人。他认为原文的英文音译 Loo-Chee，系据当地人发音。以前诗人多用"芦漪"或"芦坵"称呼芦墟亦可为证。

吟唎这本书的最大特点是记载并分析了当时英国的对华政策，其中颇多其他著作中所难见到的资料。至于在太平天国本身的资料方面，就我所浏览的来说，如早期简又文的一些著作，后来罗尔纲编定的大量资料，以及清方记载，特别是清军为了作战需要由张德坚编撰的《贼情汇纂》等等，都比吟唎这本书要丰富。史学界曾出版了不少关于太平天国的著作，但是如果把近代史上作为农民革命的太平天国运动，和现代中国革命史联系起来考察，就会发现不少使人感到饶有趣味的前后相续的现象。可惜这方面工作迄未引起人们重视。我印象中有这样几个例子：如基于平均主义思想，太平天国取类似张鲁五斗米教置义舍义米肉办法，设男营女营圣库圣粮，以行供给制。又如太平军行军时，有类似"八项注意"的纪律规定（两者近似的程度令我为之惊讶）。此类史实倘加以深入探讨，对我们研究中国现代革命史将是大有裨益的。太平天国的失败自然应归之于洪杨内讧后领导层的腐化，但其采取的歧视知识分子（士人）的政策，也是造成后来失败的一个重要原因。如今所流传下来的清方记载，除官书文件外，均出于读书人之手，而他们所写的野史或笔记，几乎毫无例外地对太平军取反对态度。我以为造成这种情况的原因，是不能简单地用士人的反动阶级立场来说明的。范文澜近代史曾引曾国藩《讨粤匪檄》的一段话："粤匪焚郴州之学宫，毁宣圣之木主，十哲两庑，狼藉满地，所过州县，先毁庙宇，即忠臣义士如关帝岳王之凛凛，亦皆污其宫室，残其身首。"范氏认为曾的"这一宣传是取得了胜利的"。但更重要的原因恐怕还在于对待士人的具体举措。我已记不得在哪一本清人笔记中读到，太平军将所俘士人，着青衣小帽，编入队末，令其抄写文书。据说这还是给予士人的优渥待遇。太平军不理解士人的价值并不奇怪。我们在"文革"中还可以听到用"工人为你们造房子，农民为你们种粮食"之类的话来指摘知识分子只会糟蹋粮食，对社会毫无贡献。这已是在太平天国以后一百多年了。

八

去年参加温哥华之会与杜维明旅舍相遇，曾就传统道德中的三纲五常关系问题谈至深夜。如果我早读到贺麟著《文化与人生》一书中《五伦观念的新检讨》一文，就会将它作为话题了。贺书所阐明的儒家等差之爱与墨家兼爱的区别，以及五伦与三纲之不可分割，都是很有见地的。书中还收有谈诸葛亮的文章，其中提及战时王芸生在《大公报》发表《论诸葛亮》上中下三篇。王芸生批评诸葛亮有两点：一、袭取王船山责先主君臣"勤于耕战，察于名法，而于长养人才，涵育熏陶之道，未之讲也"，认为诸葛亮"养才用才皆嫌不足"。二、亦是片面采取王船山之说，援陈寿所谓"应变将略非其所长"，断言诸葛亮伐魏时军略有错误。贺文对于这两点未加深论，但对王芸生意图推翻宋儒称"诸葛孔明有儒者气象"的旧案，而将他归为"法道合抱"的说法，则加以辩驳。贺文在不满四千言的篇幅中，以明彻的史识和充分的论据，提出了自己的不同见解，令人折服。王芸生称孔明的"淡泊明志，宁静致远"与老子的"知虚守静，知黑守白"相一致。贺文认为以此作为"法道合抱"说的根据,是难以成立的。因为"淡泊宁静之教不仅道出了儒道两家的共同点,且亦道出了千古学人应有态度,所谓'平淡的生活与高远的思想'(plain living and high thinking),实中外学人应有之风致"。

书中另有《法治的类型》一文,曾区分法治有三种。第一种为申韩式的法治,亦即基于功利的法治。简言之,这种法治乃急近功、贪速利,以人民为实现功利的甘饵,以刑罚为压迫人就范的利器。第二种为诸葛(亮)式的法治,或基于道德的法治。第三种为近代民主式的法治,亦即基于学术的法治。这里想对作者所说的诸葛式的法治谈一些想法。史称诸葛武侯治蜀以严,贺文解释这个"严"字说:"所谓'严'并不是苛虐残酷,乃含有严立法度,整饬纪纲的意思。父教子以严,上治下以严,严即表示执法令者对遵法令者有一种亲属的关切,故欲施以严格的教育。"贺文称所谓"陟罚臧否,不宜异同。若有作奸犯科,及为忠善者,宜付有司,论其刑赏,以昭平明之治。不宜偏私,使内外异法也",这几句话既提出严纪律,信赏罚,兼有申韩之长,又提出要去偏私,以求达到公平开明的政治,乃是代表道德的法治最精要的宣言。至于挥泪斩马谡一事,更说明诸葛对行军的法令,朋友的情谊,双方顾全,而与残酷不近人情的申韩式的法治迥不相同。陈寿说诸葛的法治特点在于"刑政虽峻而无怨,以其用心平而劝戒明也"。确是中肯之论。诸葛以宁静淡泊自守,"苟全性命于乱世,不求闻达于诸侯",这种风度与历史上那些以才智干君王猎求富贵的名法之士,大相径庭。宋儒说他有儒者气象,观此益信。贺文说这种类型的法治颇近似近世西洋政治思想家所倡导的"仁惠的干涉或开明的专制"。关于后者,贺文未说明是哪些政治思想家,但就文中重点阐述的所谓"人民公意"来看,可以推知乃隐隐指的是卢梭的社会契约论。公意说正是卢梭社会契约论的核心。根据这种说法,作为人民意见杂凑的众意,往往意见浮嚣,矛盾错误,拘近习,无远图,而只有出于杰出政治人物的远见卓识,才能把握为人民真正幸福打算应当如此的理想意志,这就是公意(请参见拙文《与友人谈公意书》)。值得注意的是作者未将公意论归入他划为第三种类型的"近代民主式的法治",而说它"应属于诸葛式的法治类型",这一点颇耐人寻味。作者称这种道德的法治实行的条件之一,是需要"政府贤明,有德高望重识远谋深的政治领袖,以执行教育、训练、组织民众之责"。这也确实和公意说相契。不过,这段文字还包括更深一层的含意,就是道德的法治应该向民主式的法治过渡,才是发展的正途。贺文讲求蕴藉不事雕饰,深义往往出于平实的微言,书中各篇,率多类此。

九

近年趁多次参加海外举办的中国文化研讨会的机会,我已将自己的一些感想分别写进几篇文章中。我觉得在交流中,尊重并理解对方的不同文化传统和文化背景是十分必要的。至于中国需要引进并研究西方文化成果,以补自己之缺,早已成为有识之士的共识,不再是需要大声疾呼引起注意的问题了。

研究中国文化不能以西学为坐标,但必须以西学为参照系。文化不是一个封闭系统。不同的文化是应该互相开放,互相影响,互相吸收的。我不赞成所谓万物皆备于我的返本论。尤其当有些人假借东方主义的理论,只承认文化传统的特性,不承认各个民族由人类共性所形成的相等的价值准则,因而拒绝遵守国际公法和人性原则的时候,这个问题就更为突出了。今天不应该再出现清军在常胜军协助下攻破太平军据守的苏州城，因杀降而遭到戈登将军的责问时，以"国情不同"为藉口来搪塞的荒唐事了。我愿再一次援引拙著《清园夜读》后记中所揭示的那种诡辩术以为殷鉴。这些诡辩者只要对自己有利，可以根据不同时期的不同需要，出尔反尔，不惜把惠施说的万物毕同毕异分割开来：时而只承认万物皆同，时而又因碰到相反需要而只承认万物毕异。上述以国情为藉口而藐视共同人性原则的诡辩即其一例。

　　研究中国文化，现在更需要的是多做些切实的工作。自从自由、民主、人权等等名词由西方传入中国以来，人们都会说，可是却很少有深入的钻研，结果在人们头脑中只剩下一个朦胧的概念。就以民主作为一种政治学说来说，它的起源和发展流变，它在英美经验主义和大陆理想主义的不同思潮中形成怎样的学说和流派，以及当它传入中国以后，我国思想家对它作过怎样的诠释与发挥……这些问题都是建立现代民主社会、民主体制所必须弄清楚的。可是迄今很少有人关心这类问题，以至于援引孟子"黎民不饥不寒"说民主就在于吃饱饭的言论，竟很少听到反驳的声音。似乎很多人都把注意力放在从宏观阐发海外流行的观点和问题上去了。记得小时候一位学圣品人（基督教牧师）的长辈对我说，《圣经》上说的"你要做世上的盐"比"你要做世上的光"更好，因为光还为自己留下了形迹，而盐却将自己消融到人们的幸福中去了。作为中国的一个学人，我佩服那些争作中国建设之光的人，但我更愿意去赞美那些甘为中国文化建设之盐的人。无私奉献的精神是值得尊敬的。

十

　　长期以来，一个疑问一直盘踞在我的脑海，德国古典哲学所蕴含的深刻的睿智和追求真理的勇毅精神，在纳粹统治之下难道真的已经消亡殆尽无影无踪了吗？如果它们还存在，那么我们从当时德国的哪些方面可以找寻它们的踪迹呢？近读季羡林留德十年日记，其中记载有关一些科学家的事件，使我找到了回答这个问题的启示。一件是德国医学泰斗微耳和（Virchow）在一次口试中，把一盘猪肝摆在桌上，问一个学生是什么？这个学生瞠目结舌，半天说不出话来，结果口试落第，微耳和对这位学生说："一个医学工作者一定要实事求是，眼前看到什么，就说是什么，连这点本领和勇气都没有，怎么能当医生呢？"又一次，微耳和也是口试，指指自己的衣服问道："这是什么颜色？"学生端详一会，郑重答道："枢密顾问先生（对德国成就卓著的教授的一种荣誉称号），你的衣服曾经是褐色的。"微耳和大笑，立刻说："你及格了！"因为他不大注意穿着，一身衣服穿了十几年，原来的褐色变成黑色了。故事讲完之后，作者说："它告诉我们，德国教授是怎样处心积虑地培养学生实事求是不受任何外来干扰观察问题的能力。"另一件，作者记述了战时哥廷根受到轰炸的情景。一天英国飞机飞来，投下了气爆弹，全城玻璃大部分被气流摧毁了。轰炸后，作者听到街上到处都是清扫玻璃的哗啦哗啦声。远处有一个老头，手里没拿笤帚，弯腰屈背正在看什么。走近才认清，原来是蜚声海内外的流体力学权威普兰特尔（Prandtl）教授。作者向他道早安，他告诉作者，他正在看炸弹引起的气流是怎样摧毁操场周围的一段短墙，这是在流体力学实验室里无法看到的。作者面对这样一位抵死忠于科学的老教授,"陡然一惊,立刻肃然起敬起来"。还有一件事是作者听说的,一天夜里,盟军飞机飞临南德慕尼黑城进行地毯式轰炸,全城到处起火,人们纷纷从楼上往地下室或防空洞逃避,然而有一个老头却急匆匆地从楼下往楼顶上跑。他是位要进行实地观察的地球物理学教授。全城震声冲天,头上飞机仍在盘旋,随时可能有炸弹掉在他的头上。然而他全然不顾,宁愿为科学而舍命。这两个在轰炸中发生的故事和作者在德国学的梵文、巴利文一样,深深印入他的脑海,永远无法抹去。这些故事也使我领悟到康德、费希特、黑格尔、费尔巴哈……他们那种把真理看作是人的最高幸福,那种忘我求真的精神,并没有随着上世纪的结束而消逝,它们在这些科学家身上再生了。

《文心雕龙讲疏》序

本书自一九七九年以《文心雕龙创作论》书名出版后，迄今有十多年了。一九八四年，《文心雕龙创作论》印行第二版时，我曾在文字上略作修订，并在有关章节后增加了二版附记，以补充或订正原来的观点，使先后两种说法并存。这是效法阎若璩《古文尚书疏证》的体例。现在本书即将印行新版本，在这新的一版里，我作了较大的删削，增加了一组近年来的新作，并更换了原来的书名，改为《文心雕龙讲疏》。

《文心雕龙创作论》自一九七九年问世，到一九八四年再版，共发行了五万多册。几年前已售罄。书出版后，得到了郭绍虞、季羡林、王力、钱仲联、王瑶、朱寨诸位先生的奖饰。此外，见诸文字的品评或引证，包括有《中国大百科全书·中国文学卷》、《新文艺大系理论二集导言》在内的专论、专著数十种。这些品评不仅限于古代文论范围，而且也伸展到其他领域。作为这部书的作者，对自己著述能够取得这样广泛的影响与回应，自然感到欣慰。但同时也萌生了一种喜忧参半的心情。

《文心雕龙创作论》于六十年代初期撰成，如今已历三十个寒暑。在这漫长的岁月中，世事沧桑，我个人的思想观念也在发展变化。当我开始构思并着手撰写它的时候，我的旨趣主要是通过《文心雕龙》这部古代文论去揭示文学的一般规律。在文艺领域内，长期忽视艺术性的探索，是众所周知的事实。但产生上面想法还有其他原因。五十年代末期，紧接着一次又一次思想批判的政治运动之后，大跃进的暴风雨席卷了中国大地。那时候，人们似乎丧失了理性，以为单单依靠意志，就可以移山倒海。这种笼罩在祖国上空的乌云，它所带来的痴迷和狂热，倘非身临其境是难以想象的。当意志大喊大叫去征服自然的运动刚刚开场，大自然对无视理性的盲目、愚昧、狂热，就加以惩罚了。其后果就是历史上所谓三年自然灾害时期。在饱经苦难之后，一些学人对于唯意志论感到切肤之痛。首先，在经济领域出现了孙冶方的价值规律的理论。虽然它马上被当作修正主义而遭到批判，但在六十年代为期短暂的学术活跃时期，它像投入平静湖面的石块，激起一圈圈涟漪，向四面扩散开去。哲学界展开了科研方法的讨论，史学界对农民战争性质作出了新的估价，文学方面掀起以《文心雕龙》为代表的古代文论研究，连一直沉默的心理学也发出了声音……这些富有生气的理论活动，给学术界吹来阵阵清新的微风。但是，没有多久，"千万不要忘记阶级斗争"的一声号召，风云突变，一切也就烟消云散了。不过，我不想因为突然的变故而中断《文心雕龙创作论》的继续写作，虽然我不知道等待它的将会是怎样的命运。

那时我正耽迷于黑格尔哲学的思辨魅力。五十年代中期，我在隔离审查的最后一年开始阅读黑格尔。隔离结束，我把十几本读《小逻辑》的笔记簿带回家中。此后，我又写了读黑格尔《哲学史演讲录》、

《美学》的笔记。这三部书比黑格尔的其他著作给我更大的影响。几年中,我把《小逻辑》读了四遍,作过三次笔记。黑格尔的《美学》,我也作过十分详细的笔记。后来,我所发表的有关黑格尔美学思想的论文,包括《文心雕龙创作论》中的那几篇附录,都是从这些笔记中抄录出来的,几乎没有作过什么修改。当时关于德国古典哲学的局限性,谈得较多的是那批迂腐学究喜欢建构无所不包的庞大体系的特殊癖好。我也持同样看法。但是黑格尔哲学那强大而犀利的逻辑力量,却使我为之倾倒。我觉得它似乎具有一种无坚不摧、可以扫荡现象界一切迷雾而揭示其内在必然性的魔力。黑格尔哲学蕴含着一股清明刚毅的精神。一八一八年,黑格尔荣膺柏林大学讲席,他在开讲辞中说:"精神的伟大和力量是不可以低估和小视的。那隐闭着的宇宙本质自身并没有力量足以抵抗求知的勇气。对于勇毅的求知者它只能揭开它的秘密,将它的财富和奥妙公开给他,让他享受。"这几句话充分显示了对理性和知识力量的信心。上述种种都加强了我认为文学规律可以被揭示出来的信念。

六十年代过去了。"十年浩劫"之后,当我可以重新阅读、思考、写作的时候,我对黑格尔哲学进行了再认识、再估价。近年来,海外一些学人经过把黑格尔哲学抛在一边的冷漠时期以后,又重新对他的"市民社会"学说发生了兴趣。黑格尔是不能被当作一匹"死狗"而简单地予以否定的。他的哲学充满着复杂的矛盾。黑格尔哲学严格地恪守他为自己体系所建构的自在—自为—自在自为的理念深化运动的三段式。他的著作明显地流露了对这种刻板的、整齐划一的体系的追求和用人工强制手段迫使内容纳入它的模式的努力。七十年代末,我开始感到黑格尔哲学中的这一缺陷,并将自己的某些看法写进文章里。

我对黑格尔哲学的清理，实际上正是对自己进行反思。今天这项工作仍在我的思想中进行着。这里我不能离题旁涉过远。我只想简括地说一下，我认为自己需要对黑格尔哲学认真清理的，除了他那带有专制倾向的国家学说外，就是我深受影响的规律观念了。六十年代初开始写作《文心雕龙创作论》时，我对机械论是深有感受并抱着警惕态度的，因为我曾亲领个中甘苦并为之付出代价。我知道艺术规律的探讨不是一个容易对付的领域，不小心就会使艺术陷入僵化模式。我曾在书中援引了章实斋"文成法立而无定格，无定之中有一定焉"的说法为借鉴。但是，这种戒心未能完全遏制探索规律的更强烈的兴趣与愿望。《文心雕龙创作论》初版在论述规律方面所存在的某些偏差，第二版中仍保存下来，直到在这新的一版里，我才将它们刈除。但这只是删削，而不是用今天的观点去更替原来的观点。所以可以说是在做减法，而不是在做加法。不过，在新的版本里，我增加了新的一组讲话稿。比如关于玄学的评估，关于儒、释、道、玄的关系和阐释。特别是在一九八八年讲话中所提出的《原道》篇的"道"与老子的"道"的渊源考辨，关于《原道》篇中的"道"与"德"关系的考辨，关于刘勰的言意之辨的观点的阐发……这些都对初版的观点进行了纠正或补充。但我对这一版也有于心未慊的所在，这就是《释〈镕裁〉篇三准说》这一章。现在我不能对它进行过多修改，使之脱胎换骨，但我又认为这一问题是值得重视的，因而就索性让它像人体上所存在的原始鳃弧一样保存下来了。

本书改名为《文心雕龙讲疏》，取既有讲话，也有疏记的意思。一九四六年，我在国立北平铁道管理学院任讲师时，曾讲授《文心雕龙》。《文心雕龙创作论》的某些观点，即萌发在那时的讲课中。八十年代，我曾在日本的六所大学，在瑞典的斯德哥尔摩大学，以及在国内举行的《文心雕龙》研讨会上，作了十余次讲话，现将手边有的并略经整理的四篇，作为新的一组文章收入集内。

一九九一年十一月二十四日

关于斯城之会及其他答问

许国良问：您六月上旬去瑞典参加了"当代中国人心目中的国家、社会、个人"讨论会，请您谈谈这次会议的情况。

答：这次会议是由瑞典斯德哥尔摩亚太研究中心与斯德哥尔摩大学东亚学院联合召开的。它得到瑞典与发展中国家合作署、斯堪的那维亚航空公司的赞助。会议共四天，从六月十一日至十四日。出席的有瑞典、美国、挪威、丹麦、大陆与香港学者四十多位。

问：您下榻的萨尔舍巴登饭店的所在地，听说是个有悠久历史的度假胜地。

答：这里是瑞典夏季度假胜地，也时常作为国际会议的活动场所。萨尔舍巴登饭店建于一八九三年。戊戌政变后，一九〇四年康有为流亡海外曾到过这个饭店。他在日记中称，萨尔舍巴登是瑞典最美的地方之一。今天许多重大的国际会议，如"石油输出国组织"年会，欧洲自由贸易联盟年会都曾经在这里举行。

问：这次会议日程是怎么安排的呢？

答：这次会议安排得很紧凑。会议参加者虽然有不少外国人，但会议使用的语言是汉语。这在西方是不常见的。自然其中有几位外国学者不会汉语，用英语发言，但多数是用中文。这一点曾引起海外一位友人的惊讶，他说由此可见欧洲汉学家中文功底之深了。会议第一天上午开幕。由斯德哥尔摩亚太研究中心主任赫德馨主持；斯德哥尔摩大学校长英格·永森教授致开幕词；瑞典和发展中国家合作署署长安德斯·威依克曼致欢迎词；斯德哥尔摩大学东亚语言学院院长、中文系主任罗多弼作了会议导言。紧接着十点半，会议就进入学术报告和答辩。会议每半天由一位学者主持，每位发言者讲二十分钟，然后与会者提出问题，发言者进行答辩。当天上午会议由余英时主持，下午主持人是杜维明。第二天，六月十二日上午会议是由我主持的。以后会议的主持人有李欧梵、陈方正、葛浩文等。

问：听说您在八日下午的会上作了题为《社会契约的两种类型》的发言。您的发言有没有引起争论？

答：我的发言已经发表在今年四月二十日《文汇读书周报》上，这里不再重复了。争论是有的。这里我只想谈争论中的一个问题，即历史和逻辑的关系问题。我认为有的学者从逻辑推理作出论证是有缺陷的。过去我也十分欣赏黑格尔所说的历史和逻辑的一致性，但如果过分相信逻辑推论，以逻辑推理代替历史的实证研究，就会形成以抽象代替具体的弊端。历史的发展固然可以从中推考出某些逻辑性的规律，但历史和逻辑并不是同一的，后者不能代替前者。历史的发展往往并不是可以根据逻辑推理，顺理成章地得出结论的。我强调法律上的"证据法"，强调拿出证据来而不能只根据逻辑推理，或根据我国传统审案的所谓"自由心证"。因为在审案中根据逻辑推理可以构成的罪行，在事实上却往往是无辜的。这一点在我们的"文革"中可以说是屡见不鲜的。我的上述发言曾引起林毓生教授的反驳,他认为"理论研究和审判案件不同"。自然两者是不同的。可是,我觉得两者在所蕴涵的历史和逻辑的关系问题这一点上仍是有共同之处的。

问:看了您带回的会议资料,我感到这次学术会议,不少海外学者对我国近现代文化思想给予了很大关注。特别值得注意的是张灏的《中国近代转型时期的民主观念》,这篇发言对近代以来民主观念的发生、变化及形态异同作了比较全面的、条分缕析的考察。

答:这篇发言确很有意义。自从近代西方思潮传入我国以来,有许多概念,如民主、自由等等,人人都说,可是它们的确切涵义,却很少有深入的钻研,结果只剩下一个朦胧模糊的印象。就以民主作为一种政治学说来说,它的起源和发展流变,它在英国经验主义和大陆理性主义的不同思潮中形成怎样不同的学说,以及当它传入我国后,我国思想家有怎样的诠释和发挥?这些问题都是建立现代化民主体制所必须弄清楚的。可是迄今还很少有人关心这类问题。我觉得我们还缺乏踏踏实实的精神,不务精探,而好趋新猎奇,满足于搞花架子,在文章中点缀一些转手贩来、自己还未咀嚼消化的新学说、新术语,借以炫耀。一些刊物,也往往喜欢发表这类文章。这几年一些海外学者中的有识之士,都对这种学风提出了批评。这里我想援引手边几本海外学者在他们的著作中发表的意见。一本是林毓生的《中国传统的创造性转化》。林教授是一位严谨的学者,他说中国知识分子常犯一些情绪不稳定的毛病,不是过分自谦自卑,就是心浮气躁、狂妄自大。他说要了解另外一种文化是非常困难的事。把另外一种文化的一些东西当作口号是相当简单的。但口号式的了解并不是真正的了解。这种口号是很做作的,不自然的,反映我们内心问题的假权威。他举以前在台湾文学界流行的"现代主义"和"新批评"（New Criticism）为例，说随便把在外国环境中因特殊的背景与问题而发展出来的东西当作我们自己的权威，实在是没有根据的。这种办法的结果是：可怕的口号变成了权威，亦即把外国的一些观念从它们的历史的来源中切断，断章取义地变成了自己的口号的时候，自然就会犯形式主义的谬误（formatistic fallacy）。这些话虽然是针对台湾学术界的一些情况而发，却也切中我们这里的时弊。

此外，余英时的《中国文化与现代变迁》是最近出版的一本著作。余教授称他治中国思想史永远立足于中国传统及其原始典籍内部所呈现的脉络，而不是任何外来的"理论架构"。他认为，严格地说没有任何一种西方的理论或方法可以现成地套用在中国史的具体研究上面。余教授也批评了趋新猎奇的倾向。他说西方学术界号称日新月异，其实是异多于新。许多所谓新观念、新思想不过是变名词的把戏而已。西方学术界并没有一面倒的趋新的风气，一味趋新的人往往被同行看作是浅薄的表现。他提出今天的文化危机特别表现在知识分子的浮躁心理上，仰慕西方文化而不知西方文化的底蕴，憎恨传统文化而又不知中国传统为何物。

海外学者的这些说法使我深深引为共鸣。我在《思辨发微》这本拙著中，收有我在一九八四年写的《各领风骚三五天》一篇短文，其中举出黑格尔援引《新约》中的话，说到学术界新流派一个挤掉一个的现象。这段话的大意是：当你埋葬前人的时候，将要把你抬出去的人已经站在门口。这种不务深探、趋新猎奇的风气弥漫于文化界。在学术、文学、电影……各领域似乎已成为主导倾向，许多人竟以为这才是合乎潮流的创新。我觉得这已成了文化领域中一个不容忽视的问题，认识这个问题的重要，可以使学术界去掉浅薄、浮躁，建立踏踏实实的学风。去年哈佛大学举办的"文化中国"学术研讨会上，几位海外学人对《读书》编者沈昌文就曾提出过少登这类空文而多发表一些切实探讨中国文化的意见。

问：张灏在他的发言中，把一八九五年至一九二五年定为由传统过渡到现代思潮的关键时期。这一时期中西文化开始了广泛而深入的交流，而中国转型时期的民主思潮也在这时开始定型。他指出，中国近代知识分子吸收和认同的是西方社会的高调民主，它的表现是，第一从民族主义观点去认识民主，梁启超、严复、邹容等强调民主是民族独立、国家富强所不可少的条件。第二从传统道德的社群取向去认识民主，康有为、谭嗣同等以儒家的"仁"理想为基础，吸收西方民主思想，李大钊以大同团结为理想接受民主政治，这样的高调民主观念，它绕不开一个问题——民众主义。无论近代知识分子舍弃了传统的圣贤君子的政治观念，还是现代知识分子宣扬群众是历史的动力说，事实上精英主义、权威主义观念始终没有在中国知识分子的自我意识中退位。相反，二者以某种奇特、悖论的方式结合着，由此我国转型期的民主思想带有很大的不稳定性和脆弱性，这一倾向，在今天中国知识分子的民主观念中也常常地出现。张灏先生这些观点确有新意。

答：张灏教授对西方民主观念两种类型的概括，对中国知识分子认同和接受民主观念的评说，以及对我国现代转型时期的界线划分等，都作了深入的阐发。我觉得我们今天缺乏这样的文章，报刊也很少刊载这类文章。张灏的发言也有人提出补充的意见。张灏认为人性具有幽暗意识。他的一本书就以《幽暗意识与民主传统》命名。有人引用一位思想家的话说得很好："正因为人性有恶，所以民主是需要的。正因为人性有善，所以民主是可能的。"这一说法，我觉得可以补充张灏教授未充分展开的论述。人性恶是古代法家的观点，司马谈《六家要旨》称法家"惨刻少恩"就是指法家不承认人性中也有善的因素，因此只有用严刑厉法去限制、去制约的缘故。

问：类似这次瑞典召开的有关中国文化的国际研讨会，已经召开过数次。您参加了不少次会议，和海外关心研究中国问题的专家学者接触不少，您有些什么感想？

答：类似瑞典斯德哥尔摩的学术研讨会，这几年我参加了三次。第一次是美国夏威夷东西方中心召开的，时间是一九九一年二月。第二次是一九九二年八月底至九月初，在美国哈佛大学召开的。（这两次会议都以"文化中国"为标题。文化中国不是政治概念，而是文化概念，它指全球华裔以及和中华文化有着渊源关系或研究中国文化的外国人在文化上的认同，因此这一文化概念要比政治概念宽广得多。）今年瑞典斯德哥尔摩召开的是第三次。我参加了三次会议，深感这样一种国际文化学术交流会议是非常有意义的。通过会议，我们可以互相了解彼此的研究方向和最新研究成果，这往往是只靠阅读所不能了解的。我们应该承认，长期以来，我们在学术研究方面因意识形态化所带来的损失是很大的。过去的政治挂帅、阶级斗争工具论、以论带史以及硬性作出唯物、唯心两条路线斗争等，种种流弊，至今也并未完全消除。这样的学术研究引起别人的非难是不奇怪的。但是海外一些学者认为大陆无学术，只有原始资料的极端看法，也未免偏颇。不能说长期以来大陆学人没有不计成败、埋头苦干的人，他们具有识见的著作虽然不多，但总是存在着的，只是往往被埋没而不为海外所知道罢了。我以为海外学者在诠释古籍方面往往不够精确。美国杨联陞教授在世时，曾写过不少纠谬文章，海外学者称他为 watching dog，视之为畏友（最近中国社科院出版了杨的论文集）。但他去世后，就很少有人再做这一工作了。去年我在哈佛见到在费正清研究中心从事研究工作的学者林同奇，他十分重视这一问题，并为此用英文写了不少介绍大陆学术研究的文章。最近他在美国一份历史悠久、很有威望的杂志 *Daedalus* 上发表了长篇论文来阐发此意，企图使海外学者能够更多地理解大陆的学术真象。我觉得我们自己在这方面做的工作很不够。我们并没有把堪为代表的学人著作介绍出去（通过国际发行渠道介绍出去的多半并不是佳作）。这一点说来使人痛心，许多优秀论著即使在国内也常是默默无闻，又怎么能够让海外认识它们的价值？为此我曾想集合一点力量办一份杂志，介绍一些好作品，不是从政治目的出发，也不讲什么知名度，而是那些可以代表国内水平、具有真知灼见的学术论著。可是这一小小的愿望四五年来迄今未实现。

问：继《文心雕龙创作论》后，最近上海古籍出版社又出版了您的《文心雕龙讲疏》一书。我的印象中，以前您研究的重点是刘勰的《文心雕龙》。近来，我在报刊杂志上读了您发表的论述清末民初学人的系列文章，如谈熊十力、陈寅恪、汤用彤、杨遇夫、胡适等，这是否说明您近年来研究方向变化了？

答：《文心雕龙创作论》是六十年代上半叶写的，完成于"文革"前，稿子压了十多年才在七十年代末出版。"文革"抄家时，这部稿子被抄走了。我不知道它的下落，以为被销毁了。"文革"后稿子还给了我，这是我没有想到的。六十年代，我搞《文心雕龙》是出于那时的环境和自己的处境。当时我未平反，不能接触现实性太强的课题，而只能在古代文论领域内找到安身之地。那时我深感我们的文艺几乎都是照搬苏联的体系，充满机械论和庸俗社会学的陈词滥调，我企图通过《文心雕龙创作论》尽力去纠正文学理论的这种状况。

问：我读过您在"文革"后期写的后来收入《文学沉思录》的两篇长篇论文，一篇是《龚自珍思想笔谈》，一篇是《韩非论稿》，您是否以这两篇文章为起点跨出文艺理论研究领域，转向中国思想史研究呢？

答：我写这两篇文章时"文革"尚未结束，当时"四人帮"正在尊法批儒。为了还历史本来面目，我利用手头仅有的一两本书，写了这样两篇论文。原来我还准备写下去，"四人帮"被粉碎，我走上工作岗位，原来拟定的研究和写作计划也就中止了。我对思想史产生兴趣，最初是受了韦卓民先生的勉励。两年前武汉华中师范大学嘱我为《韦卓民遗书》写序。我写的《前言》中，有这样一段话："他在一封信中，曾谈到我国思想史方面的贫乏，勉励我说'世兄其与我共勉之'的话，至今仍时时促我勤奋，使我对自己的怠惰荒疏感到内心的疚责。"这几句话对我是起了影响的。

问：您近年在《文汇读书周报》、《中国文化》、《读书》、《学人》及海外报刊上（《中国时报周刊》、《明报月刊》、《法言》等）发表了不少文章，听说海天出版社即将出版您的新著《清园夜读》，您的思想史研究范围似乎逐渐转移到近现代。研究中您特别注意到清末民初学人汲收和转化西方学术思想的经验和教训，例如在评说陈寅恪时，对一些流行的说法提出不同意见。您在《夜读后记》中说："寅恪挽观堂诗云：'中西体用资循诱。'所谓中体西用乃一极广泛概念，可作截然不同诠释，寅恪并非附和南皮纲常名教之说，而主张保持中国文化本色，仅此意义而已。"在评说王国维时，您十分强调他收入《静安文集》中《论新学语之输入》一文在近代翻译文学理论中的历史价值，以及在

《论近年学术界》一文中对于汲取西方学术思潮的意见，您援引王国维的话："今则大学不列哲学，士夫谈论动诋异端，国家以政治上之骚动，而疑西洋之思想皆酿乱之曲蘖。小民以宗教上之嫌忌，而视欧美之学术皆两钧之悬谈。且非常之说，黎民之所惧；难知之道，下士之所笑。此苏格拉底之所以仰药，婆鲁诺之所以焚身，斯披诺若之所以破门，汗德之所以解职也！"您说："这是何等精神！何等见识！纵在今日又何以易之！"认为王国维的上述说法就是在今天仍是切中时弊的。

在东西文化融汇交流中，长期以来，存在着不同意见，如中体西用、全盘西化、中国文化本位主义、西体中用等等。持这些不同观点的学者，至今仍在争论，您对近现代学人系列的研究，是不是要针对这些问题提出自己看法？

答：你说的正是中国文化重建中的一个重要问题。从事这方面的研究就无法回避这个问题。这几年来我将自己的一些看法，写在我近来发表的几篇文章中。如果稍加注意，就可以发现其中的发展脉络和线索。在《谈汤用彤》中，我开始接触到汲取西学的两种不同态度。汤用彤学兼中外，通梵文、巴利文，在印度文化方面有精深的素养。早岁留学美国，曾钻研西方哲学，但在《魏晋玄学论稿》等新作中绝无一字一句涉及西方哲学。他所具有的深厚的西方哲学功底，倘不细察，是无法从字里行间寻出蛛丝马迹的，如撒盐水中，化影响于无形，不露任何痕迹，正像陆游诗中所云"功夫深处却平夷"。就这一点来说，我觉得他的史著和胡适的《中国哲学史大纲》显然不同。这种分歧，追其根源，可以从两人对中国文化如何吸收西学的看法方面去究其底蕴。汤用彤很早就提倡中外文化融贯说，主张将西学化于中国文化中。这并非他一家之言，他同时代的陈寅恪亦持此说。但与他们交往颇密的友辈如吴宓的看法就显得粗浅多了。我认为这种融贯论不应像当时或后来某些论者那样，用维新时期的中体西用之说去妄加穿凿，强行归类，比如陈寅恪说："中国之哲学美术，远不如希腊。不特科学为逊泰西也。"这类话就是主张中体西用的洋务派绝不会说的。在《与友人书：自述》中，我对胡适的《中国哲学史大纲》用比附西学的办法来分析先秦诸子提出了批评意见。我认为胡适在进行中西学术比较时是以西学为坐标，因此后来当陈序经提出全盘西化时，他完全赞同，写了表示赞同的文章。虽然后来他也对陈序经全盘西化说提出异议，但这只是在枝节上而主旨却始终未变。在《胡适的治学方法与国学研究》中，我说胡适以传统文化去比附西方文化，阻碍了他对传统文化进行较深入的理解。我举出下面一些例子说明，比如他在早期论著中，用进化论角度去阐释先秦诸子，用实验主义评估韩非。举《五蠹》篇"不期修古，不法常可，论世之事，因为之备"的说法，认为是体现了历史进化论的观点，又说《显学》篇中的"参验之必"就是重实验。他还用西方文艺理论中十分平庸陈腐的 plot 观点，去指摘《红楼梦》，认为它在艺术上不足道，甚至不如《海上花列传》。胡适既以西学标准为本，因此他将文化传统中不同于西方标准的许多成分一概置于绳墨之外。胡适这一观点在大陆上影响很大。我在上述那篇《自述》中就说到自己的经验教训：研究中国文化，不可避免地需要以西学作为比较的参照系，但又不可以西学为主体，用中国文化去比附。六十年代初，我撰《文心雕龙创作论》时，虽对比附有戒心，但上述以西学为主体的影响仍然存在。这使我偏重于揭示《文心雕龙》中与西方美学相同或相似的原则，而放松了对其中不同于西方美学的独立特色方面的探讨。中西文化的比较研究，是为了更深刻地认识中国文化的本来面目。自然，在重建中国文化的问题上，如何使外来的融化于本土之中，那将是一个更复杂的问题。学术界在这方面提出过不少方案和主张，但我以为我们应当切忌笼统地提问题匆忙地下结论。我的这些看法都写在即将出版的《清园夜读》中，只是还没有把上述那些观点贯串起来。

问：您能谈谈您最近的研究方向吗？

答：我正在写一篇有关"五四"前后所发生的东西文化论战的文章。这是现代思想史上的一个重要课题，甚至比科玄论战等更值得注意。但近年出版的《中国现代思想史》竟没有谈到。这次论战是由《东方杂志》主编杜亚泉和《新青年》主编之间的争论引起的。这里我不能详述，好在我的文章就要发表了。我只想谈谈我最近对于文化传统的一点新的认识，这就是关于传统伦理中的纲常名教问题。过去我和大家一样，把纲常名教笼统地看作是封建糟粕，是不值一顾的。但道德伦理是中国传统中最根本的问题。在"五四"前后东西文化论战时期，柳诒徵有一句概括的说法："西方立国在宗教，东方立国在人伦。"直到后来，梁漱溟向毛泽东谈到中国传统时，也是用"伦理本位"（西方则是"个人本位"）来说明。如果抽掉伦理道德的内容，中国文化传统也就只剩下一个空壳了。中国传统的伦理道德是以纲常名教为骨干的。我们怎样对待道德继承问题中的纲常名教？这是无法回避的问题。六十年代初，史学界曾有过道德继承问题的讨论，那时没有正面接触这个问题。今天我觉得这个问题有认真探讨的必要。

问：您对这一问题是怎样看的？

答：这是一个复杂的问题，不是三言两语可尽。你一定要我讲，我只能简单地谈谈自己的初步想法。在"五四"前后所发生的东西文化论战中，和《东方杂志》主编杜亚泉持近似意见的人，大多认为作为中国传统骨干的道德伦理（有时即以纲常名教去概括）是有继承性的。我们不要因此简单地去讥笑他们的保守态度。这些人是杜亚泉、陈嘉异、梁漱溟、钱智修，以及未参加论战而观点和他们十分接近的王国维、陈寅恪等，都是吸取了西学中的民主主义的或自由主义思想的学者，他们在中西学术上造诣很深，决不是维新运动时期迂腐冬烘、愚昧无知的顽固派。倘用激进的态度把两者混为一谈，则未免感情用事，是很不公允的。他们主张继承过去的道德伦理，并不像陈独秀所理解的那样，是在维护君主专制，以图复辟封建王朝。我想用梁启超在那个时期所写的《欧游心影录》中的一段话来说明他们在这个问题上容易引起误会的不够明确的提法。梁启超对于时代的思想作了这样的区分："须知凡一种思想，总是以他的时代做背景，我们要学的是那思想的根本精神，不是学它派生的条件，因为一落到条件，就没有不受时代支配的。"显然，这里将思想的"根本精神"与其在一定时代所"派生的条件"作了严格的区别。明白了这一点，我们就可以说明陈寅恪在《王观堂先生挽词》中，以《白虎通》三纲六纪作为中国文化的定义，不是指它的"派生条件"而是指它的"根本精神"，而这根本精神也就是《挽词》中所说的柏拉图所谓的理念，即"抽象理想的最高之境"。这理念实际上也就是排除了封建时代的派生条件，而从道德主体中抽象出来的"和谐意识"。当时杜亚泉所说的"纲常名教"以及梁漱溟引的孔子的絜矩之道，都从此可得理解。梁漱溟《东西文化及其哲学》说得很清楚，传统道德中所体现的封建时代派生条件，只是"一些古代礼法，呆板教条，以致偏畸一方，黑暗冤抑，痛苦不少"。

但是传统道德所显示的理念——"和谐意识"却是中国传统留给我们的一份宝贵遗产。我并不是说上述种种观点都是可取的，我只是认为过去我们对当时的保守思想采取了简单否定态度是不对的。我们应该对这些问题再认识、再估价，作进一步深入的探讨。

一九九三年七月

杜亚泉与东西文化问题论战

一

杜亚泉，一八七三年（同治十二年）生于浙江绍兴府山阴县伧塘乡（今上虞市长塘）。原名炜孙，字秋帆，又署伧父。少时刻苦自修，精于历算，通日语，长于理化、矿物及动植诸科。他的治学道路颇曲折，青少年时，即觉帖括非所学，改治训诂。甲午后，又觉训诂无裨实用，再改学历算。一八九八年应蔡元培之聘，任绍兴中西学堂算学教员。越二年，为提倡科学，培养人才，创办亚泉学馆（后改为普通学书室），同时出版《亚泉杂志》。（案：亚泉二字为氩、线之省笔。氩是一种惰性化学元素，线在几何学上无体无面，用这两个字原表示自谦之意。可是他没有料到，氩在今天已成为具有广泛用途的重要元素了。）一九○三年（光绪三十年）应商务印书馆夏粹芳、张元济之邀赴沪，将其普通学书室并入商务，任商务编译所博物理化部主任，负责编辑教科书。（王云五《小学自然科词书序》称：经他负责编辑的教科书不下百余种之多。笔者少时读代数所用的盖氏对数表，就是他编译的。）至今仍在沿用的化学元素中文译名也是出于他的手定。由于这些成就，人们称他是"中国科学界的先驱"、徐寿以后至二十世纪初成绩卓著的学者。他在主编任上，奖掖后进，做了不少工作。后来，胡愈之回忆在《东方杂志》当编辑时说，曾得到他的细心指导，并称他是忠厚长者，治学严谨，办事踏实（见胡序文《胡愈之和商务印书馆》）。

一九一一年（宣统三年）至一九二〇年（民国九年），杜亚泉掌《东方杂志》笔政，前后凡十年。他出任主编后，刷新内容，扩大篇幅，使这个刊物成为当时具有重大影响的学术杂志。除主持编务外，他还勤于著述，著有《人生哲学》，译有叔本华《处世哲学》。他在《东方杂志》上发表论文达二百篇。其中有些文章，今天读来，仍有一定启迪作用。《东方杂志》编辑部在他去世后，在悼文中曾对他作了中肯的评价："其对于人生观和社会观，始终以理智支配欲望为最高理想，以使西方科学与东方传统文化结合为最后目的。先生实不失为中国启蒙时期的一个典型学者。"蔡元培也说他"以科学方法研求哲理，周详审慎，力避偏宕"（《书杜亚泉先生遗事》）。他在胡适以前，首开以科学方法治学的风气。虽然今天看来，科学主义不免给学术研究带来不少弊端，但他在运用科学方法解释社会问题时，却比今天一些号称运用自然科学与社会科学交叉的青年学者，要通情达理得多。

"五四"时期，发生了东西文化问题论战。这场论战肇始于《新青年》主编陈独秀批判《东方杂志》上发表的三篇文章。不久，杜亚泉于一九二〇年迫于情势（受论战影响）辞去主编职务，同时也不再为杂志撰稿，仅担任编辑课本工作，同时创办新中华学院。两年后因经费告绌而停办，负债数千元。淞沪战争爆发，商务毁于日军炮火。杜亚泉举家避难回乡。次年，患肋膜炎，十二月六日逝世，享年六十岁。

他在病时，无钱医治，下葬时借棺入殓，身后萧条，令人倍觉凄凉。张梓生于《新社会》半月刊撰文悼念，言词甚哀，极为沉痛："国人对于人物之崇仰，久失其正鹄。当曲园之死，举国淡然，时王静安已有所感。近则时局变幻，人心愈趋卑下，对数政客官僚之死亡，报纸争载，市巷纷谈；而对于品格崇高，行足讽世之学人之逝世，除三数熟友外，类皆无所感怀。"（案：王静安语见《教育小言十则》第五节："德清俞氏之殁几半年矣。俞氏之于学问，固非有所心得，然其为学之敏，与著书之勤，至耋而不衰，固今日学者之好模范也。然于其死也，社会上无铺张之者，亦无致哀悼之词者，计其价值，乃不如以脑病蹈海之留学生。吾国人对学问之兴味如何，亦可于此观之矣。"）

二

杜亚泉逝世后，不但他的生平和功业很少有人提及，就连他的名字也似乎渐渐湮没无闻了。解放后所出版的《现代思想史论》，对"五四"前后那场关于东西文化问题的论战，未置一词。这场论战就其在文化史上的意义来说，是远远驾凌于以后发生的科玄论战、民族形式问题论战等之上的。根据现在涉及杜亚泉的几篇文章来看，却是毁多誉少，有的甚至把他诋为落伍者。现在是应该对他作心平气和的再认识、再估价的时候了。

杜亚泉在任主编前就已经在《东方杂志》上发表文章。最初两篇文章是《物质进化论》和《伦理标准论》，接着一篇一篇源源不断。就这些文章看，他不仅是启蒙者，也是一位自由主义者。一九一二年他在《减政主义》一文中说："今各国政府组织繁复之官僚政治，视社会上一切事务均可包含于政治之内，政府无不可为之，亦无不能为之。

政权日重，政费日繁，政治机关之强大，实社会之忧也。"他认为政府对于社会，只能养其活力的源泉，而不要使之涸竭；只能顺其发展的进路，而不要设置障碍。只有这样，社会的活力才得以顺畅发展。所以政府在教育事业和工商事业方面，仅仅是司其政务，而不必自己去做教育家，自己去经营工商事业。要使教育发达，并不是政府多颁学堂章程，多编教科书。他说："不察此理，贸贸焉扩张政权，增加政费，国民之受干涉也愈多，国民之增担负也愈速。干涉甚则碍社会之发展，担负重则竭社会之活力。"这种观点在其他文章中（《论人民重视官吏之害》、《个人与国家之界说》等）亦多有阐发。

照杜亚泉看来，保证社会不发生专制集权现象的重要条件之一，就在于要有一个民间社会的独立空间。政府需受到法律的严格限制，才可以避免对于社会进行过多的干预。他认为社会活力具有伟大的创造力量，一国的兴衰就视其社会活力是受阻而涸竭，还是相反得到了通畅的发展。这一观点十分近于西方的小政府大社会的国家学说。近年来，海外学术界重新探讨了黑格尔等市民社会理论，大多认为如果无条件地承认国家至上独尊的地位，就会导致国家对人民权力的剥夺或侵吞。杜亚泉在《个人与国家之界说》中，也批判了国家主义"强他人没入国家"与"强个人没入国家"的现象，说这是"侵犯他人的自由，蔑视基本人权"。他在《论思想战》中，把这种自由思想阐发得更为透彻。这篇文章提出四项原则，前面两条说的是开浚与广博思想，属于思想修养的问题。后两条，一条是"勿轻易排斥异己之思想"，另一条是"勿极端主张自己之思想"。这种毋意、毋必、毋固、毋我的观点，固然来自传统资源，但杜亚泉使它和现代民主思想接轨。数十年后，胡适声称他认为"容忍比自由更重要"是自由主义的一项重要原则。在那场论战中和杜亚泉站在对垒地位的陈独秀，到了晚年也说，承认反对党的自由乃是自由的要义。但他在那场论争中，曾经是多么疾言厉色地批判了杜亚泉。杜亚泉写的《中国之新生命》一文也是十分值得注意的，其中提到中产阶级问题："现今文明诸国，莫不以中等阶级为势力之中心，我国将来也不能出此例。此则吾人之所深信也。"他在"五四"前后就提出这些看法，说明他的思想敏锐，这使他在当时知识分子中间居于领先的地位。

三

我认为把杜亚泉看作是一位反对革新的落伍者，这种误解要归之于长期以来中国近代史上发生的急骤变化。百余年来历史上的每次改革都以失败告终。鸦片战争后，以曾、张、李为代表的洋务运动，希望从西方引进船坚炮利、声光化电等科学技术。可是甲午一战，惨遭失败。继起者认识到不经过政治制度的根本改革，科学技术是不可能孤立地发展的，于是出现了康梁维新运动。辛亥革命成功，以共和代替了帝制，但政治情况却并未改善。军阀割据，连年混战，民不聊生。在共和制下，竟出现了议会贿选、政客收买猪仔议员的丑剧。继起者再一次认识到共和政治制度只能在一定的社会背景和思想基础上形成，于是"五四"的思想革命诞生了。这些不断更迭的改革运动，很容易使人认为每次改革失败的原因，都在于不够彻底，因而普遍形成了一种越彻底越好的急躁心态。在这样的气候之下，杜亚泉就显得过于稳健、过于持重、过于保守了。

对于改革，杜亚泉却有他自己的看法。他在《个人之改革》一文中，阐明了他的改革观念："吾侪自与西洋社会接触以来，虽不敢谓西洋社会事事物物悉胜于吾侪，然比较衡量之余，终觉吾侪之社会间，积五千余年沉淀之渣滓，蒙二十余朝风光之尘埃，症结之所在，迷谬之所丛，不可不有以廓清而扫除之。故近二三十年以内，社会变动之状况，虽左旋右转，方向不同，而其以改革为动机则一也。社会间稍有智能之人士，其对社会之运动，虽温和急进，手段不同，而其以改革为目的则一也。改革云者，实吾侪社会新陈代谢之机能，而亦吾侪社会生死存亡之关键也。"他清楚说明改革是他坚定的信念，这里没有什么虚饰或权辩，他对改革是真诚的。可是至今人们还是不能理解他那渐进温和的态度。四年后，东西文化问题论战爆发，他的东西文化调和论，被陈独秀斥之为"人类惰性的恶德"。陈独秀持急进彻底态度的原因，可用他在《调和论与旧道德》中的几句话来说明："譬如货物买卖，讨价十元，还价三元，最后结果是五元。讨价若是五元，最后的结果，不过二元五角。社会上的惰性作用也是如此。"《新青年》同仁中也有人说过类似讨价还价的话。这种要求彻底的态度一直延续到数十年后的政治批判运动中。由于矫枉必须过正，以致形成以偏纠偏，越来越激烈，越来越趋于极端。

杜亚泉主张温和渐进改革的理论根据，他在《接续主义》（一九一四年）一文中曾加以阐明。接续主义是德国学者佛郎都（Frāntz）在其《国家生理学》一书中的用语。接续是指旧业与新业接续而成，不可割断。杜文说："接续主义表示，一方面有开进的意味，一方面又含保守意味。"他认为有保守无开进，则拘墟旧业；有开进无保守，则使新旧中间的接续中断。在近世国家中，英美两国都是开进和保守二者兼备。他大概是最早把保守和开进结合起来，并揭示保守的积极意义。他说："所谓保守者，在不事纷更，而非力求复古。"可见他是从历史发展的继承性使用保守一词的。在这篇《接续主义》中,他根据以往的历史,指出当时如果复古,结果将是摧折新机,动摇国本。历史是不能倒退的,法国革命后屡次复古卒不成功,汉高欲复封建为张良所阻。假使今日俄国欲复彼得大帝以前之旧法,日本欲行明治维新以前之旧制,世人岂不"皆知其不能,皆识其不可"?他引孟子的话:"吾闻出于幽谷迁于乔木,未闻下乔木而入于幽谷者。"接续主义正是出谷迁乔,而不是相反下乔入谷。他说:"水之流也,往者过,来者续,接续者如斯而已。若必激东流之水,返之在山,是岂水之性也哉。"

四

东西文化问题论战中的一个插曲:关于新思想问题的争论,是值得注意的。这一争论涉及理性与感情问题。一九一九年,蒋梦麟在《晨报》发表《新旧与调和》一文,虽然没有提杜亚泉的名字,实际上却是对他的调和论提出批评。蒋梦麟的文章说:"新思想是一个态度,这一态度是向那进化一方面走,抱这个态度的人视吾国向来的生活是不满,向来的思想是不能得知识上充分愉快的。"杜亚泉在《何谓新思想》中争辩说:"态度非思想,思想非态度。"态度是心的表示,且常属于情的表示,而思想则是心的作用,且专属于智的作用。二者不能混同。对向来的生活与知识感到不满足、不愉快,是一种感情,感情不是思想。主张推倒旧习惯,改造旧生活、旧思想,是一种意志,意志也不是思想。接着,蒋梦麟再为"新思想是一种态度"的观点进行辩论,认为态度与思想并非毫无关系,"态度变了,用官觉的方向就变,感情也就变,意志也就变,理性的应用也就变"。这篇文章刊载于《东方杂志》,文末附有杜亚泉的按语。按语再驳蒋说:"以感情与意志为思想之原动力，先改变感情与意志，然后能发生新思想，是将人类的理性为情欲的奴隶。先定了我喜欢些什么，我要什么，然后想出道理来说明所以喜欢及要的缘故。此是西洋现代文明之病根。"这里所说的西洋文明的病根，即杜亚泉在下文中所指出的第一次大战时，西方以国家主义、民族主义、竞争主义等等名目，作为发动战争、进行侵略的借口。杜亚泉曾多次撰文对这种行径加以指摘，并引俾斯麦回答奥人的话："欲问吾开战之理由耶？然则吾于二十四小时寻得以答之。"认为这正是先有了要什么的态度再找理由去说明的生动例证。

这一问题的讨论，具有普遍意义。许多人至今仍相信思想取决于态度的正确。解决思想问题，不是依靠理性的认识，而是先要端正态度，先要解决爱什么，恨什么，拥护什么，反对什么的问题。这种态度决定认识的观点，正是马克斯·韦伯所说的意图伦理（an ethic of intentions），我们都十分熟悉意图伦理的性质及其危害，它使学术不再成为真理的追求，而变成某种意图的工具。这种作为意图工具的理论文章，充满了独断和派性偏见，从而使本应具有的学术责任感沦为派别性意识。杜亚泉为了说明仅仅从感情冲动出发的不可靠，再援历史为证。他说："英国十九世纪初期，劳动者以生活困难之要求，闯入工场，摧毁机器，仅有感性的冲动，而无理性的作用者，即因社会主义新思想尚未发生彼等心意之中也。"

像杜亚泉这样坚持理性的人，不可能不对我国历史作出冷静思考。他的《中国政治革命不成就及社会革命不发生的原因》（一九一九年）一文将中国历史划为三个时期，文中以大量篇幅谈到游民与游民文化问题。他说游民是过剩的劳动阶级，即没有劳动地位，或仅作不正规的劳动，其成分包括有兵、地棍、流氓、盗贼、乞丐等。游民阶级在我国社会中力量强大，他们有时与过剩的知识阶级中的一部分结合，对抗贵族阶级势力。他认为"秦始皇以后，二十余朝之革命，大都由此发生"。可是革命一旦成功，他们自己也就贵族化了。于是再建贵族化政治，而社会组织毫无更变。他说这不是政治革命，也不是社会革命，只能说是"帝王革命"。游民和知识阶级结合，就产生了游民文化。这种文化以尚游侠、喜豪放、不受拘束、不治生计、嫉恶官吏、仇视富豪为其特色。

杜亚泉认为知识阶级缺乏独立思想，达则与贵族同化，穷则与游民为伍，因而在文化上也有双重性。一面是贵族性，夸大骄慢，凡事皆出于武断，喜压制，好自矜贵，视当世人皆贱，若不屑与之齿者。另一面则是游民性，轻佻浮躁，凡事皆倾向于过激，喜破坏，常怀愤恨，视当世人皆恶，几无一不可杀者。往往同一人，处境拂逆则显游民性，顺利则显贵族性；或表面上属游民性，根底上属贵族性。他说，以此性质治产必至于失败，任劳动必不能忍。这些说法都道人所未道。游民和游民文化是中国历史上的特殊现象，很少被人涉及，但是研究中国文化就不能不注意这个问题。

五

陈独秀所质问的《东方杂志》的三篇文章，均发表于一九一八年。它们是杜亚泉的《迷乱之现代人心》，钱智修的《功利主义与学术》，平佚编译的《中西文明之评判》。当时正是一次大战之后。论战发生的前一年，杜亚泉撰《战后东西方文明之调和》，说"此次大战使西洋文明露明显之破绽"。这在当时是相当普遍的意见，海外学人甚至谈得更多。杜文又说："十九世纪科学勃兴，物质主义大炽，达尔文之生存竞争说，叔本华之意志论，推而演之，变成强权主义。其尤甚者，则有托拉邱克及般哈提之战争万能论。不仅宗教本位之希伯来思想被其破坏，即理性本位之希腊思想亦蔑弃无遗。现在道德观念，竟以权力或意志为本位，而判定是否道德，则在力不在理。战争责任不归咎于强国之凭陵，而委罪于弱国之存在，于是弱者劣者为人类罪恶之魁。"这种估计虽然不免夸大，但事实却是存在的。他就是在这种背景下，提出东西文化调和论的。《中西文明之评判》这篇文章译自日本杂志《东亚之光》，其中介绍了三位西方学者台里乌司、弗兰士和普鲁克陀尔福对中国学者胡君的著作的意见。胡、辜日音相近，胡乃辜鸿铭之误译。辜书曾以德文在德发行，一本是《中国对欧洲思想之辩护》，另一本是《中国国民之精神与战争之血路》。其内容要旨是说以孔子道德伦理为代表的中国文明，实优于基于物质主义的西方世界观。台里乌司对辜说表示同情，而弗兰士则力辟其妄。陈独秀质问的另一对象是撰写《功利主义与学术》的钱智修。钱又署坚瓠，为杜亚泉在商务的同仁，他与陈寅恪曾在复旦公学同学。一九二〇年杜亚泉辞职后，钱继掌《东方杂志》的笔政。钱对改革的看法与杜相近，他有"因革说"："因者，取于人以为善，其道利在得。革者，创诸己而见长，其道利在异。因革互用，同异相资，故甲国之学，即以先进之资格为乙国所师，乙国之学亦时以后起之变异为师于甲国，而学术即因转益相师而进步。"他也和杜亚泉一样，在中西文化问题上主张调和论。他那篇引起陈独秀质问的《功利主义与学术》，主要阐明文化结构的两个不同层次，即"高深之学与普及教育之关系"。鉴于时人多以功利主义蔑弃高深之学，他对此加以批评。他借"儒家必有微言而后有大义，佛家必有菩萨乘而后有声闻乘"来说明高深之学（相当于精英文化）与大众文化、通俗文化之间的关系。当时传统国学正在衰落，面临这种惨淡景象，他无限感慨地说："濂洛关闽，年湮代远，不可作矣。问有如黄顾颜王之艰苦卓绝、独创学风者乎？无有也。问有如江永、戴震之立书著说、发明绝学者乎？无有也。问有如俞樾、黄以周之久主书院、门弟子遍于东南者乎？无有也。问有如李善兰、华蘅芳之精研历算、译著传于天下者乎？亦无有也。有之，则载政客为巨魁之学会及元勋伟人之政书尺牍耳。"后来，王国维自沉昆明湖，陈寅恪在挽词中说："凡一种文化值衰落之时，为此文化所化之人必感痛苦。"钱智修这段话正与此相应，可以用来作为阐释王国维自杀的原因。这种思想反映了这一代受到传统文化浸润的知识分子的普遍心态。

陈独秀在《新青年》上发难，撰《质问〈东方杂志〉记者》，副题是《〈东方杂志〉与复辟问题》，时间是一九一八年九月。十二月，杜亚泉发表《答〈新青年〉杂志记者之质问》。次年二月，陈独秀再发表《再质问〈东方杂志〉记者》。从此论战内容逐渐扩展，涉及的问题愈来愈多，参加者也愈来愈众，当时一些重要学人几乎无不参加，时间延续很长，直至一九二〇年杜亚泉辞去《东方杂志》主编职务后，论战仍未消歇。这在我国现代思想史上是空前的。这场论战第一次对东西文化进行了比较研究，对两种文化传统作了周详的剖析，对中西文化的交流提出了各自不同的看法，实开我国文化研究之先河。以后文化研究中诸重大问题及对这些问题所持观点，几乎均可从这次论战中见其端倪。其思路之开阔，论点之坚实，见解之深邃，往往难为后人所超迈。翻阅当时资料，我颇觉惊讶，今天有关东西文化的研究，好像还在重复着这场论战中的一些重要论点。但是今天很少有人提及这场论战了，这不能不说是一件憾事。

六

陈独秀的第一篇质问共十六条。其中驳《中西文明之评判》九条，驳钱智修《功利主义与学术》六条，驳杜亚泉《迷乱之现代人心》一条，但这一条最长，其中又包括七点。陈驳杜亚泉的统整说是他的质问中最有理据的。杜亚泉提出统整之说，不仅是为了继承传统，绍述"周公之兼三王，孔子之集大成，孟子之拒邪说"的盛业，而且也出于处在当时军阀割据、列强瓜分的岌岌可危形势下要求统一的迫切心情。但是无论如何，统整说和他那自由主义思想多少显得有些格格不入。他是中西文化调和论者，主张西学融入传统文化，因而他必须发掘可与西学接轨的传统资源。这是一件十分困难而精密的工作，很容易因误差而铸成错误。他在和蒋梦麟论争新思想问题时，蒋曾说他崇尚宋儒性理之学，这话有一定道理。他在文章中多次援引孟子的话，虽然有时对孟子也取批判态度，但他在文化问题上终未摆脱宋儒的局限。陈独秀就他声言汉后优于先秦的观点作了有力的驳诘："中国学术文化之发达，果以儒家统一以后之汉魏唐为盛乎？抑以儒家统一以前之晚周为盛乎？欧洲中世纪，耶教统一全欧千余年，文艺复兴后之文化，诚混乱矛盾，然比之中土，比之欧洲中世纪优劣如何？"这段话的缺点是未阐明西方文化为希腊文化与希伯莱文化之综合，但它从文化的多元化来反对统整说，就比杜说显得优越。可惜这场论战没有深入探讨下去。今天海外不少学者正在进行苦苦思索，他们担心多元化也有消极的一面，这就是会导致此亦一是非彼亦一是非的相对主义。这是一个悬而未决的问题，有待今后来解决。

陈独秀驳钱智修的《功利主义与学术》没有只字提及西方的宗教

生活，这是一大缺陷。实际上，西方虽然在俗世生活中重功利、重物质，可是在俗世生活外还有宗教生活，可以使人在这个领域内吸取精神的资源，以济俗世生活的偏枯。中国情况不同，没有超越的领域，一旦受到功利观念的侵袭，正如一位海外学者所说："整个人生都陷于不能超拔的境地，所以有人慨叹现代中国人过分讲实际，过分重功利，缺乏敬业精神。很少有人为知识而知识，为艺术而艺术，只有一种工具理性。""五四"时，胡适把文学革命说成是文学工具的变迁。四十多年来，盛行学术是"阶级斗争工具论"。直到今天还有人以艺术"为人道主义服务"取代"艺术为政治服务"，作为打破教条僵局的出路，而不知道自己并没有走出工具理性一步。钱智修大概是最早对工具理性进行批判的人。他在文章中说："功利主义最害学术者，则以应用为学术之目的，而不以学术为学术之目的。所谓《禹贡》治水，《春秋》折狱，《三百篇》当谏书者，即此派思想。"这种以学术为筌蹄的观点，足以妨碍学术之独立。当时像他这样的知识分子，都向往于学术具有一种自由的思想和独立的精神。

钱文的不足是没有对功利主义在西方思想史上的地位和作用作一交代，他只是说一句功利主义之流弊"殆非边沁、约翰·穆勒辈主唱此主义时所料及者"，就一笔带过了。这就给对方留下口实。陈质问钱："以权利竞争为政治上之功利主义，以崇拜强权为伦理上之功利主义，以营求高官厚禄为学术上之功利主义，功利主义果如是乎？"这一段驳诘不能说没有道理，但是针锋不接。钱文所批评的是当时中国社会中的功利主义，因此批评者应该就钱文所说的当时社会上的功利主义是否存在以及钱的批评是否正确作出评断。这才是在同一层面上探讨问题。可是陈的质问并没有这么做，以致这场论战所提出的具有重大意义的问题，因意气纠缠而没有深入展开下去。陈在质问中称："释迦之自觉觉他，孔子之言礼立教，耶稣之杀身救世，与夫主张民权自由、立宪共和诸说……固彻头彻尾颂扬功利主义者也。"这是一个重大的论断，可是已缺乏应有的理据，而下面的驳诘则更为不伦："功之反为罪，利之反为害，《东方》记者倘反对功利主义，岂赞成罪害主义者乎？敢问。"这已是将论战变成意气之争了。

陈独秀引《中西文明之评判》胡（辜）氏之言"此次战争使欧洲文明之权威大生疑念"，斥之为"此非梦呓乎？"又引台里乌司所谓"欧洲之文化不合于伦理之用，此胡（辜）君之主张亦殊正当"，斥之为"彼迂腐无知识之台里乌司氏，在德意志人中料必为崇拜君权、反对平民共和主义之怪物"，甚至连台里乌司援引勒萨尔的话"德意志之诸大思想家（指康德等），如群鹤高翔天际，地上之人，不得闻其羽搏之微音"，也遭到谴责。勒萨尔（今译拉萨尔）是一个社会民主党人，不是反对平民共和主义的。辜鸿铭固然是复古派，但是陈对辜的每一言每一行，全都加以否定，而不问其是非曲直，也未免责诘过甚。

七

这场论战所争论的问题核心在杜亚泉的调和论中有关传统伦理道德观念。论战前，一九一六年，杜亚泉就已撰写了《静的文明与动的文明》一文。内称，西方重人为，中国重自然。西方是外向的，中国是内向的。西方尚竞争，中国尚和平，等等。他将西方归为动的文明，东方归为静的文明。他认为动静应当互补，各取对方之长，以补自己之短。杜亚泉虽未言明其动静说出处，但细绎其旨，便可领悟其说本之宋儒对《周易》的解释。朱子解周敦颐《太极图说》云："太极有动静是天命之流行也"，故"动极而静，静极复动"。近读余英时教授《创新与保守》一文，也采用了动静概念。他说："如果我们把创新和保守理解为中国哲学观念中的动和静，这便与这一对观念在西方文化中的原有位置和关系相去不远了。西方的观念，整体看来，是以保守和创新为属同一层次迭相交替，彼此互倚的价值，正如中国人讲'一动一静，互为其根'（周敦颐语）一样。"自然这和杜的说法不尽相同。不过，杜以内向外向来区分东西文化，这一内在超越的概念现已普遍为讨论中国传统文化的海内外学人所接受，他以前尚无人用过这一说法，他要算是最早提出此说的人了。杜亚泉的动静说是他的东西文化调和论的主要根据。动静互为其根，所以东西文化也缺一不可。一九二一年，冯友兰在纽约访问泰戈尔，记泰戈尔也有动静说："有静无动则成为惰性，有动无静则如建楼阁于沙上，东方所能济西方的是智慧，西方能济东方的是活动。"（见冯友兰《与泰戈尔谈话〔东西文明比较观〕》）泰戈尔这一说法与杜亚泉颇为接近。

在这场论战中，持调和论者多以传统资源为依据。陈嘉异于一九一九年发表《我之新旧思想调和论》，又于一九二一年撰《东方文化与吾人之大任》。陈嘉异学兼中外，造诣甚深（其生平待考，只知他曾与章行严、钱智修等交往）。他也像杜亚泉一样，从传统资源中发掘新旧调和观点。不过他更强调淬厉固有的民族精神，并以黑格尔历史哲学中理念自我发展自我运动为依据。他引曾子的话"时也者人与人相续而成"说："此与法儒某谓历史之可贵，在累积若干时代之智识道德以传于国民之谓，同一精审。审此，则吾人如欲换新一时代之思想与制度，仍在先淬厉其固有之民族精神。"他又引《易》"天行健，君子以自强不息"以证此说。稍晚，梁漱溟在《东西文化及其哲学》中，更进一步发挥此意。另方面,《新青年》同仁李大钊于一九一八年发表的《东西文明根本之异点》也取动静说:"东洋文明主静,西洋文明主动。"他将东西文明说成是世界进步之二大机轴,如车之两轮,鸟之双翼,缺一不可,"此二大精神之自身又必须时时调和,时时融合,以创造新生命而演进于无疆。"

陈独秀对调和论持反对意见最为坚决。他在《今日中国之政治问题》(一九一八年)一文中声称,在政治、经济、文化各个领域内,"西洋的法子和中国的法子,如像水火冰炭,绝对两样,断断不能相容"。次年,再撰《调和论与旧道德》说:"新旧调和而递变,无明显界限可以截然分离,这是思想文化史上的自然现象。"他把这种自然现象说成是"人类惰性作用的不幸现象",而新旧杂糅调和缓进,就是这种人类惰性的恶德所造成的。陈对社会发展所持的看法是"不能说社会进化应该如此",吾人不可"助纣为虐"。比此文早一个月发表的陈嘉异《我之新旧思想调和观》,虽然是驳张东荪的渐变不可调和说(见东荪《突变与潜变》),但正可回答陈独秀的上述观点。东荪谓harmony为由甲乙变丙是自然的化和,而compromise只甲乙相济则是人为的调和,并引黑格尔的突变说,以证明渐变不可调和。陈嘉异以物理学、生物学、社会学等理论以驳之,其辞甚辩,论证详博,由于引证太繁,姑简述其要。他说:"调和乃是指甲乙两极之交点,所生之功用,使甲乙不逾其量而又不尽其量,以保其平衡之普遍宇宙观。"他认为"宇宙之森严万象,只可谓有'和'之功用,未可谓为'尽一'(同一)之能事。"又说:"调和之功用本宇宙万有一切现象不可须臾离者,否认调和是无异否认宇宙之有差别相。"此论一出,当时几无人能破之。陈嘉异说的"否认调和无异否认宇宙之有差别相",确是这场论战的根本问题所在。试从双方对中西文化同异上的看法作一区分：

杜亚泉——东西文化各有不同特点，持调和论。

陈独秀——中西文化绝无相同之处，西学为"人类公有之文明"（一九一八年《随感录一》），反对调和论。

胡适——不排拒传统，但以西学为主体，强调两种文化之共性，不主调和论（指思想实质）。

吴宓——与胡适相反，以中学为主体，但亦强调两种文化之共性，亦不主调和论（指思想实质）。

参加论战的其他诸家，不外可归于以上四类中之一种。梁漱溟即可归为杜亚泉那一类，他在《东西文化及其哲学》中说："假使中国的东西仅只同西方化一样便算可贵，则仍不及人家，毫无可贵！中国文化如有可贵，必在其特别之点，必须有特别之点才能见长！"这是持调和论者揭示中西文化各有特点的明显表示。胡适在《读梁漱溟先生的〈东西文化及其哲学〉》一文中针锋相对地说："文化是民族生活中的样法，而民族生活的样法是根本大同小异的。为什么呢？因为生活只是生物对环境的适应，而人类的生理构造根本上大致相同。故在大同小异的问题之下，解决的方式也不出那大同小异的几种。"（吴宓《论新文化运动》亦同，虽然他与胡适在新旧问题上持论相反，但在同异问题上则恰恰与胡暗合。他说新旧文化"其根本定律则固若一"。）胡适驳梁说率多浮浅，今天来看很难站得住。人类思维规律固然在根本上相同，但他所说的"样法"，或更准确地说，思维方式、抒情方式、行为方式，在中西文化之间却有着明显的差异，这是文化史学论家已经证明了的。

八

这场论战诸家特别把自己的注意集中在传统伦理观念的问题上。为此,陈独秀的质问专门引用了杜亚泉在《迷乱之现代人心》中的一段话:"吾人在西洋学说尚未输入之时,读圣贤书,审事物之理,出而论世,则君道若何,臣节若何,〔仁暴贤奸,了如指掌;退而修已,则所以处伦常者如何,所以励品学者如何,亦若有规矩之可循。虽论事者有经常权变之殊,讲学者有门户异同之辨,〕(括弧内质问引用时删去)而关于名教纲常诸大端,则吾人所以为是者,国人亦皆以为是,虽有智者不能以为非也,虽有强者不敢以为非也。"这段话特别引起陈独秀的反感,他在质问中提出义正词严的责难:"请问此种文明此种国基,倘忧其丧失忧其破产而力图保存之,则共和政体之下,所谓君道臣节名教纲常,当作何解?谓之迷乱,谓之谋叛共和民国,不亦宜乎?"末两句话十分严厉,已经从文化问题牵连到政治问题上去了。可是杜亚泉在回答质问时毫不示弱地坚持自己的见解:"至原文所谓'君道臣节及名教纲常诸大端',记者确认为我国固有文明之基础。"这并不是任性使气,而确是他对传统的基本观点。并且这也不是杜亚泉一个人的看法,大凡对儒家传统取同情态度的人都持相同的观点。在论战后期,梁漱溟和未参加论战的陈寅恪等,都对这一观点作了更充分的发挥。稍晚,一九二四年,柳诒徵撰《中国文化西被之商榷》,直截了当地指出:"西方立国在宗教,东方立国在人伦。"

"五四"时期曾到中国来讲学的杜威、罗素,也都对中国传统伦理观念特别加以注意。梁漱溟曾记杜威于一九二〇年某晚在北京大学哲学研究会上讲话,内称:"西方哲学偏于自然的研究,东方哲学偏于人事的研究，希望二者调济和合。"最近海外学者也多把中国的"道德主体"、"和谐意识"与西方的"认知主体"、"政治主体"相区别。中国的传统文化自然不能用伦理道德来概括，但它渗透到传统的各个方面，影响之广，从民间文艺的忠孝节烈观念，直到穷乡僻壤的不识字妇女（笔者少时在乡间往往可以见到作为纲常名教象征的贞节牌坊），它成为传统中十分重要的主导力量，却是不容讳言的，这也是尊重传统的人重视伦理道德的原因。如果从中抽掉伦理道德，传统也就所剩不多了。

但是，传统伦理道德观念又是和当时社会别尊卑明贵贱的等级制度紧密相连的。于是，引发了这样的问题，为什么杜亚泉、梁漱溟、陈寅恪等等还会对传统伦理道德采取维护态度？他们都不是顽固派，可以说都是主张革新的开明人物。杜亚泉作为一位自由主义思想家，带有浓厚的民主色彩。他虽然服膺理学，但决不墨守。一九一八年，他撰《劳动主义》，称许行之言深合孔子之旨，与子路迥别，是劳动主义者。孟子则是分业（分工）主义者。他批评孟子说的"有大人之事，有小人之事"与"劳心者治人，劳力者治于人"。以为"依此，则劳心者得食于人之特权"，故称孟子的分业是"伪分业"。在这个问题上他所赞同的，不是孔孟，而是托尔斯泰在《我的忏悔》中所倡导的体脑结合"四分法"。这不是理学家所做得到的。梁漱溟的情况也一样。他自称对王学泰州学派最为服膺，认为"晚明心斋先生、东涯先生最合我意"。前人称泰州王氏父子传阳明之学，结果却造成王学的终结。这话是不错的。陆陇其曾指出泰州学派后期"荡佚礼法，蔑视伦常"。梁漱溟采用泰州学派术语，称孔子伦理观念为"絜矩之道"，但又说："古代礼法，呆板教条，以致偏欹一方，黑暗冤抑，苦痛不少。"陈寅恪也存在着同样看来类似的矛盾。他一面在《王观堂先生挽词》中感叹三纲六纪之沦丧，一面又赞赏被斥为"不安女子本分"的陈端生，说她"心目中于吾国当日奉为金科玉律之君父夫三纲，皆欲借此描写以摧破之也。端生此等自由即自尊即独立之思想，在当日及其后百余年间，俱足惊世骇俗，自为一般人所非议"。陈寅恪从写法俗滥、为人轻视的弹词小说《再生缘》中，发现了一个平凡女子为人所不见的内心世界，说明他具有一颗深入幽微的同情心。

从上述可以看出，他们并不是没有认识到传统伦理道德在旧社会中所表现的呆板僵硬和它带给人们的黑暗冤抑，他们也并不是对此无动于衷，漠然视之。甚至比他们更为赞颂传统的陈嘉异也不是主张开倒车回到从前封建时代。他说："夫一民族之成立，所悖（悖字疑讹）者非仅血统、语言、地理、宗教等关系使然；为其枢纽者端在此形成浑然一体之民族精神。……惟是此精神，其民族若不善于运用之，则易流为固定的传统思想，而不克随时代之变易以适应其环境，则此精神或且为一时代之障碍物。所谓时代错误（anachronism or ignorant of the modern time）一语，即自此而来。"陈嘉异的民族精神论乃本之黑格尔的历史哲学，这个民族精神不是凝固不变，而是发展的，与时而俱新，不断前进的。

九

杜亚泉最引人误会的是他所说的君道臣节名教纲常这几个字。陈独秀在"一时情急"下，指摘他"妄图复辟"，"谋叛共和民国"，也不是事出无因。现在哪里还有什么君道臣节、父子夫妇的封建关系？这种误会也决不止陈独秀一个人，就是今天也还有不少人是这样想（笔者过去也曾经有类似看法）。要解开这个似乎是解不开的死结，就需要多作一些冷静的思考。这里还是先从梁漱溟的《东西文化及其哲学》入手。这本书里有一段话，曾给我很大启发："孔子的伦理，实寓有所谓絜矩之道在内，父慈，子孝，兄友，弟恭，总使两方面调和而相济，并不是专压迫一方面的。"他认为西方是先有我的观念，才要求本性权利，才得到个性发展。各个人之间界限划得很清，开口就是权利义务、法律关系，谁同谁都要算账，甚至父子夫妇之间也都如此。而中国则恰好相反。西洋人用理智，中国人用直觉——情感。西洋人有我，而中国人却相反。母之于子，其情若有子而无己；子之于母，其情若有母而无己；兄之于弟，弟之于兄，朋友相与，都是为人可以不计自己，屈己从人的；不分人我界线，不讲什么权利义务，所以孝、弟、礼、让之训，处处尚情而无我。他说，这是孔子伦理的要义。（这颇近于上述海外学者所谓道德主体的和谐意识。）但是在过去社会中，孔子的精神理想没有实现，只有一些古代礼法，呆板教条，以致偏倚一方，黑暗冤抑，痛苦不少。然而尽管如此，在家庭里社会上，时时都能得到一种情趣，不是冷漠敌对，互相像算账的样子，因而于人生的活气有所培养，不能不算是一种长处。（以上综述大意）

尽管对于上述某些观点以及书中所设想的礼乐制度在未来文化中的陶养感情作用，笔者并不赞同，但是这段话提出了令人深思的问题，这就是伦理道德的继承问题。六十年代初，这个问题曾在大陆展开讨论，但草草收场，收获不大。其实这并不是一个新问题。一九二〇年，梁启超在《欧游心影录》下篇《中国人之自觉》中说："须知凡一种思想，总是拿它的时代来做背景。我们要学的，是学那思想的根本精神，不是学它派生的条件，因为一落到条件，就没有不受时代支配的。譬如孔子说了许多贵族性的伦理，在今日诚然不适用，却不能因此菲薄孔子。柏拉图说奴隶制度要保存，难道因此就把柏拉图抹杀吗？明白这一点，那么研究中国旧学，就可以得公平的判断，去取不致谬误了。"当时，陈寅恪的观堂挽词也说到传统伦理的现代意义所在，他说："吾中国文化之定义，具于《白虎通》三纲六纪之说，其意义为抽象理想最高之境，犹希腊柏拉图所谓 idea（理念）者。"所谓传统伦理中的抽象理想最高之境，即是梁文中所说的排除了时代所赋予的具体条件之后，思想的根本精神，这也就是陈寅恪所谓柏拉图的理念。柏拉图的理念说，后来为黑格尔所继承。按照黑格尔的解释，个体存在只表现理念的某一方面，因此是有局限的，这局限性促成其毁灭。理念本身不可认作是任何一事物的理念，而是在这些个别的实在的结合里和关系里，实现其自身。理念的自身本质上是具体的，因为它自己决定自己，自己实现自己。在传统道德继承问题上，无论是梁启超说的"思想的根本精神"，或是陈嘉异说的"民族精神之潜力"，或是陈寅恪说的"超越时间地域之理性"即"理念"，都是指排除时代所赋予的特定条件之后的精神实质或思想实质。根据这一观点，等级制度、君臣关系等等，只是一定时代一定社会所派生的条件，而不是理念。理念乃是在这些派生的条件中所蕴含的作为民族精神实质的那种"和谐意识"。过去，在道德继承问题讨论时，冯友兰曾提出抽象继承法。这一说法容易引起误解，反不如以上诸说明晰，因为民族精神和理念都是具体的，更谈不到对它们的抽象继承。传统伦理道德除了作为一种民族精神外，也体现在中国文化的思维方式、抒情方式和行为方式上。这是有继承性的。

东西文化融会调和是极其复杂的，其中不少问题至今仍悬而未决。持调和论者多主张开发传统资源，使之与西方文化接轨。但是在许多方面，传统资源十分贫乏，比如，民主是一种思想，也是一种制度。不少学者举出孟子的君轻民贵、黎民不饥不寒之类，这是很不够的。陈焯撰《议院古明堂说》称古代明堂有今议会性质。陈嘉异据《春秋命历叙》称循蜚纪（太古十纪中的第七纪）神皇氏执政，使神民异业，说这就是政教分离。诸如此类，更不足为训。民主制是需要法治来保证的，但传统思想乃内在超越，重修身，而治国则是修身的延续，故法治理论与法治经验在传统资源中极为稀薄。梁漱溟在书中曾与陈独秀辩论法律问题，陈重法律而梁则主道德修养。在这一点上，梁说不免显得单薄，缺乏说服力。中西文化的分野是内在超越者必重道德而轻法律，外在超越者必重法律而轻道德。这是两种不同模式的文化。如何使之融合，是十分困难的。目前海外学者在对付这一难题时，也常常陷入困境。至于在个性、人权等等问题上，中西文化也存在很大的分歧。西方重个人、张个性，故这方面十分发达，但在中国传统中则很难寻觅这方面的资源。梁漱溟曾明白宣告："宋以后所谓礼教名教者又变本加厉，此亦不能为之曲讳。数千年以来，使吾人不能从种种在上的权威解放出来而得自由，个性不得伸展，社会性亦不得发达，这是我们人生上一个最大的不及西洋之处。"杜亚泉在《论社会变动之趋势与吾人处世之方针》中，也说到传统思想以克己为处世之本。他认为这种思想也"并非没有流弊，以其专避危险之故，至才智不能发达，精神不能振起，遂成卑屈萎靡，畏葸苟且之习惯。我今日社会之所以对于西洋社会而情见势绌者，未始非克己的处世法之恶果"。以上这些对于传统文化的冷静思考，都是我们今天需要认真对待的问题。

一九九三年九月二十一日

关于近年的反思答问

傅杰问：近年您出版了《清园论学集》、《清园夜读》、《思辨随笔》，还主编了《学术集林》文丛和《学术集林》丛书。现在文丛第一卷已经出版，不少报刊作了报道，您是不是先谈谈编这两套书的感受？

答：今年我主要的精力都花在编这两套书上去了。现在文丛第一卷终于出版，半年多所花的心血有了这样一个收获，自然会感到欣慰。目前办一件事十分困难，编文丛、编丛书比自己写作还要困难。我不是指编辑工作份内的那些事，而是指编辑工作以外那些使人头痛的无谓的干扰。

问：您能详细说说吗？

答：我不想用此事去占读者的时间，我倒想谈谈排印的质量问题。现在书中错字实在太多，社会上已有"无错不成书"的谚语。文丛中有不少文章是探讨国学和传统文化的，所以用的是繁体。书中错字大抵出在由简改繁的问题上。我们的汉字简化方案，似乎未顾及汉字是诉诸目治的义符文字特点，而照音符文字的规律，用同音假借办法，使一字兼该形义互异的许多同音字。现在激光照排的电脑软件，又多系对汉字钻研未精的技术人员所编制，其办法简化到将笔划多的一律归为繁体，笔划少的一律归为简体，按照这一原则进行由简到繁的转换。于是皇后就成了"皇後"，诗云成了"詩雲"，干扰成了"乾擾"，征服成了"徵服"，五斗米成了"五鬥米"……这种令人啼笑皆非的事，真是不一而足。文丛付排校对花了几个月时间，但仍未纠正这些错误。不是没有校出，而是电脑软件有了问题（繁简体数目相等是一对一），改正很困难。这情况需要出版界以至全社会来关心。

问：您是否能将您最近所见、所闻和思考的问题提出来谈一谈？

答：最近泽厚将学术界一些人开始出现探讨学术的空气说成是学术出台思想淡化。其实完全用不着担心，这种学术空气还十分微薄，简直成不了什么气候。而且我敢预言在相当长的时期内，学术研究也不会成为可以和其他文化活动抗衡的力量。只要看看现在社会上流行的是些什么读物就可以明白。我们的文化研究有以西学为坐标的老传统，也有以论带史的新传统。前者主宰文化界已七十多年，后者也将近半个世纪。伴随着这股潮流而弥漫文化界的仍是"阶级斗争工具论"的变种和趋新猎奇的浮躁之风。要在这样的文化市场使学术挤走思想，恐怕无异梦想。我不认为学术和思想必将陷入非此即彼的矛盾中。思想可以提高学术，学术也可以充实思想。它们之间没有"不是东风压倒西风，便是西风压倒东风"那种势不两立的关系。而且我也不相信思想竟如此脆弱，会被救亡所压倒，被学术所冲淡。

这里顺便说一说，长期以来，在学术思想领域里散播了过多的仇恨，这还不仅仅是"阶级斗争一抓就灵"之类所产生的政治影响，在学术领域里也存在着问题。鲁迅是我从青少年时代一直膜顶崇拜的作家，读他那些在冷静表壳下抑制不住地迸发出来的激情文字，使我至今仍感到灵魂上的震撼。但鲁迅也不是超凡入圣的神明，他也有他的缺点和局限。他曾自称身上存在着法家的峻急和老庄的随便。如果我们看不到他那宽阔的胸怀，只把他在愤激时所说的意见，如称吃鱼肝油不是为了所爱的人而是为了所恨的人，又如说自己不惜从最坏方面去看人等等，作片面的理解，那就失之于一偏了。很遗憾，现在有些作者往往不去思考这类问题，批评争论的对手时以骂得刻骨镂心、淋漓尽致为快。我觉得我们还缺少一些宽容精神。我觉得前人有两句话很值得我们注意，这就是"和而不同"和"群而不党"。这种精神也许可以消除一些拉帮结派党同伐异的无原则纠纷。

问：您在《杜亚泉文选》序言中有一段话说："近代历史上的每次改革都以失败告终。鸦片战争后，以曾张李为代表的洋务运动，希望从西方引进船坚炮利、声光化电等科学技术。可是甲午一战，惨遭失败。继起者认识到不经过政治制度的根本改革，科学技术是不可能孤立地发展的，于是出现了康梁维新运动。辛亥革命成功，以共和代替了帝制，但政治情况却并未改善，军阀割据，连年混战，民不聊生。在共和制下，竟出现了议会贿选，政客收买猪仔议员的丑剧。继起者再一次认识到共和政治制度只能在一定的社会背景和思想基础上形成，于是'五四'的思想革命诞生了。百余年来不断更迭的改革运动，很容易使人认为每次改革失败的原因，都在于不够彻底，因而普遍形成了一种越彻底越好的急躁心理。"您这段话似乎并未引起应有的注意。我觉得这段话实际上揭示了激进主义是极左思潮的基础。"文革"时的"两个彻底决裂"可以说是这种激进主义发展到了登峰造极的地步。不知您对于激进主义还有什么想法？

答：对激进主义的批判是我这几年的反思之一。这种认识不止我一个人，学术界还有别人也对激进主义思潮作了新的评估。过去我并未接触这方面问题，也许无形之中对激进主义倒是同情的。仔细分析，这也是由于受到"五四"庸俗进化观的影响。达尔文的进化论对二十世纪的思想家发生过深远的影响，它不仅仅限于科学领域。伟大的科学学说，都会影响到整个思想界。恩格斯在马克思墓前的演说中，把达尔文和马克思并列，予以崇高的评价。后来有些马克思主义理论家甚至更进一步阐发了马克思主义与进化论的共同性。可以说进化论的影响在本世纪衣被了几代人。从严复的《天演论》译本开始，夹杂了斯宾塞观点的社会进化论在我国成为一种主导思想，"五四"时代几乎没有一个思想家不信奉这种进化论，尽管他们在其他观点上分歧很大，甚至是属于互相敌对的流派。过去我们对进化论的积极意义谈得太多了。至于消极方面则很少谈到。鲁迅在二十年代下半叶说，他过去认为青年必胜于老年，大革命的血腥屠杀才使他纠正了相信进化论的偏颇。鲁迅也许是在我国现代思想史上最早对进化论进行反省的人。不过这种反省只限于指出进化论缺乏阶级观点；至于"新的必胜过旧的"这种观点，表面上虽似乎触及，但实质上并未改变。如果要探讨进化论对二十世纪中国思想界带来的消极影响，就应着眼于今天仍在支配思想界的新与旧的观念。这种观念认为新的都是好的，进步的，而旧的都是不好的，落后的。所以谈论旧的就被目为回瞻，批评新的就被目为顽固。在进化论思潮下所形成的这种新与旧的价值观念，更使激进主义享有不容置疑的好名声。这种影响在今天的思想界和文艺界也同样存在。任何一种新思想新潮流，不论是好是坏，在尚未较深入研究前，不少人就一窝蜂地赶时髦。推其原因，即来自长期所形成的"越彻底越好"和"新的总比旧的好"这种固定的看法，并以这种看法去判断是非。在文学艺术方面，新的流派像旋风般地旋生旋灭。这几年我很少读文学作品，已经不清楚今天流行的新潮是什么，我只知道每一次新的出现都以征服者或胜利者的姿态睥睨群伦。我实在怀疑文学上的流派是否也要像设计时髦服装一样，在那样短暂时间内就要来一次更新换代？如果非得如此不可，那真像《新约》中所说的："当你埋葬前人的时候，把你抬出的人，已经站在门口。"（大意）黑格尔曾经援引这句话嘲讽当时哲学上新流派一个挤掉一个的现象。他感叹地说："新哲学、最新哲学、全新哲学已经成为十分流行的徽号了。"

问：从您这几年所写的文章中，特别是近年著作的序跋中可以知道，自九十年代初开始，您经历了一场深刻的反思过程，您在文章中把这个过程称作是痛苦的。据我的理解，这大概是指您在这几年中痛定思痛，对过去所追求的信念、崇奉的思想、心爱的观念等等作了重新估价，有的甚至进行了批判。这对于一个不是随便去信、去爱的诚实的学者来说，当他发现自己多年所心爱的东西其实不是那么美好的时候，的确是痛苦的。我完全相信这一点。您在《文学沉思录》中曾从车尔尼雪夫斯基的书中引用了他论述黑格尔哲学的一段话："真理——是思维的最高目的；寻觅真理去，因为幸福就在真理里面；不管它是什么样的真理，它是比一切不真实的东西更好的；思想家的第一个责任就是：不要在随便什么结果之前让步；他应当为了真理而牺牲他的最心爱的意见。迷妄是一切毁灭的来源；真理是最高的幸福，也是一切其他幸福的来源。"您所服膺的德国古典哲学的批判精神，使您和这段话深相契合。您是不是谈谈关于反思方面的问题？

答：我确实把自己近几年来的反思写进新出的书的序跋中了。最近读书界有一种轻视序文跋文的风气，认为序跋是不足观的小道。据说香港《明报》月刊的一位总编就曾对撰稿人明言不收序跋文字。其实我在序跋中，往往阐述了我在几年内的种种想法。在写这些序跋时，我花费了比写论文还要多的力气。可是遗憾的是这一点似乎并没有人注意。我很高兴你从我近年著作的序跋中清理出我这几年的思想脉络，看出其中重点在于反思。现在读书界弥漫一种粗枝大叶、贪多求快、不求甚解的风气。所以我常常向人谈到十力老人说的"沉潜往复、从容含玩"这八个字。关于反思问题确实值得谈一谈。我为什么在这几年进行了反思呢？这不是从书本那里得出的或从别人那里学来的，而是完全出于个人的自觉，可能是由于思想受到生活的冲击，才引起了痛定思痛的要求吧。我发现学术界还有一些人，在相互毫无沟通的情况下，也像我一样在进行反思，颇使我惊讶。仔细想想，在这种时刻进行反思，是留下了时代的烙印的。有一次我在一个国际会议的休息时间问一位久未晤面的友人是不是也经历了这一过程。不料他正色断然答道："我有什么要反思的？没有，我没有反思。"我不知道，是不是我的话引起了他的误会，以为反思是指忏悔过去。或者真的他要向我表明他并没有反思。（可是从他最近发表的言论来看，他在这几年也是有反思经历的。）我不知道是不是可以把反思说成是出于一种忧患意识，以一个知识分子的责任感，对过去的信念加以反省，以寻求真知。这种反省之所以发生是鉴于自己曾经那么真诚相信的信念，在历史的实践中已露出明显的破绽。你提到车尔尼雪夫斯基书中的那段话，确实是我深深服膺的。虽然车尔尼雪夫斯基似乎已成为一个过时的人物，他的许多观念也不再使人能够信服，但是这并不等于他的书再也不值得一读，他的话再也没有一句可信。思想上虽然也有新旧更迭，但这种更迭不像生活用品，例如电灯代替油盏或汽车代替独轮车那样，旧的遭到淘汰就一去不复返了。有些古老的思想在今天仍有生命，有些已成过去的著作，在今天仍不乏值得我们去玩味的吉光片羽。车尔尼雪夫斯基上面那段话，实际上正是对于自康德以来德国古典哲学的批判精神的写照。康德有"三批判书"，他的哲学本身就被人称为批判哲学（贺麟在早年迻译的《小逻辑》中译为"批导哲学"）。可是现在"批判"也成了一个贬义词了。我想这大概是出于对令人憎恶的"文革"大批判的联想。但德国古典哲学的批判精神和大批判除了名词相似之外，还有什么相同之处呢？奇怪的是研究德国古典哲学的学者中，居然也有人把"批判"一股脑地当作已成定论的坏字眼而加以唾弃了。

问：有反思，思想上也就会显出一些变化，这是不言自明的。但我们已习惯于把思想上的变化当成一件不好的事来看待。您是不是认为这是由于我们有"天不变道亦不变"的思想传统或过分强调思想上"一以贯之"的精神？

答：这恐怕还不仅是道不变的思想传统和强调"一以贯之"精神的问题。按照儒家传统观念，"一以贯之"是指学问和道德品格的一致性。这自然十分重要，我也是这样主张的。但一般人往往把这句话理解为一个人的思想必须始终一样，不容有所变易。但在传统中从汤之盘铭起就有日新之说，日新就有改变，就不能认为一个人的所有观点都必须始终不变。我想卑视思想变化的习气，可能还有其他原因。在三十年代，转向这个词成了一个很坏的词。那时左翼文学还展开过有关转向问题的讨论。其实这个译自日文的词的真正涵义是指政治上的变节，那时许多日本左翼作家被捕后经不起拷打，纷纷背弃了原有的信仰，这就是转向一词的来源。作为政治变节的转向是来自外在的压力，屈服于统治者的淫威，虽然口头上表示忏悔，但内心中并没有认识到错误。这和我们说的反思引起思想变化完全是不相干的两回事，因为后者不是屈服于淫威，取媚于权势，趋承上意或随波逐流，而是在追求真知的道路上出自内心的反省。但是直到今天还是有人把两者混淆起来，一律视为是可耻的，至少也是应受指摘的。过去，人们对鲁迅在大革命时期发生的思想变化所采取的态度就是一个例证。这里不想评价鲁迅的思想变化对他的文学活动是好是坏（我在这方面曾谈过一些自己的认识，请参阅拙著《思辨随笔》第二一二篇《鲁迅的曲折历程》），而只想谈谈人们对他的思想变化的一些看法。毁谤者称他是投降，把他列入文坛贰臣传。鲁迅为了答复这种诬蔑，把自己的一本集子取名为《二心集》。但更值得注意的倒是那些崇敬他的人也竭力在他身上洗刷思想变化的痕迹，而不顾鲁迅自己明明说过他曾纠正了"相信进化论的偏颇"。我早期所写的关于鲁迅的文章也有同样的倾向。那时我还没有认真读过德国古典哲学，对于康德以来所倡导的批判精神还不理解。同样，我也没有考虑过近代思想家难以避免思想变化历程这一事实。

问：您是否可以谈谈这方面的情况？

答：近百年来中国是处在一个转型时期，在这个时期，社会、政治、经济发生了巨大的震荡，陈寅恪曾称这是"赤县神州数千年未有之巨劫奇变"。生活在这样环境中的敏感的知识分子，几乎没有人不经历了思想转化历程，"五四"前后的学人同样难逃此例。倘使说"五四"人物能在思想上大体保持一致而没有太多改变的，应该说只有胡适。他在六十年代口授自传时谈到白话文运动，几乎一字不差地重复了三十多年前写的"逼上梁山"。他在逝世前所谈的科学精神科学方法，仍旧是他在"五四"后不久所提出的十五字诀："拿出证据来，大胆的假设，小心的求证。"尽管他的老师杜威在晚年已经从事于行为科学的研究了，而胡适却仍在他最初的立足点上原地不动。他的这些观点早已露出破绽，就连信奉他的弟子也都感到不足，认为必须加以修改和补充。但胡适并未采纳有益的建议，而是一仍旧贯。这种似乎僵滞的一贯性，实在没有值得赞赏之处。不过，胡适也不可能做到完全不变。他的某些政治见解（例如对于苏联的看法等等），还是有着很大的改变的。这里必须说一说，我并不认为凡是思想转化都必定是好的。有的有积极意义，有的只有消极意义，也有的是积极和消极两种因素掺合在一起的，其形态千变万化，不可绳之一律，而需要根据个人的不同情况加以分析，做出准确的估价。

问：在思想转化中，往往同时保存了一贯性的东西。一贯寓于转化之中这种形态也是常常可以见到的，主要在于是不是基于自己的学术良心做认真的思考，是不是保持了自己独立的人格和自由的思想，而不轻易为潮流所裹挟。多少年来，不管外界形势发生过怎样的变化，而这样的学者仍然未曾绝迹。您很推崇在"文革"中身故的顾准，记得一九八九年初您曾为他的《从理想主义到经验主义》写序，推许为您近年读过的最好著作。这部书前几年由香港三联出版。在作者逝世二十年之后的今天，收录了这部著作的全稿以及《希腊城邦制度》、《试论社会主义制度下的商品生产和价值规律》等其他遗著在内的《顾准文集》终于由贵州人民出版社刊行问世了，请您谈谈您的感想。

答：贵州人民出版社出版了完整的《顾准文集》，这是使我感到十分欣慰的事。我相信随着时间的进展，顾准著作的深刻意蕴会越来越显示出来。《从理想主义到经验主义》这部写成于"文革"中的著作，作者生前并未想到可能发表，只是写给自己兄弟的札记，如今奇迹般地保存了下来了,并且得以出版,这实在是十分值得庆幸的事。我曾把这部书推荐给海外的林毓生教授,他来信说从序中读到顾准这样的知识分子"在横逆中的艰苦卓绝精神而流泪了"。我们这里有不少人以思想家自诩,但配得上这个令人尊敬的称号的,恐怕只有像顾准这样的学者。他没有自高自大的傲慢,也没有过于自尊自重的矜持。他在写这些札记的时候,早已把名誉地位、个人得失置之度外,在求真求实的路上一往直前,义无反顾。这是使我们肃然起敬的。今天的中国知识分子就需要这种治学精神和道德品质。这次出版的《顾准文集》收集了他比较完全的著作。我在《从理想主义到经验主义》序文中曾经举出从中深受教益的八个方面(见《清园夜读》及《思辨随笔》所收入的该文),但是香港刊行的本子删掉了其中关于法国大革命到巴黎公社的经验教训的总结和关于对直接民主与议会制度的评价这两方面。大概是由于有关这方面的文字没有收入集中的缘故吧,现在《顾准文集》补入了港版未收的《直接民主与"议会清谈馆"》、《民主与终极目的》,使我们可以读到这两篇论文。我们的理论界一直流行着"五四"时代好的绝对好、坏的绝对坏的这种绝对主义倾向。比如今天对市场经济及其在改革开放中的实践所存在的问题进行探讨,就会被目为反对改革开放反对市场经济,而所持的理由是你认为现在出台的市场经济有这种或那种问题或缺陷,难道你主张回到计划经济上去吗?你觉得体现在文化上的理想失落和道德沦丧,难道你主张让姚文元的"棍棒文化"复活吗?须知这些缺点和消极方面,都是市场经济不可避免的伴生物,而随着市场经济的发展,精神领域的一切问题都会迎刃而解,自然会好起来。面对这些以动听的新说重复经济决定论之类的辩难,我觉得我们倒是应该从二十多年前顾准所写下的遗文中去领受教益。我们不应该再用乌托邦式的天国幻想把我们所心爱的观念、理想、制度笼罩在美丽的迷雾中，以为好的全都是好的，没有任何缺点，没有丝毫需要我们警惕加以防范或克服的缺陷。今天没有任何一个有良知、有责任心的中国人会不拥护民主思想和民主制度。但是如果不对民主的源流、历史的发展以及今天的现状进行理性的思考——亦即批判精神——那将形成一个经不起历史考验的高调民主。相比之下，我觉得丘吉尔的见解倒是实事求是的。他说："民主并不是一个好的制度，但是今天还没有比它更好的制度，所以我选择了民主。"（大意）虽然我并不赞成丘吉尔的许多政治主张，但是比起上述那些高调民主论来，我觉得他的低调民主论是值得我们认真思考的。[①]民主制度在希腊罗马时代并不代表进步力量，只代表一种多数的暴政。比如贝壳放逐、竞技场的群众以拇指向上或向下来决定人的生死等等都是，苏格拉底就是根据民主的程序被处死的。莎士比亚以罗马为题材的历史剧《科里奥兰纳斯》，曾对罗马民主选举的弊端作了极为精辟的描述。多数决定少数的原则反映在艺术领域内，也是很有问题的。但是今天有些人甚至连多数应该多到包括少数在内即尊重少数的存在、承认少数的权利这一民主原则都不理解，一味媚俗，以为一些低劣作品充塞文化市场，挤掉了高雅艺术，是伴随市场经济而来的必然现象，是历史的潮流，不可阻挡。对于这样一种看法，我觉得更有读读上面提到的顾准那两篇文章的必要。民主和自由是两个不同的概念，民主并不能促进自由的发展，有时反而会成为自由的障碍。所以现代的民主观念不是一味强调多数，而是认为没有少数也就没有多数。我们把全民当家作主之类的口号当作民主的精髓，实际上这只是一种高调的民主，一种乌托邦式的幻想。（这个全民概念正如卢梭的公意概念一样，是一个名为涵盖个别实则排除了所有个别的黑格尔式的抽象。）顾准在他的《直接民主与"议会清谈馆"》一文中对这个问题作了认真的思考。在他写那篇文章前举行的北戴河会议，将人民公社若干问题的决议和毛注《张鲁传》发给政治局和各省领导人，以及紧接着"文革"开始所提出的全国人民公社化的主张，就是顾准在写作这些文字时的历史背景。他在文中指出，公社实际上是承袭了法国大革命时代企图恢复共和罗马公民大会这种直接民主制度。他针对这个问题就《法兰西内战》为法兰西政治所描绘的图景提出了四点极为深刻的质疑，紧接下来又就苏联所奉行的直接民主所产生的后果作了深入的反省。时隔三十年后，他这些预告都一一验证了。我认为这是他的著述中最美的篇章。可惜的是顾准的这些深刻思想至今仍只为少数人所领悟，其价值远远没有得到充分的估价，所以我想乘这个机会，将这本书推荐给读者。

问：您提到莎士比亚的作品，又提到在艺术领域中不能只由多数决定少数，我想作为一个实例，就是您对被舆论所吹捧的用越剧、昆曲等戏曲形式演出莎剧并将莎剧作庸俗化处理而自诩为创新等做法所持的批评。您的意见发表以后，引起了一定的反应，听说您的邻居谢希德教授读了报上发表您的评论摘要，一见面就向您说"完全赞同"。您还愿意再谈一下这个问题吗？

答：是的。但是表示赞同的人恐怕并不多，报刊和电视几乎形成了一面倒的捧场的情况。我的那篇短文是谈莎士比亚一组文章中的一篇，并不是发表在上海的报刊上，而是发表在山东的《文史哲》上，后来又补充了一半以上的篇幅，发表在北京的《文艺研究》上。这两家刊物的发行量很小，读者不多，但是被上海一位编辑朋友看到了，就作为一则消息报道，发表在《新民晚报》上，后来这篇报道又被《报刊文摘》摘登了。我的意见只能说是发出了一些微弱的声音，比起舆论传媒声势浩大的宣传来，有如沧海一粟。现在文化界也使用了股票市场所谓"炒"的手段，以为广告宣传法力无边，可以决定艺术品的优劣成败，但是我却并不相信这种伎俩。我认为文化思想的价值在于其本身，商业手段虽然可以把它炒得热火朝天，却不能改变真善美的价值法则。历史上确实有不少通过艺术以外的宣传手段，取得显赫一时的成功，但曾几何时，这些五光十色的美妙景象都泡沫般地消失了。我的那篇短文，只是有感于本应切切实实进行的莎士比亚研究被艺术市场上的喧嚣所淹没了。这是弥漫在文化艺术界的一种浮躁风习，对于文化建设是不利的。但愿我们能够成熟起来，摆脱这种浮躁。

一九九四年十一月二十日

注：

① 本文发表后，友人吴敬琏将丘吉尔所说关于民主的那段话原文抄来，现援引如下：

　　Many forms of government have been tried, and will be tried in this world of sin and woe. No one pretends that democracy is perfect or all-wise. Indeed, it has been said that democracy is the worst form of government except all those other forms that have been tried from time to time.

卢梭《社约论》笔谈三篇
与友人谈公意书

对于尊稿《青年与晚年》的意见，昨日电话中已详，不再赘述了。

……用知性分析方法把复杂的丰富的东西经过抽象，舍去具体的血肉与细节，化约到一个概念中去，这种方法与陆王心学是有一定相似之处的。陆象山在鹅湖之会上与朱熹辩论时，嘲笑朱的学问为"支离事业"，而自称其学为"易简工夫"。这"易简"二字无形之中成为他老人家（大概也由他而波及其他一些人）的一种思想模式。这种思想模式尽量力求简洁，虽然使思想变得清晰明快，但往往不免将生动的、具体的、复杂的、丰富的内容，化约为稀薄抽象。

……斗争必须选择它的形式。被选择的最佳形式是：一切通过群众运动来进行。这种以群众运动方式来贯彻斗争哲学的理论和实践是属于他自己的，马恩等均无此说。如果一定要探其渊源，我认为他是汲取并总结了过去我国农民造反的经验。这一点在列于卷首的考察报告中已见端倪。这篇文章的要旨以及一些具体论断，成了三十多年以后的"文革"蓝图。明白了这一点就可以理解，为什么一九四九年以来运动一个接着一个不断？甚至连"五讲四美"、遵守交通规则、教育儿童讲公德，以至打麻雀、发动全民写诗……都要通过运动来进行，更不必说"镇反"、"肃反"、"三反"、"五反"、历次思想批判、社会主义改造、"反右"、"大跃进"、"反右倾"、"四清"……这些本身就被当作政治问题从而理所当然地要发动群众通过运动方式来进行了。在这种情况下，一切专门机构的特定职能被政治运动所取代或主宰。作为这一观念的依据是，斗争无所不在。在这一观念的形成过程中，可能也是出于当时的政治需要去批判已卷入布哈林案件的德波林的差异说有一些联系。斗争哲学针锋相对地提出差异就是矛盾，甚至综合就是"不是我吃掉你，就是你吃掉我"。……

政治运动在发动群众、调动群众的积极性上，力量大，效力快，因而是最便捷的手段。同时从"一大、二公、三纯"的道德理想出发，政治运动又可被视为使人净化，达到建立集体大我消灭个人小我的唯一途径。群众也只有在政治运动中，才能"提高认识，受到锻炼"。因为实践出真知，而群众运动甚至是比科学试验更重要的实践。道德理想主义所要求的"纯"，不同于斯多噶派的禁欲主义，而是从传统的大公无私演化来的一种政治意识。这种政治意识可以用"斗私批修"这一口号来作最简明的阐释。"文革"中盛行的"狠斗私字一闪念"就是这种道德理想主义的实现。

你的书中谈到他在青年时代喜爱过卢梭。其实不止他一人，比他更早还有一些人也受到卢梭的影响。倘使我们用《社会契约论》去进行比较参照，就会发现这种影响是很深的。我想把一位友人的论文介绍给你。这篇论文阐述了西方契约论，指出西方契约论有两种类型：其一，让渡的权力是部分的。交出的小，留下的大。国家取最小值，社会取最大值。由此形成了小政府、大社会。这种类型的契约并不赋予国家以道德化的要求，更不能奢望国家去领导社会去实现道德化，只能以权力制衡权力。这种权力牵制，既需社会对国家的外部规定，又需有国家内部的分权平衡。国家与社会各有运行的规则。前者为民主，多数决定；后者为自由，个人具有永恒价值，任何人不能强制任何人，不论是独夫暴政，或多数暴政。这种契约论称为政府契约论，或称小契约论。

其二，与上述相对的另一类型契约论，是由霍布斯开出，再由卢梭集其大成，称为社会契约论，亦称大契约论。霍布斯认为人性是恶的。他不信任人可以留下一部分权力，形成自治的市民社会。在这种契约关系中，交出的是全部权力，接受权力的也只能是一个具有绝对权威的主权者（专制的君主）。卢梭则批判了霍布斯的权力强制性和非道德性的理论，把服从君主个人转化为服从"社会公意"。照他看来，服从社会公意，无异服从交出去又转回来的自己。二者之间没有疏离与异化。这是卢梭人民主权论的逻辑依据，也是他坚持"社会契约"（大契约）而拒绝"政府契约"（小契约）的原因所在。

在卢梭的契约论中，由外在行为的服从，转移到了内在的道德服从。外在服从是服从世俗的功利配调，内在服从是服从先验的个人良知。卢梭的社会契约建立在道德基础上。他以道德与集体的共同体，来代替具有自由意志的个人。卢梭的公意是相对"众意"而产生的。公意的产生过程，就是众意的克服的过程。卢梭认为"公意只着眼于公共的利益，而众意只着眼于私自的利益"。他认为，从私意到众意"一度聚合"为物体变化；从众意到公意则是"二度抽象"，为化学变化，从化合产生一种新的东西"公共人格"，或称"道德共和体"。论者称卢梭的公意，实际上是"抽空了私意"。他在公意的名义下，也抽空了"众意的聚合空间——民间社团"。公意作为道德象征是神圣不可侵犯的,而每个社会个人绝不能成为公意的代表,只有从众人中产生出来作为道德化身的人物,才能体现公意,为公意执勤。

以上是从那位青年学者论文中摘出的要旨,我不过是作了简单的复述。我觉得卢梭的公意是我们十分熟悉的。我们都能够明白,公意是被宣布为更充分更全面地代表全体社会成员的根本利益与要求的。它被解释作比每个社会成员本身更准确无误地体现了他们应有却并未认识到的权利,公意需要化身,需要权威,需要造就出一个在政治道德上完满无缺的奇里斯玛式的人物。不幸的事实是,这种比人民更懂得人民自己需求的公意,只是一个假象,一场虚幻。其实质只不过是悍然剥夺了个体性与特殊性的抽象普遍性。以公意这一堂皇名义出现的国家机器,可以肆意扩大自己的职权范围,对每个社会成员进行无孔不入的干预。一旦泯灭了个体性,抽象了有血有肉的社会,每个社会成员就得为它付出自己的全部自由作为代价。民间社会没有了独立的空间,一切生命活力也就被窒息了。只有在国家干预有所限制的条件下,方能容纳各种需求,使多元性、自发性、独立性的公民意志得以沟通,达成真正的契约关系。这样才可以使原先淹没于抽象普遍性之中的个体性与特殊性,取得真实意义上的存在。

黑格尔幻想有一种不同于抽象普遍性的具体普遍性,可以将个体性与特殊性统摄并涵盖自身之内。但这种具体普遍性只存在于黑格尔的逻辑中。不承认独立存在于普遍性之外的个体性与特殊性,实际上也就是用普遍性去消融个体性与特殊性。不管把这个普遍性叫作抽象的,还是具体的,情况并不会有什么两样。黑格尔的同一哲学,使他非常方便地作出上述逻辑推理,得出消融在普遍性中的个体性和特殊性，竟能保持其自身的独立价值。过去我曾十分迷恋黑氏关于普遍性、特殊性、个体性三范畴的哲学，认为这是他的辩证法所创造的一大奇迹。现在应该从这种逻辑迷雾中清醒过来了。

一九九二年六月二十三日

张奚若谈卢梭

我在涉及"五四"的文章中，还提到"五四"所倡导的德先生仅停留在口号上，而缺乏认真的探讨。那时介绍的民主学说多半源于卢梭的著作，可是我们对卢梭的思想至今还很少有深入的研究。几年前学术界开始讨论了卢梭的公意说，我在一封致友人书中也谈到这个问题。最近我读到清华大学出版社印行的《张奚若文集》，其中有几篇文章都涉及了卢梭。第一篇《卢梭与人权》是作者于一九三〇年在政治学会所作的演讲稿。第二篇是长达八万字的论文，自一九三一年至一九三二年连续刊载于《武汉大学社会科学季刊》上面，题目是《法国人权宣言的来源问题》。这两篇文章都谈到了卢梭的《社会契约论》。最近《书屋》发表了智效民《漫话张奚若》一文，对张作了简要的介绍。文中风趣地提到张奚若和徐志摩的交往，说"一个是略带土气而又硬得出奇的北方老陕，一个是刚柔兼备却又风流倜傥的江南才子"。作者引用了徐对张的评语，说张是个"硬人"，无论说话还是写文章，都是直挺挺的。这一描述确实惟妙惟肖。读张的著作的确像读法律条文一样，给人一种直挺挺硬邦邦的感觉。例如上面提到的那篇八万字的论文，如果没有一点耐心是读不下去的。这篇文章大量引用了《社会契约论》的原文，而且还不附汉译。这样做可能是为了力求准确，但却苦了不懂法语的读者。我只好麻烦友人李棣华教授，请他将文中所引卢梭原话按字逐句翻译给我听。张的行文如老吏断狱，反复推敲，不放过一字一义。任何拐弯抹角的地方，他都搜寻过，探索过。每论证一事必附有充分论据，把任何一个可以供人反驳的空隙都堵住了。这样得出的结论可谓泰山不移，令人不得不服。他认为法国的《人权宣言》不可能来自《社会契约论》，理由如下：

一、卢梭认为个人在建设国家时不得保留任何权利，而应把自己的权利毫无保留地全部转给集体。只有这样才能建成尽可能完美的联合体。这种主张和用《人权宣言》的方法去限制国家的精神与办法，相去殆不可以道里计。

二、卢梭毫不含糊地认为，用上述办法造就的国家是不受任何一种根本大法（纵使是社会契约的本身）所制约的，因为那便违反了共同体的本性。

三、既然个人不能保留权利和国家不受限制，那么这种不受限制的国家岂不容易流于专制，妨碍人民的安宁和幸福？卢梭的回答是当然不会。因为卢梭的国家是人民的国家，人民自己就是主权者，就是国家。国家不能伤害人民，就如同人民不能伤害自己一样。

四、卢梭的主权者，自定义言之，不能作非，所以用不着限制，所以无需对人民提供任何保证，所以主权者由于他是主权者，便永远都是他所当然的那样。①

五、《社会契约论》除开头谈奴隶社会等，承《人类不平等论》及《教育篇》中个人主义余绪外，自第一卷第六章起涉及由人民建成的国家之后，卢梭就站到集体主义者（collectiviste），或国家主义者（ètatiste），甚至，照有些人的意见，也可以说是专制主义者（absolutiste）的立场上了。

上述只是张的意见的大概轮廓，读者要想知道他的论证内容和论证方法，最好去读他本人的著作。这里我只想再谈谈张是怎样评价卢梭思想的。他是一个严谨的学者，他的治学方法只是对具体问题经过充分论证以后才作出个案的判断。而他的判断也仅限于个案范围之内，而决不扩大到它的界限之外。他不像现在一些论者喜欢海阔天空，匆匆忙忙作出结论。我很想从这篇长达八万字的论文中找到他对卢梭的国家的看法，但除了对一些具体问题所作的个案判断外，不能找到什么答案。相传他的弟子曾说他上课时对卢梭讲过一些热情洋溢的话。这使我不禁有些惶惑，难道像他这样一位经过冷静剖析完全掌握了《社会契约论》实质的学者，对卢梭的国家理论所带来的后果竟然会毫无反应么？我没有接触过奚若先生，对他的学说也没有深入研究，不敢妄议。幸好清华大学出版社为他编辑的文集中尚有线索可寻。一九三五年发表在《独立评论》上的两篇讨论国民人格的文章，可以作为他批评卢梭的国家学说的佐证。卢梭认为人民建立的国家其性质规定了它是不会作非的。张奚若针对这种观点说："假使国家真是不能作非，政府是的确万能，那么，绝对的服从，无条件的拥护，至少还有实际的利益。不过，不幸经验告诉我们，世上没有这样的国家和政府。最简单的理由就是因为政府是由人组织的，不是由神组织的。政府中人与我们普通人一样，他们的理智也是半偏不全的，他们的经验也是有限的，他们的操守也是容易受诱惑的。以实际上如此平常如此不可靠的人而假之以理论上无所不包无所不能的权利，结果焉能不危险。"

紧接在这段话下面，又谈到权力的腐蚀作用："权力对于运用它的人们有一种侵蚀的力量，有一种腐化的毒素。这种腐化侵蚀的象征，便是滥用权力。坏的统治者固然逃不掉此种侵蚀与腐化，就是再好的统治者，若不受限制，也很难抵抗滥用的引诱。某种限制权力的特殊方法，例如分权，不见得一定有效，但是权力应受限制的原则却是毫无问题的。经验告诉我们，接受批评容纳意见是有效方法中最重要的一种。"这些话是在六十多年前说的，但今天看来仍旧是十分深刻的。如果让一个持有这种意见的人，去赞扬卢梭的国家学说，我想那将是不可能的。

张奚若走过的道路和他的许多见解不一定都是正确的，但他是"五四"以来不受意图伦理拘囿的少数学者之一。在一九一九年那个轰轰烈烈热火朝天的时代，他就对"五四"作了冷静的思考。他在一封由海外寄给胡适的信中，批评当时的新思潮说："《新青年》、《新潮》、《每周评论》等今日同时收到，尚无暇细阅，略读数篇，觉其论调均差不多。读后感触是喜是悲，是赞成是反对，亦颇难言。盖自国中顽固不进步的一方想起来便觉可喜，便觉应该赞成；然转念想到真正建设的手续上，又觉这些一知半解不生不熟的议论，不但讨厌，简直危险。……"这种议论和当时那些重视立场，壁垒分明，党同伐异的态度是截然不同的。其实张奚若是最珍视"五四"传统的，这从他后来所写的许多纪念"五四"的文字可以清楚地看到。他的理性态度在那些受意图伦理支配的激进分子眼中，也许正是立场摇摆丧失原则的一种表现。直到今天这种看人论事的方式仍在流传不绝，想到这里不禁令人感到惆怅。

一九九七年岁末

附记：本文摘自《〈清园近思录〉后记》。

与友人谈社约论书

你的信转来已经很久了，你读了我那篇《后记》并认真提出意见，我很感谢。我未能早日作复，因为收到来信没有几天就病倒了，前后拖了一个多月时间。你在信中建议再读读《社会契约论》，这意见很对。我找来八十年代初经原来译者何兆武校订过的中译本。这个译本译得很认真，先后修订过两次，并将哈伯瓦斯（Halbwachs）、伏汉（Vaughan）、波拉翁（Beaulavon）等人的注释本的注释作为脚注收入书内（可惜未区分何人所注，下面引用时简称"注释本注"），以供参考。这次重读用去两个多月时间，还记了笔记。我越读就越觉得这是一本不容易读懂的著作。过去我只侧重卢梭的公意说，用它来和黑格尔总念论三范畴进行比较，这还好办。现在要回答你提出的那么多问题，就得对《社会契约论》（尤其是其中的国家学说）进行全面考察，这就不简单了。

这本书所谈的大多都是实质性的具体问题，似乎不应该是一本难读的著作。但在两个多月的研读过程中，花费了不少力气，时常需要放下书去苦苦思索。卢梭的知识渊博，书中的政治学说正是我的弱项。

从青年时期起，我和许多同代人一样，虽喜爱文史哲，却对政法经不感兴趣，很少问津这方面的书籍。但《社会契约论》恰恰属于后者，其中涉及的世界史我也毫无知识基础。书中不仅大量援引罗马的政治史，还时或涉及许多不复存在的古国，这些我全没有接触过，读来感到吃力当可想见。

人称卢梭是政治哲学家，他的确配得上这一称号。这本书是一本务实的著作，但是当我们读它的时候，如果不能从那些实质性的问题后面，去领悟作者赋予它们的思辨意义，那就可以说并没有真正理解它。这一点可以从下面一些事得到证明。作者曾在本书第二卷第十一章中提及有人曾称他的观点为"思辨虚构"；又在第三卷第十七章中为自己申辩说，他的一些说法并非"思辨玄虚"，这些虽属自我辩解，但他确实是从思辨的意义去阐明那些实质性的具体问题的。倘你翻翻我那篇拙作《与友人谈公意书》，你大概多少会有一些这种感受。这里再另举几个例子。比如他提出社会契约的缔约双方，乃是社会成员自己与自己缔约，因为他们具有两重身份（立法的主权者和守法的臣民。见本书第一卷第七章《论主权者》："每个人在可以说是与自己缔约时，却被两重关系所制约着：即对于个人，他就是主权者一个成员；而对于主权者，他就是国家一个成员）"[②]，这显然是十足的思辨说法。许多人不理解卢梭的思辨概念，以致生出种种误会。然而这却是卢梭《社会契约论》的关键所在。[③]又如，第三卷第一章《政府总论》谈到充当国家与主权者之间的联系，作为公共力量代理人的执政者，"对于公共人格所起的作用，很有点像是灵魂与肉体的结合对一个人所起的作用那样"。这里借用了笛卡儿在《灵魂感情论》的观念，倘不加以解释，也是很难理解的。他的意思是说，在社会共同体中，执政者、国君、君主作为国家与主权者之间的联系的中间体,应按照公意的指示而活动。肉体倘无灵魂是不能活动的,它必须由灵魂指示去活动。执政者、国君、君主正如不能自己活动的肉体,而公意则是指示他活动的灵魂。原文写得那样隐晦,当你读它的时候,能够不感到吃力吗?卢梭就在这一章的开头,向读者作了这样的告诫:"我提请读者注意:本章必须仔细阅读,对于不能用心的人,我是无法讲清楚的。"卢梭为什么要有这样的声明?什么样的道理读者不用心作者就不能讲清楚?我以为就是思辨论述。书中那些思辨哲学不是仅仅凭借常识就可以理解,相反,常识在这里往往只会起着误导作用。就以上面举过的例子来说,照常识看来,缔结社会契约的双方,简单地说只能是两个人,而决不会是具有双重性的一个人,由他自己与自己缔约。再如,公意与私意的区别是容易理解的,但是公意与众意有什么不同呢?就很难使人明白了。这些不用心不仔细就读不懂的地方,不独作者特别叫人注意的《政府总论》这一章为然,在全书其他地方也都比比皆是,真使人感到触手皆荆棘。凡读至此等处,不得不使人煞费斟酌,有时甚至要一遍两遍反复思考,才读得下去。卢梭生前受到百科全书派伏尔泰、狄德罗等人的批评,但得到德国哲学家康德、黑格尔的称许。我想后者对他赞赏,恐怕也是由于思辨哲学的缘故吧。

卢梭写这本书还采取了一种特殊的写法。这里指的是他在讨论同一问题时,在不同场合往往将坐标移动、背景转换。就以来信所说卢梭以"召开人民会议作为监督政府"的办法这一问题为例,在不同篇章中就出现了自语相违的情况。比如第三卷第十二章《怎样维持主权权威》说:"主权者除了法律之外便没有任何别的力量(因为卢梭反对主权者掌握或运用行政权力),所以只能依靠法律而行动;而法律又只不过是公意的正式表示，所以唯有当人民集合起来的时候，主权才能行动。"卢梭针对人们怀疑是否可能经常召开这样的会议，作了这样的辩答："有人会说：把人民都集合在一起，这是多么妄想！在今天这是一种妄想，但是在两千年以前，这却不是一种妄想，那么，难道人性改变了吗！"这里说的是两千年以前的罗马。但是在同一卷第四章也是谈到罗马的人民会议时，卢梭却有相反的告白："我们不能想象人民无休止地开大会来讨论公共事务；并且我们也很容易看出，人民若是因此而建立起来各种机构，就不会不引起行政形式的改变。"这段话和第十二章那段话显然是大相径庭的。第十二章明明说罗马有"四百万以上公民"（中译本注这数字不正确），他们"很少有一连几个星期不集会的，甚至还要集会许多次"。在《政府总论》前后两章里，竟有如此大的差异，正是由于坐标移动背景转换的缘故。书中类似的情况是很多的。同一题目或同一事件，有的篇章只作历史叙述，另一章却由描述式改为评价式了，更为特别的是在别一章中却又变成将历史叙述和自己的构想混杂在一起，而又不作明白的交代，这就使人徒增迷乱，弄不清哪些是历史，哪些是作者本人的设想。

　　卢梭特别要读者注意的第三卷《政府总论》共有十八章。前八章重点在于论述政府形式建制，后十章重点在于论述维持主权权威。前者基本上以罗马的政府形式演变为据，对民主制—贵族制—国君制这三种前后相继的政府形式作扼要的考察。卢梭说人们常常为了什么是最好的政府形式而发生过不少争论，他认为在一定情况下，上述三种形式中每一种都可以是最好的，在另一种情况下又都可以是最坏的。他按照"行政官的人数应与公民的数目成反比例"这一原则，作了一般性的规定："民主政府适宜于小国，贵族政府就适宜于中等国家，而君主政府则适宜于大国。"（见第三章）为什么民主制仅适宜于小国？他的理由是国家小人数少才易于集会，并且每个公民才易于认识所有其他公民（指便于互相了解有利于在一起讨论问题）。卢梭对罗马的民主制评价不高。他说："没有别的政府是像民主的政府或者说人民的政府那样易于发生内战或内乱了。"卢梭曾一再强调须将立法权与行政权严格区别开来，罗马的民主制恰恰是将两者并于一身。他说："以制订法律的人来执行法律（行使行政权力），并不是好事，而人民共同体把自己的注意力从普遍的观点（法律制订是针对社会全体成员，而不是为某个人，故是普遍的），转移到个别的对象上来（法律的执行是针对个别人的，故是个别的行为），也不是好事。没有什么事是比私人利益对公共事物的影响更加危险的了（似指立法者倘又执法，则容易将个人私利介入立法中），政府滥用法律的为害之大远远比不上立法者的腐化（似指政府滥用行政权力其为害仅及个别的人，而立法者以个人私利去制定法律则为害将遍及全社会），而那正是个人观点之必不可免的后果。"

卢梭在第四章对罗马共和国的批评到了第十二章中全部消失了。这一章提到："罗马人民不仅行使主权（立法权）的权利，而且还行使一部分政府（行政权）的权利。他们处理某些事务，他们审判某些案件，而且全体罗马人民在公共场上几乎往往同时是行政官而又是公民。"这是以罗马为可行性榜样来阐明应该用人民集会去维持主权权威。这时卢梭对罗马的评价是："在我看来，罗马共和国是一个伟大的国家，罗马城是一个伟大的城市。"前后两章何以相差乃尔？

在这里我不想按照那些善于挑剔毛病的论者在辩论中去抉发别人的矛盾以逞己说。可是，卢梭对罗马民主制的态度究竟是怎样的呢？

我以为他对罗马民主制主要是采取批评态度的，当以第四章为准，后面第十二章虽有一些称颂之词，却并不能算作是对罗马民主制的评估。所以我们用不着对他某些前后颇有出入的说法去刻意吹求。卢梭批评罗马的民主制，并不等于他否定所有的民主制，这是不言自明的。不过我们在第四章中还读到另一种对于民主制的一般性的评述："就民主制这个名词的严格意义而言，真正的民主制从来就不曾有过，而且永远也不会有。多数人统治而少数人被统治，那是违反自然秩序的。"（自然秩序不是指"自然的自由"，而是指"社会的自由"，卢梭认为主权者自己立法自己服从，等于是自己服从自己，而不是受人统治，故是自由的。）卢梭将他的这一观点在本章结尾处再重申一遍："如果有一种神明的人民，他们便可以用民主制来治理。但那样一种十全十美的政府是不适于人类的。"读了上面这些话我真不知道该如何评价卢梭对民主制的看法，他那具有空想性质的看法是十分庞杂的，它们之间的分歧有时是巨大的。我希望自己不要犯以偏概全的错误，而能够作到明其统系殚其底蕴。卢梭一方面如上面所引反对"多数人统治而少数人被统治"，但另一方面又如你信中所说，他主张"不服从共同意志的人应当强迫他服从，也就是强迫他自由"。原文见第一卷第八章《论社会状态》："任何人拒不服从公意，全体（主权者）就要强迫使他服从公意。这恰好就是说，人们要迫使他自由；（下略）"怎样强迫不服从公意的人去服从呢？卢梭的回答是："投票的大多数是永远可以约束其他一切人的：这是契约本身的结果。"于是又退回到"多数人统治少数人"的道路上。卢梭还设想有人会提出这样的问题："一个人怎么能够是自由的，而又被迫要遵守并不是属于他自己的那些意志呢？反对者怎么能够是自由的，而又要服从为他们所不曾同意的那些法律呢？"

卢梭回答说："这个问题提法就是错误的。"那么如何才是正确的呢？解决的办法仍在公意。他认为："在人民集会上讨论议案，不论赞成或反对都是从是否符合公意出发的，最后表决也是以票数来得出公意的宣告。如果与我相反的意见占了上风，那只是证明我错了——我所估计的公意并不是公意。假如我的个别意见居然胜过了公意，那么我就做了一件并非我原想要做的事，而在这时候我就是不自由的了。"（见第四卷第三章）按照上述逻辑，来信所引"强迫他服从"，就意味着使被强迫的人自由，因为只有公意才是自由的。①本书中译本在上述原文后面，曾引注释本的注，以诠解卢梭的自由说。这段话是饶有兴味的。其文如下："在热内亚监狱大门上和船奴的锁链上，都可以看到Libertas（自由）这个词。这样的办法真是又漂亮又恰当。事实上，唯有各国为非作歹的人才会妨碍公民得到自由。在一个把所有这样的人都送去做船奴的国家里，人们便会享有最完美的自由了。"卢梭在上面例举的情况，只是许多情况中的一种。出现这种情况是由于认识和估计的错误，我原以为我的意见符合全体利益，但表决结果证明我的意见是错了，而多数意见是对的。存在这种情况固然是事实，但除此之外还会有另一种情况，即多数并不总是正确的，有时真理会在少数人手中。卢梭甚至也考虑到人民有时像是"愚蠢而胆小的病人"（第二卷第八章）。"常常是并不知道自己应该要些什么东西的盲目的群众，——因为什么东西对于自己好，他们知道的太少了，——又怎么能亲自来执行像立法体系这样一桩既重大而又困难的事业呢？"（第二卷第六章）。他也说过，民主制可能"蜕化为群氓制"（第三卷第十章）。应该说，卢梭的思想是复杂的。所可惜的是他虽然也对"多数人统治少数人被统治"提出批评，但是他把公意说当作希腊人在戏剧中所用的"神机关"一样，所有的困难一碰上它，就全都化险为夷迎刃而解了。不过我们也不必去责备他没有提出在一定情况下必须容忍，并尊重意见不同的少数。⑤因为他毕竟是十八世纪的启蒙思想家，他也不能预料到将多数作为公意强迫别人服从的思想，在他身后所爆发的法国大革命中变成怎样一种残暴的力量，使多少无辜者包括一些同是启蒙思想家的百科全书派丧身在断头台上。"少数人总是有罪的！"成了当时实行屠杀的一条理由。一七九二年，巴黎市民因前线告急，害怕监狱在押嫌疑犯暴动，自发冲进各监狱杀死了一千多人。"少数人总是有罪的"就是由一位来自布列坦尼的议员在议会辩论时提出来的。下面他还补充了一句："尽管从权利上说，他们（指被他称为少数的在押犯）有法律保护权。"⑥写至此处，我不禁想，上面有关法国大革命的议论一定会使得你和一些老朋友难以接受。过去有许多看法和大家一致，但这些年我在反思中有了新的认识，我不愿向你们隐瞒自己的观点，但许多问题不是一时可以说得清的，我已向一位友人约定，找机会和几位朋友见面畅谈。我要和朋友们一起讨论的不仅是理论，还有一些写法国大革命的小说；特别是狄更司的《双城记》、罗曼·罗兰的法国革命悲剧系列：《七月十四日》、《丹东之死》、《群狼》、《爱与死的搏斗》等等。这些书我在青少年时就读过，但近来它们给予了我过去未曾领受的一些新的意蕴……

　　让我还是回到卢梭的《社会契约论》上来吧。我认为公意说是《社会契约论》全书的核心。我曾在《谈公意》一文中，将卢梭的公意、众意、私意和黑格尔的普遍、特殊、个体作了比较研究，现在再补充一点看法。卢梭在第二卷第二章《论各种不同政府形式的建制原则》中有一段话对这三个概念解释得非常清楚。他说："在行政官个人的身上，我们可以区别三种本质上不同的意志：首先是个人固有的意志，它仅只倾向于个人的特殊利益（即私利）；其次是全体行政官的共同意志，唯有它关系到君主的利益，我们可以称之为团体的意志，这一团体的意志就其对政府的关系而言则是公共的，就其对国家——政府构成国家一部分（国家指执政者和人民全体）——的关系而言则是个别的（即众意）；第三是人民的意志或主权者的意志，这一意志无论对被看作是全体的国家言，还是对被看作是一部分的政府而言，都是公意。"这里所说的私意、众意、公意一目了然。卢梭说的公意永远应该是主导并且是一切其他意志的规范，也容易理解。困难的是如何来确认公意？这实在是一个非常棘手的问题。张奚若《社约论考》[7]试图以算式来表明。他说："公意是以公利公益为怀，乃人人同共之意。如甲之意 = a + b + c，乙之意 = a + d + e，丙之意 = a + x + y。所以公意 = a。而众意则是以私利私益为怀，为彼此不同之意。因此众意 = a + b + c + d + e + x + y。所以公意是私意之差，而众意是私意之合。"张氏算式将公意表述为完全排除私意，仅以剩下的纯粹为公利公益的共同意志为内容，这是符合卢梭的原旨的。卢梭的公意正如黑格尔的"总念的普遍性"一样，这个普遍性将特殊性与个体性统摄于自身之内，从而消融了特殊性与个体性的存在，变成了纯粹抽象。[8]这对我们来说是容易理解的，我们所熟悉的"一大、二公、三纯"，与卢梭的公意说、黑格尔的总念普遍性说是如此相似，几乎使人怀疑是一条藤上结的瓜。[9]它也要求做到排除所有私意的大公境界，所谓"斗私批修"、"狠斗私字一闪念"等等，都是为了达到同一目的。至于张氏算式所表述的众意，则是不妥切的。倘将卢梭的意思用更明白的话来说，那么众意指的就是团体的意志。它与属于个人的私意不尽相同，私意是谋个人私利，而团体意志则是指去谋团体的私益。两者对公意说虽都是私意，但毕竟有所不同。卢梭认为公意不容分割。他是一个彻头彻尾的集体主义者，因此反对在大集体中再分派系。他说："当形成了派别的时候，形成了以牺牲大集体为代价的小集团时，每一个这种集团的意志对它的成员来说就成了公意，而对国家来说则成为个别意志；这时候我们可以说，投票者的数目已经不再与人数相等，而只与集团的数目相等了。分歧在数量上是减少了，而所得结果却缺乏公意。"（第二卷第四章）因此，卢梭认为"为了表达公意最重要的是国家之内不能有派系"。[10]（注释本在这段话下面作注，引马基雅弗里在《佛罗伦斯史》中提出"激起宗派与党争是有害的"一段话与此互为印证。）从卢梭对小集团的强烈反对，我们可以知道为什么他要把众意和公意严格区别开来的原因。

不过问题的关键还在于如何来分辨什么是公意，什么不是公意？卢梭在第二卷第三章《公意是否可能错误》中一开头就说："公意永远是公正的，而且永远以公共利益为依归；但不能由此推论说，人民的考虑也永远有着同样的正确性。人总是愿意自己幸福，但人们并不总是能看清楚幸福。人民是决不会被腐蚀的，但人民往往会受欺骗，而且唯有在这时候，人民才好像会愿意要不好的东西。"既然人民希望幸福又并不总是能够看清幸福；既然人民会受欺骗因而会愿意要不好的东西；或者如他在第二卷第八章《论人民》中说的："人民甚至不能容忍别人要消灭缺点而碰一碰自己的缺点，正像是愚蠢而胆小的病人一见到医生就发抖一样"；那么，接下来的问题，"这些人该怎样来规定社会条件呢？是由于突然灵机一动而达成共同一致的吗？政治体具备一个可以表达自己意志的机构吗？谁给政治体以必要的预见力来事先想出这些行为加以公布呢？或者，在必要时又是怎样来宣告这些行为的呢？（主权者）常常是并不知道自己应该要些什么东西的盲目群众，——因为什么东西对自己好，他们知道的太少了——又怎么亲自来执行像立法体系这样一种既重大而又困难的事业呢？人民永远是愿望自己幸福的，但是人民自己却并不能永远都看得出什么是幸福。公意永远是正确的，但是那指导公意的判断却并不永远都是明智的"。下面卢梭就提出如何去辨认什么是公意什么不是公意的办法了。他继续说："所以就必须使它（即指导公意的判断）能看到对象的真相，有时还得看到对象所应该呈现的假相；必须为它指出一条它所寻求的美好道路，保障它不受到个别意志的诱惑，使它能够看清时间与地点，并能以遥远的隐患来平衡当前切身利益的诱惑。个人看得见幸福却又不要它；公众在愿望着幸福却又看不见它。两者都同等地需要指导。所以就必须使前者能以自己的理智顺从理性，又必须使后者学会认识自己所愿望的事物。这时，公共智慧的结果便形成理智与意志在社会条件中的结合，由此才有各个部分的密切合作，以及最后才有全体的最大力量。正是因此，才必须有一个立法者。"（第二卷第六章）恕我引了大量原文，我这样做是怕复述失真，也怕引起你怀疑复述时是否有强古人从己意之处。你由此可以看到，卢梭的社会契约最初是人民将自己的全部权利转让给集体，以公意作为最高的指导。这公意是完全排除个人的或特殊的成分的。缔约的人民被称为主权者，他们一方面可以在人民集会中享受立法权，其中包括投票权、发言权、提议权、讨论权等。另一方面他们又以缔约者的另一重身份，作为守法的臣民。前者是他们的权利，后者是他们的义务。张奚若在《社约论考》中，拿主权者的权利和义务算了一笔账。他说："譬如一国中有一万人，主权者之于个人，犹万之于一。个人之于主权者，犹一之于万。个人之为服从于法律的人民，为完全绝对的，而其为主权者，则仅为万分之一。"（如果一国有一亿人，则为一亿分之一，主权者随着人口之增加，其权利则更形缩小，而其作为有守法义务的臣民则始终是不变的一，这样其比率也就以一对一亿了。）张氏作了这样的结语："个人仅为主权者的一微小部分，又须完全服从主权者所造之法律，其结果岂非个人仅有主权者之名，而无主权者之实，受多数压制而为不自由之甚乎？"这确实是个值得思考的问题。

不过，有主权者之名而无主权者之实的问题还不仅止于此。更关键的问题发生在公意上。如果是主权者行使权利的先决条件，那么，根据上述卢梭最后所提出的"必须有一个立法者"那些话来看，这权利就岌岌可危了。因为在各种意见中，什么是公意，什么不是公意，主权者往往是不明白的，只有立法者才能辨认清楚。立法者的伟大恰恰就在这里。请看卢梭对立法者的颂赞："为了发现能适合于各个民族的最好的社会规则，就需要有一种能够洞察人类的全部感情而又不受任何感情所支配的最高的智慧；它与我们人性没有任何关系，但又能认识人性的深处；它自身的幸福虽与我们无关，然而它又很愿意关怀我们的幸福。（此句它指最高的智慧，以代立法者。立法者往往不是本国人，而是由别的国家请来的，卢梭本人就曾经作过这样的立法者，一七六四年卢梭应布达富柯 Buttafuocu 之邀为科西嘉制宪，次年撰成《科西嘉制宪拟议》。）最后，在时世的推移里，它照顾到长远的光荣，能够在这个世纪里工作，而在下世纪里享受。要为人类制定法律，简直需要神明。"（第二卷第七章）卢梭在《日内瓦手稿》中还把立法者比作"一个牧人对他的羊群具有优越性那样"。说到这里主权者的权利到底还有多少大概可以清楚了。最初订约时，卢梭还说，缔约的集体中每个成员所享有的权利是平等的，谁也不比谁多，谁也不比谁少。你把你的全部个人权利转让出去后所收回来的也是和大家一样，因为集体中每个成员也都把他们的个人权利全部转让再收回各自的一份和你完全一样，所以也是平等的，因此，集体中每个人都一样地享受同等的立法权。这应该是十分公平合理的。卢梭和倾向专制的思想家格劳修斯、霍布斯主张把权利转让给某个人是完全不同的。但是有一点必须注意到，主权者所享受的全部权利即立法权是和公意联在一起的，而这个公意又是难以辨清和确认的。应该承认，卢梭认为人民往往容易受到欺骗，不知道什么才是幸福，这也都是正确的，我在这个问题上甚至还可以做点补充。不仅个人或小团体常常陷于私利私意，就是大家众心一致认为应该去做的事，有时也可能有错误。（例如我曾经举出过的小亚细亚一带居民为扩大耕地面积而砍伐森林，由于耕地面积扩大，当时居民普遍得到了利益，可是后来却造成一片沙漠，使人们遭到巨大损失。）因为他们为了眼前的利益而不能预见未来的灾难。卢梭考虑到这些问题是应该的，但是他把确认什么是公意什么不是公意的能力赋予一个立法者，说他像一个牧羊人对他的羊群那样具有优越性，把他视若神明，这确是一种危险的理论。我不认为也不相信卢梭说这些话是为了鼓吹个人崇拜和个人迷信。他只是用浪漫语言，对那些具有最高智慧，却又超脱物外的异邦立法人，情不自禁地发出赞美罢了。可是他那立法者可以像神明一样掌握公意的理论，只要略加改动，把异邦人变成集体中的领袖，那么它的后果将是难以想象的。他身后的历史证明上述恐惧并非是杞忧。我还认为后来果然出现的那些野心勃勃以牧人自命的领袖，他们的倒行逆施也都不一定是出于为恶的目的,也许他们因为被权力冲昏了头脑,自以为掌握了人类命运,所以才悍然不顾地干出了令千万人战栗的蠢事。

卢梭在第二卷第七章《立法者》中又说:"敢于为一国人民创制的人,——可以这样说——必须自己觉得有把握能够改变人性,能够把每个自身都是一个完整而孤立的整体的个人转化为一个更大的整体的一部分,这个个人就以一定方式从整体里获得自己的生命与存在;能够改变人的素质;使之得到加强,能够以作为全体一部分的有道德的生命来代替我们人人得之于自然界的生理上的独立的生命。总之,必须抽掉人类本身固有的力量,才能赋予他们以他们本身之外的、而且非靠别人帮助便无法运用的力量。这些天然的力量消灭得越多,则所获得的力量也就越大、越持久,制度也就越巩固、越完美。从而每个公民若不靠其余所有的人,就会等于无物,就会一事无成;如果整体所获得的力量等于或者优于全体个人的天然力量的总和,那么我们就可以说,立法已经达到了它可能达到的最高的完美程度了。"[1]这里援引的一大段话,主要是说立法者负有改造人性的任务。所谓改造人性也就是将自然的人改造成为社会的人,自然的人是个别的生存,社会的人则是集体的生存。有些人以为卢梭主张回到自然,这是误解。回到自然就不必谈什么社会契约了。缔订社会契约就是要使自然的人变成社会的人,过集体主义的生活,因此必须要有一个大转化大改变,也就是先要从他们身上抽掉所有那些固有的东西,再赋予他们原来所没有而在集体生活中必不可少的新成分。这就是人性的改造。我们对于这种在卢梭时代还仅仅是设想的改造是懂得的。这种人性改造简直是一项巨大的系统工程,它就由卢梭所谓"敢于为一国人民进行创制"、"在一切方面都是国家中的一个非凡人物"的立法者来承担,而接受这种人性改造的自然仍是称作主权者的人民。卢梭虽然把改造人性作为他的国家学说的一项重要的内容，但究竟怎样进行，他没有提出任何具体方案，只好让我们在这理论的历史实践中去追寻它的踪迹并评估它的价值吧。不过，这已不是这封信所要做的和所能做的，因为它已经写得太长了。关于《社会契约论》的读后感（主要谈国家学说部分，因为来信认为说得不全面），我也只能说这些了。

对于来信所提出的几个问题，我应该作一简要的回答。一、你说张奚若认为《人权宣言》不可能来自《社会契约论》，"这论断未必恰当"。你的意思说《人权宣言》是受到了卢梭的影响。这里我要说明，造成你这种印象的，责任在我。因为张氏那篇长文的下半部，就是在于指出《人权宣言》所受当时思想家的影响，在另一篇《卢梭与人权》中，张氏还据《人权宣言》每一章开列出主要是受到哪一家的影响，其中有洛克、孟德斯鸠，也有卢梭，而卢梭所占比重最大。《后记》中未提及，主要是说来源问题。张氏把来源和影响加以区别，在其文中立义甚明，论述亦多，由于篇幅所限，我未援引，因为我认为他的文集出版不久，容易看到。至于你认为张氏的论断不妥，我以为他是依据《社会契约论》立论的，我在《后记》中特地把他的引文作为附注，就是为了表明张氏是根据论据作出论断的，而不是逞臆乱说或作无根游谈。你对此未作分析，所以我也不知你认为他的论断有哪些不妥，望指明，以后还可谈。二、信中将卢梭与马基雅维里对举，认为一个是民主主义者，一个是专制主义。对此我无研究，不敢妄议。但据《社会契约论》来看，其中援引最多的就是马基雅维里（特别是他著的《李维论》），其中可互相参证处颇多，注释者且多指出两者可以互训。其次是孟德斯鸠，其中有首肯者，亦有批评者。最少的是洛克，仅两处，都是批评的。值得注意的是卢梭在书中（第三卷第六章）提出对马基雅维里的一种看法，是和我们流行的说法大相径庭的："马基雅维里自称是给国王讲课，其实他是给人民讲大课。马基雅维里的《君王论》（即《霸术》）乃是共和党人的教科书。"在这段原文下，有注，注文说："马基雅维里是个正直的人，也是个善良的公民；但由于依附梅狄奇家庭（曾掌佛罗伦斯政权），所以不得不在举国压迫下把自己对自由的热爱伪装起来。他选择那样一位可咒诅的主人公（指以诡诈著称的凯撒·波尔嘉）这件事本身，就充分显示了他的秘密意图；而他的《君王论》一书中的准则与他的《李维论》和《佛罗伦斯史》相矛盾，也说明了这位深刻的政论家的读者们至今都是一些浅薄的或腐化的人。罗马宫廷曾严厉禁止他这本书。我很相信这一点，因为这本书描写得最明晰的正是罗马宫廷。"这条注不知出于何人手笔，是注释本三家中的一家，还是作者自注？不详，待考。果如所说，那真使人感到莫大悲哀。昔刘彦和称："将相以位隆特达，文士以职卑多诮，此江河所以腾涌，涓流所以寸折也。"三、信中虽未谈到，但我还是要说一说。我对卢梭的《社会契约论》有所批评，并不等于我对他全盘否定。这书中也有不少真知灼见的地方，这里不一一赘举。这决不是敷衍话，将来我也准备把它写出来。[12]如果没有这些思想的闪光，他还成什么如你所说的"杰出的启蒙思想家"呢？这些年我在反思中，特别对过去所信仰、所崇奉、所迷恋的某些人物某些思想观点，作了再认识再评价。我这样做是有原因的，也在文章中作过说明，但有些自称是朋友的人，不去看，也不分析我的意见是对是错，只凭臆测，说什么受了八十年代末外面刮进某股风的影响，更有甚者，另一位则投以冷嘲，讥讽地说"这是一百八十度的大转变"，"从'启蒙'到'国学'"等等，飞短流长，企图挑起风波，以掩盖真象。似乎要启蒙就不能去研究传统文化，一研究就陷入了泥沼，而反思"五四"就是开倒车，就是背弃启蒙精神，就是向封建投降。真是罪莫大焉。我生平被诬蔑、被毁谤、被加以恶谥，可谓多矣。但是我还是我，泼来的污秽并不能改变我的一丝一毫。你和其他老朋友对我近来的反思，似乎也不大理解，但你们是以诚恳的态度来和我商讨。我觉得这才是解决分歧推动理论前进的正确途径。老实说，如果你不来信讨论，我是不会花那么大力气再去啃《社会契约论》这块硬砖头，去写我不熟悉不敢去碰的有关国家学说的文章。为写这封信，我特地离开上海，到杭州找到一个清静地方。我要感谢中国作协和杭州的创作之家，给我提供了可以不受干扰闭起门来潜心思考和写作的地方。这里靠近灵隐寺，坐落在一片绿色茶树园中，是一所白墙黑瓦造型有点古色古香的小楼房，我的窗口面对云雾缭绕的北高峰。夜间万籁俱寂，间有几声犬吠，但更多的是从附近池塘边传来的阵阵蛙声。每天清晨，天未大亮，我就起身到近处树林中去散步。松树丛随着微风散发出清香的新鲜空气，沁入肺腑，令人心旷神怡。我一边散步，一边听着林中啾啾的鸟叫声，慢慢走回住所，提起笔来写这封信。一天一天就这样过去了，现在这封信可以结束了，我大大舒了一口气。

一九九八年五月三十一日于杭州

注：

① 这是卢梭国家学说的重要内容，请参看《社会契约论》第二卷第七章："主权者既然只

能由组成主权者的各个人所组成,所以主权者就没有、而且也不能有与他们的理由相反的任何利益;因此,主权权力就无需对于臣民提供任何保证,因为共同体不可能想要损害它的全体成员;而且我们以后还可以看到,共同体也不可能损害任何个别的人。主权者正因为他是主权者,便永远都是他所当然的那样。"张奚若称这段话是《社会契约论》的"根本注脚"。

② 本文中凡括弧中仿宋体字均为笔者自注。

③ 由于不理解本书的思辨性,对卢梭社约论的较多误解,是把缔约的一方作为社会成员,另一方作为政府。我在《与友人谈公意书》也有类似的错误(从总体上说那篇文章基本上仍是正确的)。按照卢梭的说法,每个社会成员都具有双重身份(即立法的主权者和守法的臣民),在社会契约中他们只是自己和自己缔约,这种思辨把戏确实令人不易理解。即使懂得也难以接受。朱学勤书中曾引路易·阿尔图塞对卢梭契约论的批评,阿尔图塞从中发现了四大裂缝,并称卢梭"是靠语言游戏偷越过去的"。所谓"四大裂缝"是指:一、缔约的第二方不明确;二、主权交换同义反复;三、契约承受方不在场;四、公益私利混淆不分。(学勤以为上面第四条所论不当,但我认为倘从公意难以确定来看,此条亦不误。阿尔图塞不可能连卢梭再三强调应以公益克服私利的道理都不知道。)阿尔图塞的上述批评确中要害。但这一思辨概念却是卢梭社约论的根本所在,因为他认为人民和人民自己缔约,是自己服从自己,这才是自由的。倘人民中的一部分与另一部分(政府)缔约,则违反了公意的原则,让自己受人支配。所以他说:"有很多人认为,创设政府的行为乃是与他们给自己所加上的首领之间的一项契约;由于这一契约,人们便规定了双方间的条件,即一方有发号施令的义务,而另一方有服从的义务。但我确信,人们将会承认这是一种奇怪的缔约的方式。"(见第三卷第十六章)据中译本注认为卢梭说"有人"系指霍布斯与洛克。我未遑查阅二人著作,倘果如中译本注所注,则应将主张专制的霍布斯与主张民主的洛克区别开来。洛克不像卢梭那样主张人民将权利全部转让,只主张转让出部分权利,而自己仍保持大部分权利,即我曾在拙文中说过的所谓小政府(权力是有限的)、大社会(民间社会仍有很大的空间)。

④ 卢梭《山中书简》:"自由不仅在于实现自己的意志,而尤其在于不屈服别人的意志,自由还在于不使别人的意志屈服我们的意志。"这段话似与此处本意旨相悖离,其实两者并不矛盾。卢梭认为服从公意即自由,服从公意与服从某个人的意志是大不相同的。

⑤ 卢梭反对代议制和他认为公意不容代替和分割的主张有关。代议制每个政党执政时,都必须容许竞选中失败成为少数的反对派存在。这和卢梭的原则是相反的。卢梭所追求的是直接民主,但历史走错了房间,使他不知不觉步入了一个舆论一律的专制的王国。

⑥ 见马迪厄《法国革命史》、布罗姆《卢梭和道德共和国》、陈崇武《罗伯斯庇尔评传》。(以上转引自朱学勤《道德理想国的覆灭》。)

⑦ 张奚若《社约论考》一九二六年由商务印书馆出版。

⑧ 曹意强《"包罗万象史"和西方艺术史的兴起》一文,引用了十九世纪德国哲学家德罗

伊申（Droysen）的一段话。我不知道德罗伊申说他所尊敬的思想家是谁，但用来作为对黑格尔的总念普遍性的批评，确是颇为合适的。曹文说："德罗伊申告诉我们，有一位令他尊敬的思想家扬言，如果我把个人所具备的一切和所做的一切称为 A，那么这个 A 产生于 a + x。其中小 a 包括这个人所受到的外界影响，即国家、人民和时代对他的影响，小 x 则代表他自己的特征，他的自由意志的产物。在 a 的影响下，小 x 消失了。这样，个人不过是国家和时代精神中一个微不足道的零件而已。他不具备个性，但能反映这种集体精神。"德罗伊申强烈反对这种说法，坚持认为"不论消失的 x 多么微小，它具有无限的价值，从道德和人性上考虑，它本身就是价值"。

⑨ 公意的概念使人很容易想到我们所说的"人民"。人民这一概念正如公意的概念一样，也是排除了特殊性与个体性的。我们的人民国家的建制来源于一九四八年九月八日中共中央在西柏坡村召开的九月会议。会上，毛泽东对建立人民民主专政政权作了这样的规定："政权制度采用民主集中制即人民代表会议制，而不采用资产阶级的议会制。各级人民政府都要加上'人民'二字。如法院叫人民法院，解放军叫人民解放军"等等（见《首都中国：迁都与中国历史大动脉的流向》）。一九五八年毛进一步准备将国家体制改为人民公社，是受到与卢梭理论有着密切关联的法国大革命的影响。据《豫南党史资料》记载，该年十一月十三日，毛接见遂平县和嵖岈山卫星公社的领导时说："从一八七一年到一九五八年共八十七年，巴黎公社是世界上无产阶级第一个公社，遂平卫星人民公社是第二个公社。"

⑩ 法国大革命雅各宾专政时期，就是按照卢梭的理论取缔小集团的。在我国，一九五五年"肃反"时也专门下过指示整肃小集团。当时"胡风反革命集团"最早即称"胡风小集团"，反右期间也有过"丁陈小集团"等等之称。卢梭书中对为什么要反对小集团，有详细说明，可参阅。

⑪ 法国大革命雅各宾专政时期，推行教育改革，罗伯斯庇尔提出"创造一种全新的人"，即来自卢梭的改造人性，佩蒂埃向国民公会提出的教改方案中有如下内容："所有的孩子都从父亲身边领走，交由国家教育；教育免费；男孩从五岁到十五岁，女孩从五岁到十二岁，穿同样的衣服，受同样的教育；饮食菜谱有严格规定，禁绝酒和肉类；他们必须割掉与家庭的联系，形成新的人种……"（见饶勒斯《法国革命社会史》）我们在"大跃进"时期，曾有过人民公社的计划，准备废除家庭，行儿童公有制，只是未能实现罢了。想到柬埔寨红色高棉的社会改造，我不知道波尔布特是否是在法国受到这种改造理论的影响。倘有人对此有研究能谈谈这方面情况，那就最好了。

⑫ 这里且以书中仅仅附带提及的一些问题为例，如关于国家的消亡，关于缺乏连贯性给政府工作带来的危害，关于公民精神素质与国家体制的关系，关于税收政策，对于彼得大帝进行改革的评估等等，都十分深刻，至今仍可借鉴。再如关于地理环境、气候对一个民族的文化的影响，也颇具创见。我甚至推想，这一观点可能对十九世纪历史文化派（泰纳、勃兰兑斯等）产生过某种影响。

[附]

吴江来信

元化同志：

遵嘱拜读了发表于二月七日《文汇读书周报》的《〈清园近思录〉后记》。恭喜你到了老年还不断有新的集子问世。你大概让我留意《后记》中关于张奚若先生评卢梭国家学说的部分吧？果如是，我也就遵命谈谈我的一点浅见。但我未查阅张原文，只根据你的引文和结论谈看法。看来你对张奚若对卢梭国家学说的评论是肯定的，我则认为还可以查阅一下《社会契约论》全文。

卢梭是十八世纪法国启蒙运动的杰出代表人物。十五、十六世纪以后，欧洲的近代民族国家开始形成，国家关系复杂，启蒙思想家也多关注国家问题（国家问题在西方提出很早），国家的各种弊端也日益暴露出来，于是有各种国家学说出焉。例如，十六世纪意大利尚处于四分五裂状态，成为当时欧洲各中央集权强国的角逐场所。意大利有一位叫尼科洛·马基雅维里的政治思想家，他于一五三二年发表《霸术》一书，主张意大利建立有无限权力的专制君主政体，把这看作是消除国家分裂的唯一手段。他主张一个新国王不能逃避残酷的名声，用杀一儆百的手段来镇压骚乱者，到头来还是比较仁慈的。他的《霸术》一书我们可看作是"洋法家"理论。但是卢梭在国家问题上总的说来是一个民主主义者，而非专制主义者，他的理想国家是实现人民的完全平等和自由，而政府是受人民监督的，也是受限制的。张奚若认为法国的《人权宣言》不可能来自《社会契约论》（恰当地说应是：不可能受《社会契约论》的影响），这种论断未必恰当，原因在于他对卢梭的国家学说理解得并不全面（像《后记》中引用的张举出的那四条理由）。

据我从有关介绍卢梭思想的书籍中找到的（也是仓促进行的，因此也只能供参考），卢梭认为每个人都是主权者，这个主权包括人生来就有的自由和平等。但卢梭同时认为人们由于在自然状态下生活遇到障碍，因而需要用契约将每个成员组织起来，即组织成为国家，每个成员把自己的主权（权利）交给国家，构成共同意志。国家主要官员由普选产生。卢梭的理想是每个人为了社会利益，都放弃自己的主权，每个人服从共同意志，也就是服从自己。"人生来就是自由的，可是却处处都在桎梏中"，"不服从共同意志的人应当强迫他服从，也就是强迫他自由"。这成了当时革命思潮的响亮的口号。卢梭根据自由行为是由自由意志和行为力量两种原因促成的原理，引申出国家必须把立法、行政两种权力分开的学说。卢梭反对行政权执行者的神圣不可侵犯性，为了防止行政权以自己私人的意志僭窃人民的意志，提出必须由人民经常监督它。为此，他认为必须定期召开人民会议，讨论下列两个议案：（一）人民是否愿意保存现有的统治形式？（二）人民是否愿意把行政权保留在当时行使它的人们的手里。在卢梭眼中，人民就用这样的方法来保障自己选举任命和撤换行政首长的权利。

上述只是卢梭国家学说的概要。法国的《人权宣言》（一七八九年八月拟就草案）是否来源于卢梭的《社会契约论》，可以讨论，但恐怕不能说与卢梭的思想毫无关系。影响总会有一点的。（张奚若的《卢梭与人权》我未见，这样说或有武断之嫌吧？）这里倒要附带说一件事，一七八九年法国大革命时，美国有一位进步政治家、民主主义者托马斯·潘恩，挺身出来捍卫法国革命，一七九一年写了《论人权》一书，论证人生来是平等的，都有平等的自然权利，自然权利就是具有生存权的人的权利，但他却遭到当时美国政府的反对和迫害，被迫出走法国，到法国后被选为国民会议议员。一八〇二年返回美国。但他的人权、民主观却一直遭到美国统治者和种植场主的猛烈攻击。这是"美国人权史"上不可磨灭的一页，不知当今美国的"人权卫士们"尚能记忆否？

这是闲话。元化同志早几天特地打电话告我他将在《读书周报》上发表《〈清园近思录〉后记》一文，这是否因为留意到我最近几次在不同场合提到马克思主义的国家学说，而马克思是深受卢梭影响的。在国家问题上，卢梭是普选主义者和集权主义者，马克思也是。至于都主张自由和平等，那更不用说了。但马克思的国家学说更受到后来法国空想社会主义者（特别是圣西门）的影响，和卢梭已拉开不小距离。当马克思谈论无产阶级革命任务时，已视国家为一种"祸害"，无产阶级当政初期，不得已而用之，但须经彻底改造使之成为无产阶级专政的工具（马克思在这里曾说了一句"要把旧国家的合理职能继承下来"）。但生产资料社会所有制完成之日，就是国家终结之时。卢梭提出"人民国家"的口号。马恩和列宁则不承认有所谓"自由的人民国家"一说，说人民若真有了自由，国家也就不需要存在了，因为国家只是为了专政、为了镇压才存在的。后来，列宁把他创立的苏维埃国家称之为"无产阶级民主国家和无产阶级专政国家"，甚至说"国家不只是暴力，甚至主要不是暴力"，而是一种管理。但具体究竟如何做，就没有下文了。我们的中华人民共和国当然是人民国家，宪法规定了的，主权属人民嘛，全称人民民主专政国家。但是非常惋惜，至少在我看来，我们的理论界（无论前辈或后辈）并没有提出过一个比较具体的完整的新国家学说来。邓小平同志在《党和国家领导制度的改革》一文及其他文章提出过一些有关国家问题的重要思想，但是现在探讨"邓小平理论"的无数文章却鲜有涉及邓小平国家理论者。先哲曰：没有革命的理论就没有革命的行动。我想，这恐怕正是导致我们的政治体制改革步履艰难的重要原因之一吧。质之元化同志，以为如何？

一九九八年二月

对"五四"的思考

《关于近年的反思答问》这篇文章是我对自己思想所作的一次反省性的小结。从九十年代初开始,我对自己的学术思想作了反思,这场反思迄今仍在持续。自一九九六年起,我曾以这方面的内容,先后在南京大学、上海师大、杭州大学、华东师大、上海戏剧学院、复旦大学、中国美术学院,作了每次近三小时的演讲,题目是《对"五四"新文化运动的再认识再估价》。

现将要旨简述如下:

一、我认为,不应因袭过去陈说,将"五四"时期的文化简单看作是"文白之争"或"新旧之争"(尽管它具有这种性质),因为这两个概念不能完整地规范"五四"时期文化的整体,它具有更深远更广阔的内容。我认为,近年来受到学术界重视的"独立的思想和自由的精神",是"五四"文化思潮的一个重要特征。如果从这方面去衡量"五四"时代的学人,过去惯用的文白界限和新旧界限就很不适用了。因为创导白话从事新文化运动的人,并不都能体现上述这一特点,有的甚至很不符合这一要求。而那些用文言写作的,也有人吸收了外来的自由思想，坚持学术的独立地位。

一、长期以来，人们用德赛二先生来概括"五四"文化思潮。我认为真正可以作为"五四"文化思潮主流的，是不是民主与科学还值得探讨。当时这两个概念是提出来了，并得到了相当普遍的认同。但对它并没有较深入的认识，在理解上是十分肤浅的，仅仅停留在口号上（以至至今还需补课）。就以民主来说，关于民主学说的源流，它在近代西方所形成的不同流派，我国开始接受外来民主学说的历程及其存在的问题等等，我们都缺乏切实的研究。一般教科书介绍民主观念大抵偏重于法国大革命和巴黎公社的民主革命经验，特别关怀卢梭的契约论和公意说，而对于法国百科全书派和卢梭的分歧，特别是对于英国经验主义的民主学说，如洛克等人的理论，则茫然无知（我本人长期以来就陷入这种偏向之中）。

一、我认为"五四"时期的思想成就主要在个性解放方面，这是一个"人的觉醒"时代。长期以来，我国儒家传统轻视个性，这是一些遵从儒学传统的人（如杜亚泉、梁漱溟等）也承认的。自我意识从长期酣睡中醒来，开始萌发于清代中叶。当时可以龚自珍的诗文、曹雪芹的小说、邓石如的书法、郑板桥的绘画、戴震的《孟子字义疏证》、惠栋的《易微言》等为代表。但这些个性解放思潮的萌芽只是"五四"时期波澜壮阔的个性解放运动的微弱先声。"五四"时期在这方面所取得的成果是值得我们近代思想史大书特书的。

一、我认为"五四"时期所流行的四种观念是值得注意的：第一，庸俗进化观点（这不是直接来自达尔文的进化论，而是源于严复将赫胥黎与斯宾塞两种学说杂交起来而撰成的《天演论》。这种观点演变为僵硬地断言凡是新的必定胜过旧的）；第二，激进主义（这是指态度偏激、思想狂热、趋于极端、喜爱暴力的倾向，它成了后来极左思潮的根源）；第三，功利主义（使学术失去其自身独立的目的，而作为为其自身以外目的服务的一种手段）；第四，意图伦理（即在认识论上先确立拥护什么和反对什么的立场，这就形成了在学术问题上往往不是实事求是地把考虑真理是非问题放在首位）。"五四"时期开始流行的这四种观点，在互相对立学派的人物身上，都可以或多或少地发现，而随着时间的进展，它们对于我国文化建设越来越带来了不良的影响。

一、"五四"是反传统的，但不是全盘反传统。"五四"时对庄子、墨子、韩非子以及小传统中的民间文学是肯定的。不过，第一，庄、墨、韩学说并不是传统中的主流，传统中占重要地位的儒家学说在"五四"时期是被激烈反对的。第二，"五四"对庄、墨、韩等的肯定，或是用来作为一种反儒的手段（如利用庄子中的反孔观点），或是用来附会西方某种学说（如用韩非附会进化论与实验主义），还不能被视为是吸取传统资源以建设新的文化。第三，"五四"号召提倡平民文学，打倒贵族文学，固然使长期被湮埋的民间小说、山歌、民谣等得到重视，为中国文化建设开拓了新领域，但同时将封建时期的士绅文化或精英文化一概目为必须打倒的贵族文化，却具有很大的片面性。

一、"五四"时期在国学研究方面的两门显学是值得重视的。这就是晋鲁胜为之作注的《墨辩》，在亡佚千余年后，经清代毕沅重拾旧续，将其残编断简重新加以整理，到"五四"时则成为当时许多具有代表性人物所关注和研究的学问之一。另一种则是对佛学唯识论和久被遗忘的《因明入正理论疏》，这门由印度输入的有关逻辑的理论也是当时为不少学者所关注的学问之一。可是这种热忱只是昙花一现，很快就无以为继了。再者，"五四"以来对于近代史的研究，偏重于改革思想的政治意义，而忽略了乾嘉时期以及乾嘉以后的学术思想发展，以至直到今天仍简单地称乾嘉学派只有考据训诂，而不知当时如戴震的《孟子字义疏证》、《原善》、《绪言》，焦循的《论语通释》，程瑶田的《论学小记》等等，均具有重要的思想意义。尤其值得重视的，是对于乾嘉以后在学术发展与流变中发生影响的如陈兰甫、朱鼎甫诸人缺乏研究。他们强调义理，兼融今古，重新肯定了宋明学术的价值，对后来的学术发生过举足轻重的作用。

一九九八年据九七年稿修订

对于"五四"的再认识答客问[①]

李辉问：今年是"五四"运动八十周年，这八十年里中国从历史进程，到社会发展，包括知识分子的自身都发生了很大的变化，重新认识"五四"也是一个很重要的学术课题。从你的谈话中我感到，你主张用一种更冷静、更多层面的方式来反思"五四"。可以这样理解吗？

答：对"五四"的思考是我的反思的一部分。近两年，我曾经在南京大学、复旦大学、华东师大、上海师大等八所大学做过每次近三小时的演讲，题目都是《对"五四"新文化运动的再认识》。收在《清园近思录》里的那篇《对"五四"的思考》，只是一个提纲。现在我可以作些补充。

问：强调"再"字，是不是在一些问题上有些新的想法？重新认识"五四"除了从文化思想角度认识外，政治上也需要重新评价，比如"反封建"的概念是否准确，是否符合事实？

答：我们头脑中有很多既定观念，日积月累成为习惯力量。再估价就是重新认识这些既定观念，重新清理这些东西。反封建这一提法，有人不赞成。中国封建社会是从什么时候开始的？大陆的研究者曾有几种说法。不管这些说法如何，有一点应该肯定，秦始皇统一中国后，就已经不再是封建制了。比较准确的说法是君主专制中央集权的大一统政体，这跟西方说的"封建制度"完全两样。反封建在大陆成为一种普遍的说法，大约可以上推到三十年代初中国理论界关于中国社会性质和中国革命性质问题大论战的时候，那时上海生活书店就这两个大论战出版过两本书。据我所知，当时毛泽东把中国社会性质定为半殖民地半封建社会，中国的革命性质自然也就相应为反帝反封建了。那时，如果有人说中国是资本主义社会，就会被怀疑为托派。

问：就是说现在我们对"五四"的再认识，不能从已有的既定观念谈，而要重新去认识。

答：对"五四"的再认识，首先就要打破既定观念。十七、十八世纪的启蒙先驱者，将任何问题，不管是宗教的、自然的、道德的，都摆在理性的法庭上重新认识。如果不重新估价那些已被接受的既定观念，那就根本谈不到启蒙。这是我对"五四"进行反思主张新启蒙的由来。今天不是简单地完全按着"五四"的道路走。"五四"未完成的任务应当继承，但是"五四"思想需要深化，而不是重复，这就是我对"五四"主张再认识的原因。

问：从思想意义来说，你还是一个启蒙主义者。

答：这是中国的历史现实给我们提出的任务。"五四"思潮遗留下来的不都是好的，有的是谬误，有的是真理中夹杂着谬误，还有的是走了样变了形的真理在起影响，我们应该把它清理出来。

问：接受外来思想影响，与西方文化的碰撞，被认为是"五四"最为突出的思潮和文化特征之一，你如何看待这样一个碰撞和交融过程，特别与中国历史上曾经有过的文化交融现象比较，有什么值得总结的经验呢？

答： 外来思想如果不和中国传统文化思想资源结合起来，就很难在中国文化土壤上扎根。这可以举佛学在中国的传播为例，最初传播佛法是依附道术，采取以外书比附内典的办法，用和佛经比较接近的老庄术语来翻译佛经的专门名词，这就是所谓的"格义"。到了道安时期，认为"格义"于理多违，遂废止"格义"不用，而采取直译和音译，使佛经得以更准确地保持它的原来面目。这种求信求真的办法至玄奘时期可以说到了登峰造极的地步。值得注意的是，玄奘译出的佛典如法相唯识都是佛书中的精华，可是并未传播开来。广为流传的却是经过中国化了的佛典。直到宋代佛学才被中国文化所吸收，一种外来文化为本土文化所融化，往往是要经过漫长曲折过程的。这里面有许多经验教训值得我们去总结。佛学传入是我国第一次大规模吸收外来文化，而"五四"时期介绍西方近代文化思潮是我国第二次大规模吸收外来文化。前者历时千年，而后者倘从晚清算起仅百余年。我不认为"五四"时期对待西学的态度及吸收西学的方式都是天经地义不可更改的。我认为那时以西学为坐标（不是为参照系）来衡量中国文化，是和国外那时盛行的西方文化中心论有着密切关系（"五四"时期陈独秀即称西学为"人类公有之文明"），二战后西方批判了西方文化中心论，而提出多元化的主张。其实就在当时西方有些人已经对中国的文化传统采取了尊重态度，比如"五四"时期来华讲学的罗素、杜威就是如此。有人提出继承"五四"，这自然是对的。可是他们把继承"五四"解释为完全按照"五四"一模一样走下去，而不许反思，不许扬弃"五四"的缺点和局限。我以为这种看法是不足为训的。

问：佛经的引进实际上带来了思想与文化的根本性变化，还有人的生活方式。

答：外来思想有利于中国文化的发展，这一点我们应该看到。就以第一次传入中土的佛学来说，它对中国文化的影响是很大的。（但过去却把它说成是蠹国殃民。如范文澜最初在《中国通史简编》中就持这种看法。现在人们不再这样看了。）第一，佛学丰富了我们原有的语汇，比如今天用的大众平等这些名词，都是来自佛书。还有许多成语如瞎子摸象、唾面自干，也是从佛经传入的，现已成为家喻户晓的典故了。佛经还使我们的文学艺术增添了一些新形式，唐代的变文就是其中一种。第二，佛经传入也带来了新的思想因素，比如沙门不敬王者，佛家的出家观念，不婚娶的教规等等，均对我国的传统观念冲击力甚大。至于在思想模式方面首先是思辨思维。魏晋时代玄佛并用的学者提出所谓三理，有无之辨、言意之辨、神形之辨等就是思辨的讨论，它使我们的思想领域扩展了，这种影响是不容抹煞的。第三，随着佛经传入也带来了因明学，即印度的逻辑学。古印度已有五明，因明为其中之一。因明原有五支论法，后改为宗因喻三支论法。我国先秦时期虽已有近于研究逻辑理论的名辨学家，但很快就衰落了。熊十力曾说印度文化的重逻辑精神"可纠中土之所偏"，这话很对。宋代儒学被称为新儒学，就因为它与原始儒学不同，融入了释道等思想，不仅使儒学获得新发展，也使宋代文化呈现了新的局面。

问："现在看"五四"，不能用简单的肯定和否定，两种态度都是不应该的。

答："五四"是中国历史上第二次大规模接受外来文化冲击的时代，如果参照第一次的经验，可以少走一些弯路，但是总要有一个过程。从一九一六年到二十年代中期，时间很短暂，不能期望它承受太多的东西。"五四"到底做了些什么？又存在什么样的问题？大家都说继承"五四"，可是继承"五四"的什么？我认为过去写"五四"思想史很少涉及"独立之精神，自由之思想"。这句话是陈寅恪在王国维纪念碑铭中提出来的，很少被人注意，倒是表现"五四"文化精神的重要方面之一。王、陈等一向被视为旧营垒中人，被划在"五四"范围之外，我觉得这是一种偏颇。问题在于这句话是不是可以体现"五四"时期出现的一种具有时代特色的精神？它是不是具有相当的普遍性？如果不斤斤于用文白之争来概括"五四"，那么它是否在以不同形式写作的人物身上都同样存在？近年来这句话渐渐获得了许多人的认同，比较容易被理解了。倘以"独立精神，自由思想"这方面去衡量"五四"人物，那么褒贬的标准会有很大不同，一些被我们的教科书或思想史所赞扬的人物，将难以保持其荣誉和威名于不坠了。自然一般所强调的民主与科学是重要的。但什么是民主和科学？那时只能说停滞在口号的层面上。这也是近八十年来民主和科学在中国一直不能实现的原因之一。此外，我认为"五四"时期提出的个性解放也是很重要的。因为中国传统中最大的问题就是压抑个性。

问：你认为"五四"在中国思想史上曾发生重大作用的是个性解放？

答：是的。可是后来却成了历史的讽刺，个性消亡了，变成了为政治服务的工具，变成了螺丝钉，独立精神、自由思想荡然无存了。许多人是到了三十年代左倾化之后，才放弃个性解放精神的。像鲁迅这样伸张个性的思想家，也是在那时候说自己属于遵命文学的。

问：我觉得，即便在做遵命文学的同时，鲁迅其实没有完全失去自我。

答：鲁迅的思想有曲折的发展过程。他自己也说过是由进化论到阶级论。大革命时，他受到血的教训变成阶级论者以后，他的思想左倾了，说自己是遵命文学。诚然，他并不是遵奉统治者、权势者、压迫者的命令，和那些奴颜媚骨的投机家有着根本区别，显示了一贯的正直与骨气。但这并不能使他不犯错误，因为一旦跨入遵命文学，就难免会使自己的独立精神、自由思想不蒙受伤害。三十年代，他参与批评文艺自由与第三种人运动，是受到极左路线的影响。当时第三国际提出了反对中间派的口号，中国共产党在左倾路线的影响下，同样把中间派作为主要打击对象，认为中间派比反动派对革命的危害还要大。文艺界也伤害了一些不应伤害的文学家。（比如施蛰存当时就被当作第三种人，魏金枝也被当作第三种人的同情者而遭批判。）如果鲁迅当时不是依靠政治信念，而是以自己的独立思想来明辨是非、分清曲直，他也许不会造成这种失误。此外，同样由于政治倾向，鲁迅在答托洛斯基派陈某的信中，也作了错误的判断，怀疑他拿了日本帝国主义的金钱。托派也是极左的派别，我并不赞赏。鲁迅所指摘的那个人，在信发表六七年后，因抗日被捕并在日本特务机关被害。但鲁迅到了晚年，也逐渐领悟这种遵命文学是有弊端的。这一点，从他在不少书信中对于那些被他称为"元帅"的文艺界党的领导的抱怨与微词，以及声称要按自以为然的道理去做……这些情况来看，是有迹可寻的。他给萧军信中劝他不要参加组织，认为"在外边"还可以做些工作，恐怕也是同样心情的流露。

问：我不明白，鲁迅这一代对中国的传统文化研究得这么深，他们应该知道儒家的一些长处，但是他们大都反对儒家，这到底是什么原因呢？他们是不是想从反对孔教这个角度入手，对中国传统来个彻底解剖？

答：我觉得有一个问题至今还很难解释：为什么"五四"时期的一些代表人物多半激烈地反儒，而不反法。实际上儒家还有着民本思想和诛独夫的革命思想，可是法家却站在君主本位立场上，实行彻底的专制主义。"五四"时期反对旧道德旧伦理，而作为封建伦理观念集中表现的三纲，不是儒家，而是法家所提出来的。《韩非子》这部书就是一个明证。今天韩非在大陆仍被视为融法术势为一炉、集法家之大成的人物。秦王朝以法家学说来治国。二世而亡后，汉代总结了秦代覆灭的原因，采取了杂王霸政治，以后各朝大致沿袭此制。"五四"时期反儒，认为封建王朝是利用儒家来统治人民，所以竭力攻击儒家。可是他们没有看到历代统治者所行的杂王霸政治乃是外儒而内法，儒不过是用来掩盖实际所行的法家残酷之术。但"五四"时代不但不反法，反而对法家加以讴歌，这是令人奇怪的。比如胡适在当时是代表自由主义思想的人物，他对待韩非的态度就是如此。胡适曾经批评黑格尔因为生在达尔文之前，所以不懂进化论。可是他在《中国哲学史大纲》中谈到韩非时，引《五蠹篇》中的几句话，竟说活在达尔文一两千年前的韩非是"一个极相信历史进化的人"。鲁迅也是一样，他曾自称受到传统的两种影响，一个是庄周的随便，另一个就是韩非的峻急。他对秦始皇的态度则是受了章太炎影响。三十年代希特勒在德国上台后，中日两国有些论者将希特勒的焚书比之秦始皇。鲁迅撰《华德焚书异同论》，说这种比喻不当，秦焚书而不焚医书、农书等，是和希特勒焚书不同，和阿拉伯人焚毁亚历山大图书馆也不同。其实希特勒也不是什么书都焚的。章太炎著的《秦献记》、《秦政记》等，对秦始皇取肯定态度。文革尊法批儒将这两篇文章重印作为学习资料。鲁迅著的《汉文学史纲要》在这方面也透露了一些消息。人称秦无文,鲁迅不同意此说,认为李斯为秦始皇出巡作的碑铭就很好。他在书中将李斯单列一章,给予很高规格,相形之下书中将贾谊与晁错合为一章就显得体例上有些畸轻畸重了。贾谊的历史地位和他在文化上作出的贡献都比李斯重要。他年轻夭折,是一位才华横溢的人物。他写的《过秦论》,是探讨秦王朝覆灭的原因。但章太炎不喜欢过秦,称这篇文章为"短识"。鲁迅书中曾列举贾谊的名篇甚多,独对此文不置一词,而且连篇名也不列举。这是不是受到章太炎的影响呢?不论自觉或不自觉,鲁迅受章太炎影响处甚多。如太炎继顾炎武、钱大昕、朱彝尊等之余绪,破千年之偏见,著《五朝学》,恢复魏晋玄学的历史地位,鲁迅则撰《魏晋风度及文学与药和酒之关系》。他喜爱玄学家嵇康,并校勘《嵇康集》。章太炎严格区分汉宋与今古,告诫弟子不可自乱家法,对以今文学治经,称鲧是鱼,禹是虫,加以嘲笑;鲁迅同样不喜宋学,讥嘲顾颉刚疑古,把禹当作一条虫。这些例证是很多的。

问:鲁迅在思想上是反专制的,为什么能根据章太炎的思想而接受秦始皇?

答:应当把章太炎的思想当作当时的一种思潮来看。章太炎虽然肯定秦始皇,但他也是反对专制主义的。直到民国后他还以大勋章为扇坠,跑到总统府去诟骂袁世凯称帝。这事曾使鲁迅感动。在此之前,章发表过不少反专制的文章,我曾在文章中提到《訄书》的反专制统治之文,这些文章真是令人展卷方诵,血脉已张。但是他为什么又去赞扬秦始皇呢?这种矛盾看来似乎是思想的任意倾斜,其实是有时代的历史背景的。他们那时,神州大地经三千年未有的奇劫巨变,中国已经到了生死存亡关头，救亡图存是这几代人所面临的重要问题。中国要御侮，要富强，首在精诚团结，克服所谓"一盘散沙"的现象。柳诒徵在《学衡》上撰文称："爱国合群之名，洋溢人口，诚实者未尝不为所动。"即是指此。章太炎早年曾撰《明独》，阐明大独与大群的关系。他说："夫大独必群，不群非独也。"这里说的大独近乎鲁迅早年说的个人独立。而大群则近乎今天所说的集体主义精神。可见在那时个体与群体是不矛盾的。"五四"前，卢梭思想已介绍到中土，卢梭的《社约论》对当时的改革思想、革命思想起了很大的作用。章太炎所谓"大群"，正是卢梭包括全民在内的集体，他像卢梭反对"众意"而主张"公意"，从而反对小团体、小宗派一样，他也反对亲缘宗族的所谓"小群"。这不仅是章太炎一个人的思想，康有为破九界倡大同说，谭嗣同申言"无对待"等等，莫不如此。（补记：孙中山也有同样主张，他曾说："中国人最崇拜的是家族主义和宗族主义，所以中国人只有家族主义和宗族主义，没有国族主义。"后来毛泽东也认为"族权宗祠、支祠以至家长的家族条规为束缚人民特别是农民的四大绳索之一"。——转引自吴江《文史杂论》一书。）所以我以为这是当时的时代思潮，而它的产生是有具体历史背景的。过去我不理解"五四"时期为什么要主张非孝而反对家庭，我感到奇怪，"五四"时期主张非孝的人如胡适、鲁迅在行为上却是信守孝道的。中国旧社会的家庭，也并不都像"五四"时代所描写的那么黑暗可怕。那时只有梁漱溟对中国的家庭比较肯定，这几乎是唯一的例外。我觉得他所作出的好坏两方面分析，倒是实事求是的。近来我再考虑这个问题感到可以理解了。用上面所援引的章太炎的说法，这个问题似乎不难解决。这就是他说的"大独必须大群，无大群即无大独"。这句话是直接指引到集体主义的。因为照章太炎来看，要实现大群，首先必须大独。所谓大独，即是从小团体、小宗派中解放出来，破除亲缘宗法的一切羁绊。（当时所说的封建，并非指西方的封建概念，乃是指我们的宗法制度、宗法社会。）这恐怕是"五四"时期把非孝和反对家庭作为反封建的一个主要原因。至于你提出的为什么鲁迅既反专制，又赞成秦始皇的问题，我想，这是由于秦始皇在六国纷争后，终于完成了全国统一的大业。这在当时看来，对中国是最为重要的。鲁迅就曾对秦推行的书同文，车同轨，表示了赞许。我曾经用历史走错了房间来解释卢梭的社会契约论。一些倡导自由平等的人，往往会从他们以幻想绝对的集体主义为终极目标的主张中，导致出专制主义。这在过去是并不奇怪的。古希腊斯巴达的集体主义，卢梭契约论中的集体主义，以及乌托邦社会主义的集体主义等等……都是播下了龙种，而长出来的却是怪兽。我不知道我把自己的考虑说清楚了没有？最后有一点需要说明，上面说的集体主义，是有特定涵义的，它相当于卢梭消融个体性和特殊性的"公意"这一概念。

问：我注意到你现在谈民主和过去不一样，过去强调社会性和历史过程中的教训，最近侧重在关于民主概念本身的演变、分析上，不知我这种印象对不对。这是不是证明你强调学术和思想相结合的一种努力？

答：我在九十年代前没有专门谈到民主问题，顶多只是略略涉及而已。九十年代以后在文章中谈到民主问题的，也只有一两篇。我不懂你从哪里得来的那种印象。我认为思想和学术是不可硬分开来的。谈论民主问题，如果不涉及社会性，又离开历史过程中的教训，还成什么学术性的研究，岂不是变成了戏论？反过来，如果不吸取前人民主学说和理论研究的成果，难道每个问题都要单枪匹马、一个人从头做起吗？试问，有这种可能吗？纵使是概念的探讨也是有针对性的，同样不能和社会性无关，和历史教训无关。我曾说，不能将民主研究仅仅变成表态，变成一种只是代表自己意图伦理的空洞口号，就是指此而言。前几年理论界有学术出台，思想淡化的说法，我是不赞成这种说法的。我已写了不少文字，我不打算再重复那些意见。我只是补充说一下，我觉得我们太缺乏理论的钻研了，只满足一种朦胧的感受（即我说的，谈论了半天，还只停留在口号式的层面上）。我说的理论钻研，包括对前人学说和理论的探索，也包括对新问题的揭示和新的观点的提出。有对原理的思考，也有对现实政治生活的联系和检讨。我觉得"五四"后长期以来理论钻研上特别显得贫乏的，是对前人的学说和理论注意不够。不要说研究，就是介绍也很少，过去我个人就是在这方面吃了亏。与民主问题关系密切的国家学说，过去我们往往只知道一家之言，这就是卢梭的社约论。我们不知道与他同时的法国百科全书派伏尔泰、狄德罗、达朗贝尔等的学说与他有什么不同，更不知道英国的经验主义，如洛克的政府论又和他有什么不同。至于在大陆尚未被介绍的苏格兰启蒙学派的理论是怎样，就更加茫茫然了。我们对这些一概不知不晓，只知道一种卢梭的民主学说，而且就是对这一种也还是一知半解。甚至连一知半解也谈不上。试问，以后要建设我们的民主，又用什么去建设呢？我曾戏言，如果给我们每人发一张纸，让大家写出你对民主概念会是怎样理解的？你认为应在中国建立怎样一个民主社会？我相信，收到的答案将是千奇百怪的。自然对民主可以有不同的理解，但在一般知识和重要原则上，应该具有一定常识，假使连这也没有，那么不仅可悲，而且也是一件使人不得不担忧的事了。在马克思诞辰一百周年所发表的那篇惹起一场风波的文章中，提出了"理论工作准备不足"，这是一句危言，但确实是根据过去的惨痛经验教训所提出的。对民主一知半解或茫茫然无知，而仅仅靠喊口号，民主是无法建设起来的。这就是我九十年代以来所关心的问题，把它岔到什么学术出台思想淡化问题上，恕我直言，这是一种使真正的问题离坦途而入荆棘的舆论误导。

问：你曾说到在你们那一代知识分子中间，往往根据一种政治信念，在民主理论上只取一家之言，形成偏识的现象。这是不是一种普遍现象？

答：当然不是少数人问题，而是普遍问题。因为它是从一种政治信念引发出来的，这种政治信念又产生了一种意识形态化的思维模式。意识形态化往往基于一种意图伦理。意图伦理在我国有悠久的历史，许多观念改变了，但这一传统未变。"五四"时期反传统反得很厉害，但意图伦理的传统却一脉相承下来。我那篇为杜亚泉文集作的长序，曾谈到一九一九年东西方文化问题论战时，蒋廷黻和杜亚泉曾就思想和态度问题进行了争论。杜批评蒋以感情和意志作为思想的原动力说："先定了我喜欢什么，我要什么，然后想出道理来说明所以喜欢以及要的缘故。"这就是意图伦理。近数十年来此种思维模式大盛。我曾询问一些友人，延安文艺座谈会的讲话，提出知识分子思想改造的要义可否用一句话回答，朋友多答不出。其实很简单，就是"把屁股（后改为立足点）移过来"。这意思是说：在认识真理、辨别是非之前，首先需要端正态度、站稳立场。也就是说，你在认识真理以前首先要解决"爱什么，恨什么，拥护什么，反对什么"的问题，以达到"凡是敌人赞成的我们必须反对，凡是敌人反对的我们必须赞成"。但是这样一来，你所认识的真理，已经带有既定意图的浓厚色彩了。我觉得这是思想领域的一个重大问题。此外，思想领域还有一个问题也是值得注意的，这就是意识形态化的启蒙心态问题。我认为，今天仍须继承"五四"的启蒙任务；但是"五四"以来（不是"五四"时才有）的启蒙心态，却需要克服。我所说的启蒙心态是指对于人的力量和理性的能力的过分信赖。人的觉醒，人的尊严，人的力量，使人类走出了黑暗的中世纪。但是一旦人把自己的力量和理性的能力视为万能，以为可以无坚不摧，不会受到任何局限，而将它绝对化起来，那就会产生意识形态化的启蒙心态。我生于一九二〇年，从小就受到了"五四"思潮的洗礼。我的科学信仰以及后来的政治信仰，使我亲身体验过这样一种意识形态化的启蒙心态。这和我所读过的那时被我奉为经典的书籍有关。它们使我相信人的知识可以达到全知全能，从而认定英国经验主义启蒙思想家是不能和欧洲大陆的理性主义启蒙思想家相比的，因为前者往往是不可知论者，有着怀疑主义倾向。所以，休谟、洛克比不上卢梭，而在德国古典哲学家中间，康德又比不上黑格尔。因为前者多了一份怀疑，少了一份信念。这就是你所提到的偏识。

最近大陆开始介绍哈耶克的著作蔚然成风，我尚未细读他的书。友人曾赠送几本给我，还没有来得及读，就被另一位年轻友人借走了，至今未还。我因精力日衰，读书不多已成为我最大的遗憾。友人曾向我指出，你的某些意见与某某著述相合，你应该去读读他的书，但我总不能从日常急需做的事中抽出身来，这使我很苦恼。但不久前，我在《读书》杂志上读到我认识的一位学者为纪念《天演论》发表百周年写的文章，发现其中有些看法似与我上述意见暗合，而且说得更为透彻。他说："承认人的精神能力的有限性，对于一个中国人来说是一种难得的思想品性。我们总希望自己能知道一切，重视断言和肯定，却未必能够理解怀疑的意义，不愿像苏格拉底那样说'我知我之不知'。相反，一旦认为绝对或终极真理可致，就会很容易宣称终极已经达到，那么剩下可做的事情当然不会是对真理的探索和追求，而是对异己的讨伐了。"（大意）作者在另一地方说到这种人"往往自以为真理在握，或干脆是真理的代表，以真理自居，必不许反对意见有反驳余地，从而无形地限制了自由思想的空间，给专制主义预备了必要的精神土壤"。这些话说得多么好！舆论一律，压制不同意见，思想定罪，以至改造人性，改造思想，不都是这样发生的么？"五四"时期，陈独秀曾扬言白话文的问题不许讨论。我是拥护白话文，自己也是用白话文写作的，但我要问："为什么不许讨论？"这难道和"五四"时期所倡导的学术民主是一致的么？真理不怕辩，自由讨论可以从传统的语言文字获得借鉴，在建立白话文和废除汉字（钱玄同甚至一度主张废汉语而用外语来代替），以及以后对大众语、拼音化、简体方案等等讨论都会有好处。我是把上述那种独断态度称作意识形态化的启蒙心态的。可惜，在当时倾向自由主义的胡适，也未能识别它的偏颇。后来他在日记中写道，陈独秀的不许讨论，使白话文的推行提早了十年。是的，陈的强制办法，使白话文的推行提早实现了。但这是一方面，另一方面似乎也应考虑一下，学术自由、学术民主的原则的放弃或斫伤，会带来什么后果？纵使从功利主义的角度来看，这种做法会不会有得有失，甚至是得不偿失呢？我认为这对于继承"五四"的启蒙是不利的，但其影响不但至今未绝，且有变本加厉之势，这是值得我们深思的。

问：海外也有一些对"五四"进行反思的文章，把"五四"与

"文革"联系起来看,你觉得这与你是相同的吗?

答:你提这问题,可能是受到某些论调的影响。我不同意简单地把"五四"比拟为"文革"。"五四"运动是被压迫者的运动,是向指挥刀进行反抗。"文革"反过来,是按指挥刀命令行事,打击的对象则是手无寸铁毫无反抗能力的被压迫者。"文革"虽然号称大民主,实际上却是御用的革命。难道这还不够清楚吗?最近我从《南方周末》上看到河南一个名为《大学生》的刊物,曾以"文革"为题,对当地的大学生进行测验调查。结果百分之八十的人不知"文革"为何物,有的甚至说希望再来一次让他们看看。倘"文革"作为禁区的情况再继续下去,恐怕不知道"五四"与"文革"区别的人,倒不是海外某些学人,而是我们自己的同胞了。朱元璋建立明朝后,不准史书记载元人的凶残,推行愚民政策,而其结果却并不见得好。那么"五四"与"文革"是否可以进行比较呢?我以为两者的运动性质截然不同而不容混淆,但作为一种思维模式或思维方式来看,却是可以比较的,甚至是有相同之处的。思维模式和思维方式,是比立场观点更具有稳定性和持久性的东西。它在相当长的时间内,不会随着时代的不同和社会条件的更易而变化,因此成为文化传统的一个重要基因。在一定的条件下,相同的思维模式和思维方式也会出现在立场观点完全相反的人身上,也就是说,有些人虽然立场观点迥然不同,但他们的思维模式和思维方式却是一模一样的。因为后者是一种抽象的传承,并不涉及立场观点的具体内容。八十年代中期,我在文章中揭示构成文化传统的四个要素(参见《思辨随笔》第一篇)以来,多年过去了,最近中国社科院《历史研究》副主编张亦工先生来信,才提到这一问题,并表示了赞同,使我感到欣慰。信中也提到我对"五四"的意图伦理、激进情绪、功利主义、庸俗进化论这四个方面的"分析反省,发人深思"。这里说的这四个方面,我是把它们作为一种思维模式和思维方式看待的。进化论本是一种学说,具有特定的内涵,但我在这里所指的并不是一种理论,而是由它所引出的一种抽象化了的思维模式,——即新的总比旧的好,所以说它是庸俗化了的进化论。功利主义在这里也指的是一种思维模式。"五四"的一些代表人物多以功利主义自居,比如钱玄同就称自己"始终是一个功利主义者"。上面曾引胡适日记对陈独秀说的文白问题不许讨论所表示的态度,这种态度同样是一种功利主义。陈独秀本人也是一个功利主义者。一九一九年,东西文化问题论战后,《东方杂志》主编杜亚泉下台,由钱智修替代。钱曾撰《功利主义与学术》一文,认为功利主义使学术失去了一种独立地位,指出传统观念中所谓"《禹贡》治水,《春秋》折狱,《三百篇》当谏书,即此派思想"。他鉴于当时人以功利主义蔑弃高深之学,借"儒家必有微言而后有大义,佛家必有菩萨乘而后有声闻乘"之说,来说明高深之学(精英文化)与大众文化的关系,以阐明高深之学不可废。陈独秀对钱的批评不满,举释迦的自觉觉他,孔子的言礼立教,耶稣之杀身救世,以及那些伸张民权自由的人物为例。说他们都是"彻头彻尾的功利主义者"。这一反驳已缺乏理据,辩到后来更显出了强词夺理,意气用事,他斥问道:"功之反为罪,利之反为害,《东方》记者倘反对功利主义岂赞成罪害主义乎?敢问。"这已不是讲道理而变成意气之争了。

问:你是不是因为强调反对激进主义,才对"五四"以来的一些问题和历史人物重新进行思考和评价?

答:正是如你所说的。我是先思考激进主义,才对"五四"作再认识的反思的。所谓再认识就是根据近八十年来的经验教训对"五四"进行理性的回顾。"五四"有许多值得今天继续吸取的东西，也有一些不值得再吸取的东西。北大校庆七十周年时，报上披载了不少号召继承"五四"的文章。有的文章企图造成一种声势，引用了所谓"时代潮流，滚滚向前，顺之者昌，逆之者亡"。虽然这是一句名言，但我不喜欢它那种带有威吓的口吻，况且潮流也不是都趋向光明和进步的。倘使任何一种潮流，不问正和反，是和非，由于害怕"逆之者亡"，就顺着它走；试问：你又如何保持你那不肯曲学阿世的独立人格和自由精神呢？激进主义不是"五四"时期才有的。一百多年来，中国的改革运动屡遭失败，这是激进主义在遍地疮痍的中国大地上得以扎根滋长的历史原因。环境过于黑暗，爱国者认为，只有采取过激手段才能生效。陈独秀在《调和论与旧道德》中，曾有过一个比喻。他说："譬如货物买卖，讨价十元，还价三元，最后结果是五元。讨价若是五元，最后的结果，不过是二元五角。社会上的惰性作用也是如此。"鲁迅早年撰写随感录，也说过类似的话。他说要在一个黑屋开窗，必遭反对，但要说把整座屋子拆掉，那么也许可能开出一口窗子来（大意）。因此，越激烈越好，矫枉必须过正，结果往往是以偏纠偏，为了克服这种错误而走到另一种错误上去了。本世纪初，无政府主义学说传入中土，当时的爱国志士对于无政府主义的激进思想莫不靡然景从，其原因即在此。这些人中间包括了一些传统素养深厚的人如刘师培，他在当时竟成了传播无政府主义的急先锋，先在日本办《天义报》，被查封后，再办《衡报》宣传无政府主义。还包括了出家修行的和尚太虚法师。年谱称一九一〇年，他的思想由君宪而国民革命，而社会革命而无政府主义，曾与吕大任办《良心月刊》，鼓吹无政府主义。当时连一些性情温和的人如蔡元培，也倾向于无政府主义的激进思想。胡适在日记中曾记述他在那时读到梁启超说的"破坏亦破坏，不破坏亦破坏"这种激忿的话后，深为感动。不过作为一个自由主义者，他很快地采取一种清醒的态度。也是在日记中记载了他曾劝告青年，在无政府主义蔚然成风时，不要去赶时髦。这是胡适使人敬佩处。我最为服膺的是他对自己生平为人所说过的这几句话："不降志，不辱身，不追赶时髦，也不回避危险。"我觉得一个中国知识分子如果真能够做到这一步，也就无愧于自己的责任与使命了。无政府主义的激进思想也对"五四"人物发生了巨大影响。我认为，激进情绪是我们今天不应吸取的"五四"的思维模式或思维方式的四个方面之一，因为它趋向极端，破坏力很大。比如，由于反对传统，而主张全盘西化。由于汉字难懂，而要求废除汉字；更激烈者，甚至主张连汉语也一并废掉，索性采用外语。由于反对旧礼教，而宣扬非孝。由于提倡平民文学，而反对贵族文学（包括思想家、艺术家所创造的精英文化。附带说一下，至今文化领域仍在反对"帝王将相才子佳人"的思潮恐与平民文学贵族文学这种两分法有关）。自然当时也不是没有不同的声音，如周作人在《艺术与生活》中，根据"趣味不会平等，艺术不能统一"的原则，提出："我们平常不承认什么正宗或统一，但是，无形中总不免还有这样的思想。近来讲到文艺，必定反对贵族的，而提倡平民的，便是一个明证。"我所说的"五四"的激进情绪是有特定内涵的。一般将这个词限定在政治领域内，如某些国家曾有所谓"激进社会党"之类。但我不是把左的称为激进，右的称为保守。有些习惯称为极右的政党，如法西斯等，照我的说法也是激进的。因为我说的激进是指思想狂热，见解偏激，喜爱暴力，趋向极端。这也是就思维模式、思维方式而言的。有些人立场不同，观点两样，在道德品质上也截然相反，但在思维模式、思维方式、行为方式上，也可能是类似，甚至是一样的。我反对对于那些因改革屡遭失败与社会过于黑暗而成为激进主义的革命者加以嘲讽，他们往往是很高尚的，他们为此付出的巨大牺牲也往往能够启迪后人。我尊敬他们，愿意像巴尔扎克在《一个无神论者的弥撒》中所写的主人公德斯普蓝医生一样，为那个和自己信仰相反的亡灵去祈祷去祝福。但我并不会因此改变我对激进主义的看法和态度。

一九九九年三月六日

注：

① 全文载入李辉的访谈录《世纪之问》。这里删去的前面几段文字，现作为附录，附于本文之末。

[附]
《对于"五四"的再认识答客问》前文[①]

问：我想找不同方面的人士，就我所感兴趣的、整个二十世纪中国比较重要的历史、文化、思想诸方面的一些专题做一系列对话。我希望您能结合自身的思想学术发展道路，谈一谈对于"五四"的看法。在谈这个问题之前，我想是否可以先围绕您个人的经历谈一谈。

答：可以。

问：我首先感兴趣的是前不久才知道您的家庭背景是一个基督教家庭。您父母都是受基督教文化熏陶的。

答：我祖父那一代就是基督教徒，我小时候也受过洗。

问：但您后来成为了共产党员，与基督教还有什么联系吗？

答：自然不再信教了。但基督教精神可能还会发生潜在的影响。

问：我在与陈思和谈中国教育问题时，我们谈到对近、现代史上的教会和教会学校的研究还不够，所以我觉得中国关于教会学校的研究应该加强，过去仅仅把这说成是帝国主义文化对中国的侵略，未免太简单化了。

答：这样说是不太妥当。我的外祖父桂美鹏是沙市的一名传教士，他是基督教圣公会第一位由中国人担任的会长，负责长江一带的传教会务。当时的圣公会和长沙的长老会是支持辛亥革命的，沙市的圣公会曾帮助成立日知会，这是一个带有维新色彩的团体，创办了书报展览室和分班授课的学校，这所学校就以美鹏命名。由于日知会支持孙中山，还发生过一位教士被清廷逮捕杀害的事情。黄兴参加基督教就是在沙市，这些情况我没有听父母说过，还是最近读陆丹林的《革命史谭》才知道的。

问：二十世纪教会学校培养了一大批优秀人才，文学史上不少著名作家出自教会学校，有的甚至受过洗礼。像冰心、老舍、林语堂等。您的学术功底与教会学校也有关系吧？两个姐姐都是燕京大学的，还有一个妹妹是圣约翰大学的。

答：我中学读的是教会学堂，读大学时已经抗战了，我参加了救亡运动，读的大学不是教会学堂，而且我也没有读完大学。

问：您认为您是否受到基督教的影响，具体的哪些方面？这容易回答吗？

答：如果说基督教对我有什么影响，那恐怕就是《新约》中的基督教精神吧。西方十九世纪的作品，无论是俄国的、法国的、英国的、美国的、德国的……大抵都浸染了这种精神。这些作品是我喜爱的。我曾经在一篇文章中回忆日伪统治时期说过："上海成了一个恐怖世界，我的许多藏书都自行销毁了，自然更谈不到发表文章。但幽居生活却使我可以沉静地思考。我对教条主义感到了厌倦。浸透着人文精神的西方十九世纪文学，几乎成了我当时的唯一读物，引发了我的浓厚兴趣。也许这是由于小时在家庭受到基督教义的影响，使我对这些文学作品产生一种认同感吧。"直到今天，西方十九世纪文学仍是我最喜爱的读物。解放后，我没有在文章中谈过苏联的作家和作品，因为引不起我的兴趣。我谈到过的是莎士比亚、费尔丁、狄更司、白朗底姐妹、果戈理、陀思妥耶夫斯基、契诃夫、巴尔扎克、罗曼·罗兰等，自然还有许多我喜欢而没有在文章中涉及的作家，也大多是十九世纪浸染人道主义精神的作品。

问：您自小和父母生活在清华大学，我看材料说在巴黎的美术家熊秉明小时候跟您在一起，他是比您大吧？

答：是的，我曾谈起过这件事。后来一位友人告诉我，有人见到他问起，他说他那时太小记不得了。我那时虽然比他大两岁，但也只有七八岁。我们都住在清华园的西院，他父亲是熊庆来。不过，我在清华园经常在一起玩的童年友伴倒不是他，而是住在南园时的一些小朋友，他们是李广诚先生家的增德、华妹，马约翰先生家的启伟、佩伦，赵元任先生家的如兰、新那，梅贻琦先生家的祖彬、祖彤，虞振镛先生家的佩曹、佩兰，杨光弼先生家的大田、二田等。那时王国维的儿子也在南园，但他们比较大，没有在一起玩过。

问：您把书斋起名为"清园"，与清华大学有关吧？那里的环境对您是不是也产生了重要影响？

答：我的童年是在清华园度过的，自然那里常会引起我的怀念。清华留给我的印象是整洁有序，是潜心攻读的好地方。后来，进了城，脱离了大学校园的环境。

问：您与北大有什么接触吗？北大与清华一般认为在风格和传统上是有区别的，您怎样看呢？

答：我和北大没有什么接触，只记得我在城里读小学三年级时到北大去过一次。我不记得是为了什么节日，老师准备带我们去那里表演节目，北京大学在我们心中是神圣的。很早我们就在学校认真地排练，那一天终于来到了。可是到了北大，还没有表演，就听到里面传出一片乱糟糟的声音，两帮学生正在里面争吵，越吵越厉害，我们吓得不得了。节目演不成了，老师只得掩护我们回去。这是我第一次所得到的北大印象。不过后来我对它有了另一种看法。我觉得那里可以不受什么约束，上课很随便，不是北大的学生也可以去旁听，没有人管，自由自在。但是真正值得赞扬的却是北大的办学方针。我认为蔡元培的兼收并蓄精神是十分可贵的。可惜这种尊重不同学术见解的兼收并蓄精神后来并没有得到认真贯彻。有些人在这个问题上往往从蔡元培移到陈独秀那种"不容许讨论"的立场上去了。我十分向往过去北大的自由空气，但是在治学方面，我还是倾向于清华的那种自由思想和独立精神。

问：清华大学是美国用庚子赔款修建的，在办学方针和风格上是不是具有明显的美国式特点？

答：早期的清华在办学上受到美国大学教育模式的影响，包括校园的风习，如新生入校的"拖尸"；又如每逢十月三十一日夜间，大礼堂熄灭了灯火，学生用挖空心的南瓜罩在头上过万圣节（鬼节）；还有在大礼堂前草坪上的一棵大树顶端悬一面旗帜，由参赛学生去夺旗，以分胜负……诸如此类都是美国化的，这我并不欣赏。但是清华从美国引进政治与学术分开来的教育原则和治学态度，我认为直到今天仍具有重大意义。我们太重功利，不承认学术的独立地位，必须使它依附学术以外的其他目的。后来更是强调政治统帅一切，把立场态度看得比什么都重要，用立场态度来判定真理和是非。有人曾引王安石的话，称这种偏向是"其道未足以为己，而其志已在于为人"的急性病。

其实政治是不能缺少学术思想的基础的。近代以来政治素质的低落和学术思想的衰微是有关联的。前几年我提出有学术的思想和有思想的学术也正是为了说明同一道理。在这样的思想背景下，我觉得清华在治学态度上所显示的自由思想和独立精神是非常可贵的。这里我想顺便说一件事，王瑶生前对我说过，他后来从清华分配到北大教书，但他并不认为自己是北大人，而是清华人。这话也含有对治学态度的看法。

问：是不是可以这么说，您从小接受的基督教影响和清华学风的影响，对您这些年的历史反思起到一定作用。您的反思与宗教的忏悔、反省有无关系？在形态上是一回事吗？

答：没有你说的什么宗教的忏悔心情。一个人反思自己的思想，有错误加以纠正，就像走路跌倒爬起来再想想怎么走一样，这是出于思想认识上的偏差，或由于经验不足所引起的，试问它和宗教的忏悔有什么关系呢？"反思"这个词本是黑格尔哲学用语（nachdenken），它原来的意思是"反思以思想本身为内容，力求思想自觉为思想"。这和我们今天通用的反思概念有些不同，我们已经把检讨自己思想的意思注入里面去了。这几年我为什么要进行反思呢？二十世纪就要走完了，现在回顾一下，可以知道哪些做对了，哪些需要纠正。我这样做并不是第一次。将近二十年前我写的《对文学与真实的思考》一文中就提到四十年代初我对自己的文学观点作过反省（见《文学沉思录》）。那次反思使我后来终于摆脱了教条主义。这一经验也是促成我现在反思的一个原因。

问：八十年代您以强调和进行"新启蒙"而引人注目。从强调思想启蒙到九十年代强调学术性，你认为这是不是在思想上和政治态度上一个很大的转变？

答：朱学勤把八十年代称为启蒙的年代，而把九十年代称为反思的年代，并声称九十年代的反思是对八十年代的启蒙的反动，这很能眩人耳目，但我不喜欢这种概括法，因为它是以牺牲具体事实为代价的。我不懂为什么对"五四"重新评价就是对启蒙的全盘否定？倘使只承认启蒙的一种模式，不承认启蒙思潮的多样性，强人从己，把持不同意见的人一概视为是反对启蒙的，那也太霸道了。最近有人把启蒙只限定在"反叛、决裂、扫荡，是部分到整体的破坏"，或者"对传统文化——社会结构的彻底性颠覆"这种激进主义的范围内，实际上是在把自己的观点定于一尊。

问：我能理解您的历史反思的苦衷。不管每个人是否都赞同反思，我觉得反思应该是整个民族的，特别是知识分子阶层整体性的行为。在"文革"以后，您一面继续做《文心雕龙》等学术研究，一面参与创办《新启蒙》丛书等思想政治活动，您当时是有意识地把这两者结合在一起呢，还是自然形成的？

答：这是一件很自然的事情。学术和思想应是分不开的。我不认为学术和思想必将陷入非此即彼的矛盾中。思想可以提高学术，学术也可以深化思想。不可想象，没有以学术作为内容的思想，将成为怎样一种思想，而没有思想的学术，这种学术又有什么价值？思想和学术它们之间没有"不是东风压倒西风，便是西风压倒东风"那种势不两立的关系。而且我也不相信思想竟如此脆弱，会被救亡所压倒，被学术所冲淡。

现在有一种看法，学术出台思想就淡化了，这是我不赞成的。我认为"五四"时代那些把学术当成实现某种意图工具的学人，不能作为例证，我们应该从他们的思想本身去找寻问题的答案，纵使当时没有救亡的压力，他们也不会做出其他的选择。直至今天还有人把这一时期和他们不同的另一些人，如王国维、陈寅恪等，看作只是一些从事纯学术研究的冬烘学者，殊不知他们对独立思想和自由精神的追求，并不比前面所说的那些人逊色。

问：也就是说您认为在您身上实际上是在努力把学术和思想结合起来，或者说本身是一体的。但您在九十年代更多地强调学术性，肯定是有感而发的。

答：我觉得研究中国文化，现在更需要的是多做些切实的工作。自从自由、民主、人权等等名词由西方传入中国以来，人们都会说，可是却很少有深入的钻研，结果在人们头脑中只剩下一个朦胧的概念。这是把学术排除在思想之外的结果。它带来的危害就是使思想变成一个简单的口号。

数十年来，大陆思想界已经形成了一种新传统，即所谓以论带史。研究问题，不从事实出发，不从历史出发，而从概念出发，从逻辑出发。这一风气不限于史学界，而且弥漫在各个领域，甚至渗透在生活中。[2]

注：

[1] 本文系《对"五四"的再认识答客问》的前面部分，曾载李辉《世纪之问》，现作为上文附录刊出。

[2] 下面紧接着就是前面的正文《对"五四"的再认识答客问》。

"达巷党人"与海外评注

近读美国汉学家牟复礼（Frederich Mote）评史华慈（Benjamin L. Schwartz）所撰《古代中国思想世界》（*The World of Thought in Ancient China*）一文。牟氏称史华慈学养深邃，但在文字训诂方面则多以己意为进退。其中有一条是关于《论语》"达巷党人"章的。牟氏所评有中肯的地方，也有值得商榷的地方。比如，他和史华慈等把达巷党人解释成"无知的乡下人"，就使人难以苟同。

旧注关于达巷党人的读法存在着不少分歧。一般据《礼记·曾子问》（孔子曰："昔者吾从老聃助葬于巷党"），以达巷党三字连读。何晏《集解》引郑注，则以达巷二字连读，党作乡党。朱熹《集注》并同。康有为《论语注》一反前人之说，将达字划归上章之末，作巷党人。海外学者多尊宋学，据朱子《集注》解经，但是他们又自生枝节，把达巷党人说成是"无知的乡下人"（an ignorant villager 或 villager to be a boorish ignorant）。我认为这一说法显然是用今天所谓乡下这一地区观念去附会古人了。殊不知乡党在孔子时代并非是偏僻地方。郑注云："达巷者，党名也。五百家为党。"皇疏称："天子郊内有乡党，郊外有遂鄙。"均可为证。至于把达巷党人冠以"无知"的称号，更与历来注疏相悖。《孔子世家》有"达巷党人童子曰"的说法。孟康本《国策》"项橐生七岁为孔子师"，谓达巷党人即项橐。《汉书》董仲舒对策云："臣闻良玉不琢，资质润美，不待刻琢，此亡异达巷党人不学自知者。"汉人关于这方面的传说很多，如《淮南子》、《论衡》等均言项橐事。清翟灏《四书考异》则云："不本正典，不足信。"方观旭《论语偶记》驳之，谓"汉人相传如此，当必有据。"不管达巷党人为项橐说是否可靠，有一点是明确的，前人多把达巷党人视为聪颖的人。说他无知是没有根据的。能知孔子不博，确实如方观旭所说，需有一定文化素养。一个无知的乡下人怎么会识别博不博或专不专的问题呢？

　　牟复礼《述评》说："在讨论孔子是士的新精神的代表时，史华慈引《论语》：'吾何执？执御乎？执射乎？吾执射矣。'（此射字当作御，系史氏笔误。——牟）孔子听到无知的乡下人提出一位博学者何以没有专长的问题后，对弟子说了这些令人扑朔迷离的话。这句话长久以来受到注疏者瞩目，现代学者也觉得有特别诠释的必要。维利（Arthur Waley）在释文后加注道：'我认为这个乡下人粗俗无知，盖君子不应以专才闻。'顾理雅（Herlee G. Creel）则认为'对一荒谬问题的讽喻答复'。理雅各（James Legge）也认为是'明显地反讽'或'极自慊之词'（后者乃历来注释家之说）。目前大家都认为乡下人之谬，孔子报之以讽，新旧二派均无异议。"（见 *Reviews*, p. 391—392）

　　这里有几个问题需要辨明：《论语》的原文是"达巷党人曰"，可是海外学者把它解作向孔子提出问题（an ignorant villager had asked 或 an absurd question 或 the villager question）。达巷党人的原话是"大哉孔子！博学而无所成名"。本是赞美之词，可是海外学者把达巷党人说的

"无所成名"解作博而不专了（Why a man of his breadth of learning was not noted for expertise in any specific skill）。我想，这大约是引申朱子《集注》又加以发挥的结果。《集注》对这句话的解释是："盖美其学之博，而惜其不成一艺之名。"其说似申明郑义。郑注云："此党人之美孔子博学道艺，不成一名。"细审两说，看来相契，其实却有很大分歧。郑注所谓"不成一名"，意思是说孔子广大渊博，使人莫可名之。这和《论语》记孔子本人赞美尧的话是一致的。孔子称"大哉尧之为君也"，荡荡乎，其广大渊博同样是"民无能名焉"。类似的说法，在《泰伯》篇亦可见到。孔子赞美泰伯"可谓至德"，而"民无得（与德通）而称焉"。"至德无得"正与"无能名焉"、"无所成名"同一语例。这种说法一直延续到后世。《南史》记王僧辩为梁元帝作《劝进表》，也有"博学则大哉无所成名"之语，显然这是套用《论语》中的说法。可见"无所成名"已经普遍地当作一种赞词，否则《劝进表》这类文字是不敢轻易使用的。我以为毛奇龄《论语稽求篇》申明郑义，最是的解。毛氏云："所谓不成一名者，非一技之可名也。"这正是达巷党人赞孔子无所成名的本义。朱子《集注》把郑注的"不成一名"变为"不成一艺之名"，已渐疏原旨。而海外一些学者望文生义，再把朱子的"不成一艺之名"拉扯到博和专的问题上来，则谬误尤甚。我感到怀疑：孔子时代是否存在这个问题？纵使存在，是不是这么引起重视，连"无知的乡下人"都会就这个问题发表议论？孔子把弟子分为德行、言语、政事、文学四科，如果连孔子也不专，那么当时谁才算得上是"专"的？这倒真的成了一个"荒谬的问题"了。

孔子听到达巷党人的赞美，对门弟子说："吾何执？执御乎？执射乎？吾执御矣。"这几句话确实难以索解。海外一些汉学家认为孔子是用一种讥讽的态度（an ironical reply 或 evidently ironical 或 irony of Confucius's response）回答达巷党人。但是，这只是悬揣，难以凭信。近来出版的吴林伯《论语发微》对这几句话作了这样的阐释："孔子谓其弟子，告其居贫，则姑执御以待时耳。本篇下章：'子曰：吾少也贱，故多能鄙事。君子多乎哉，不多也。吾不试，故艺。'鄙事，指执御等。君子，劳心治人者。不试，不见用。孔子正以其不见用于时，处贫贱而多擅执御一类鄙事。"这些说法并不都是新说，也并不一定是确解，但它将前章有关部分对勘串讲，得其通理，却有助于发明原旨。对于达巷党人既非问，孔子也非答，两人说的前言不搭后语的话，前人诠释虽多，但难惬人意。我不想强作解人，这里姑推其大意：孔子听到达巷党人的赞美，可能触动了不见用于世的感慨，而发出了"吾执御"的感叹。这和他说"将浮于海"或"欲居九夷"属同一性质。这比传统的谦逊说和海外的讥讽说，更近人情一些，也更贴近孔子的人格表现一些。但这也只是推测而已。《论语》忠实记录了孔子的言行。孔子的话在当时都是容易理解的。他的弟子与再传弟子都清楚那些话是在什么背景下与针对什么情况而发的，也许由于太熟悉了，也由于古人"尚简用晦"的传统表述方式，所以对这些背景与情况往往略而不述。可是，这种简略往往成了后人理解孔子言行的难以克服的障碍。我觉得，我们对于这些难寻文证的地方，与其强作解人去穿凿附会，还不如让它们存疑为好。

牟复礼在上面援引的话之后，紧接着又说："然而，史华慈却平添一层含意，将孔子归属于服务阶层的'士'，并以孔子的回答解释作讽刺性地拒斥六艺中作为'军事技艺'的射御。士之军事背景，士由武士而来，久为理解孔子时代有才艺之士的重要课题。孔子是否已轻武到拒斥射御的地步，认为不值得为士所习？似乎没有理由作此想。孔子的讥讽原在谦虚地回答一个思想简单的乡下人，如果他也勤于射御，也必将'有所成名'。实在没有理由像史华慈那样，把文武两艺截然分开。他引余英时以实其说（见《中国知识阶层史论》）。不过，余氏引《论语》那句话却有不同的命意。他认为士虽然不能都像孔子那样兼通六艺，但确是具有多方面的才能，所以他们的职事可以是武的，也可以是文的，无法一概而论。我相信这样来界定孔子及士的性格较好。"（同上引）

牟氏上述观点似更接近顾颉刚说（见《史林杂识初编》）。他所援引的余英时则对顾说曾质疑（见《士与中国文化》）。不过，这里只想谈谈牟氏把孔子的话理解为"如果勤于射御必将有所成名"的问题。其实这种看法也并非新的观点。李光地《论语札记》释"达巷党人"章曾云："六艺莫粗于射御，而御较射又粗。学无精粗，而必由粗始。"这也是同样认为孔子教人勤于射御。李光地是个拘守道学的人，他尝言："圣人或默或语，无非教者。"企图从《论语》的每字每句中找出教训来，其弊尤过于经生之注经。我以为这种看法的错误，主要是忽略了下章孔子所谓的"鄙事"。孔子严格区分君子儒与小人儒。他对于弟子学圃、学稼尚不以为能，为什么教人学从御始呢？牟氏批评史华慈也有对的地方，不过他没有说到问题的点子上。我以为援引《论语》本身比援引权威更重要。射是不是代表军事技艺？未执射是不是就等于拒斥军事技艺？孔子对于军旅之事的态度究竟如何？这些问题比较复杂，历来就存在分歧的说法。

《卫灵公》篇："卫灵公问陈于孔子，孔子对曰：'俎豆之事，则尝闻之矣。军旅之事，未尝学也。'明日遂行。"刘宝楠《正义》引《新序》，谓此为孔子"贱兵"之证。《论语发微》驳之，称孔子答子贡问政，以"足兵"、"足食"并举，《子路》篇则明言"教战"，再引《孔子世家》及《礼记·礼器》篇述孔子有习武之事，于是根据这些证据作出判断说，孔子以"未习军旅之事"去卫，实际上只是疾卫灵公无道而作的"托词"。以上二说都提出一些根据。不过，我以为"托词"之说似嫌勉强。《孔子世家》称冉有问孔子学过军旅之事，以及《礼器》篇称孔子曾言"我战则克"，究竟是否可靠，颇令人怀疑，因为毕竟是后人提供的间接资料。倘根据孔子学说本身来看，权衡其中的本末轻重，我以为刘宝楠引《新序》说孔子重礼轻兵，总是不可否认的事实。

史华慈认为孔子提出射御问题是反讽地拒斥军事技艺（a sarcastic repudiation of "The military arts" of archery and charioteering among The Six Arts）。这话不能说毫无理由，至少在把握原旨方面比"学射御以成名"说要准确一些。其错误乃在以射、御并举，忽略了在孔子时代，射不仅是军事技艺，而且列为礼乐制度之一。《仪礼》贾疏："六者之中，御与书、数三者于化为缓，故特举礼与射言之。"征之礼书，《仪礼》中有《乡射》与《大射》，均以射为礼。《乡射》郑目录云："州长春秋，以礼会民，而射于州序之礼。"《大射》郑目录云："名曰大射者，诸侯将有祭祀之事，与群臣射以观其礼。"列入礼书的射均名礼射，以与力射区别开来。《论语》记孔子谈射都没有表示拒斥之意，就因为射是礼。《八佾上》："子曰君子无所争，必也射乎！揖让而升，下而饮，其争也君子。"（其文亦见于《礼记·射义》与孔子所说同）《八佾下》："子曰：射不主皮，为力不同科，古之道也。"（"射不主皮"亦见于《仪礼·乡射礼》）前者说的射虽然也有争，但不伤于礼，故符合君子儒的准则。后者说的射不主皮，其本身就是乡射礼的一种规定。马融《论语注》训主皮为"能中质"。朱子《集注》训主皮为"贯革"。毛氏《论语稽求篇》驳马朱二说，谓之未明礼射之旨要。毛氏说："旧注引《周礼》，朱注引《仪礼》，犹是引经证经，引礼证礼，而不经谛观，便复有误，况臆断乎？"我以为这几句话是值得我们深思的。

一九九一年除夕于白藤湖畔

"子见南子"与前人注疏

二十年代末,曲阜第二师范演出林语堂改编的独幕剧《子见南子》,被孔氏族人以"孔氏六十户"名义,向国民政府教育部呈控,山东省教育厅受理查办。被告二师校长宋还吾一再据理申辩,还是被撤职。《集外集拾遗补编》曾辑录此案的资料。最近我从图书馆借来刊载此剧的《奔流》杂志,读后觉得这个剧本并没有"侮圣"的意思。尽管剧中孔子写得呆板,但作者怀有善意却是明显的。作者甚至过于拘泥于史料,连某些细节都取自前人著述。如南子所唱歌词,曾被"六十户"指斥为"丑态百出,亵渎备至,虽旧剧中之《大锯缸》、《小寡妇上坟》,亦不是过",但这唱词也非杜撰,而是取自《诗经·鄘风·桑中》。故宋还吾答辩书中有这样的讥讪语:"原呈以《桑中》一篇比之《小寡妇上坟》、《大锯缸》,是否孔氏庭训真义?"这场官司已过去六十多年了,但如何理解子见南子的问题至今仍值得讨论。

《论语》"子见南子"章是最难理解的。孔子被视为至圣先师,卫夫人南子又以淫行秽闻名,孔子为甚么去见这样一个人?这成了注疏家说不清的问题。赵翼《陔馀丛考》就说过:"《论语》惟'子见南子'

一章最不可解。"他感到困惑的是：师弟之间相知有素，子路怎么会因为孔子有所相浼去见南子而感到不快呢？纵使因此而相疑，孔子又何必设誓作表白，类似儿女的诅咒？孔子的行为，子路的不悦，孔子的发誓，矢词的内容，处处使人费解。可是《论语》是可信的书，子见南子又是实有的事。历来注疏者碰到一连串棘手的问题，都想尽力作出合理的解释，使这件看来不合理的事变得合理起来。分析一下这种合理化的过程，可以辨识历来注疏的得失。胡适曾评崔述《考信录》为"先信而后考"。其实，注疏家往往难免此弊。后代儒生一旦以理想中的圣人为标准去诠释"子见南子"，无形之中就会使自己的考据训诂变成一种弥缝补漏的工作。这种情况有时连一些学养深邃的注疏者也在所难免。粗粗说来，表现在《论语》"子见南子"章上的这类诠释有以下几种。

考证孔子未见南子或南子不是卫夫人

未见南子说见于《孔丛子》记平原君和子高的谈话。平原君问子高，你先君真的见过卫夫人南子吗？子高答云："先君在卫，卫君问军旅焉，拒而不答。问不已，摄驾而去。卫君请见犹不能终，何夫人之能觌乎？"子高引《卫灵公》篇推断孔子未见南子，理由似乎是充分的，逻辑上也是讲得通的。但事实不能仅靠推理来证明。子高用《卫灵公》篇的记述，来推翻《论语》中另一篇（《雍也》）的记述，这就形成了一种交互反证。因为持不同意见的人也可反过来，用后者推翻前者。汉人记载子见南子事颇多，如《史记·孔子世家》、《家语》、《法言》、《淮南子》、《盐铁论》、《论衡》等，倘无力证是不能将这些著述中有关子见南子的记载抹去的。

（按：林剧细节多采自汉人记述。如《孔子世家》："南子使人谓孔子曰：'四方之君不辱，欲与寡君为兄弟者，必见寡小君。寡小君愿见。'孔子辞谢，不得已而见。孔子入门，北面稽首。夫人在绵帷中再拜，环珮玉声璆然。"《家语》："灵公与南子同载，孔子载副车，招摇过市。卫人歌之曰：'同车者色耶，从车者德耶。'"等等均为林剧照样录入。《家语》中的说法看来似乎有些过分，但严肃的考据学者也并不以为侮圣。阎若璩《四书释地》称："孔子去卫，为次乘也。"即本《家语》。至于《法言五百篇》直言圣人有诎："仲尼于南子，所不欲见也。于阳虎，所不欲敬也。见所不见，敬所不敬，不诎为何？"这种看法不仅为林剧所纳，而且也曾被前人注疏作为根据。）

子高之说无据可证，连《孔丛子》也不认同。故此说几无从者。考证南子不是卫夫人而是南蒯者则较多。《晋书·夏统传》有"子路见夏南，愤恚而忼忾"为此说之发端。及至宋代，孙奕著《示儿篇》，则以南子为南蒯。其后，何孟春《馀冬序》、陈绛《金垒子》、焦竑《焦氏笔乘》、顾起元《说略》、魏晋之《椒园文辑》等，皆宗其说。近人程树德《集释》反驳此说云："惟以《传》考之，昭公十二年蒯没，孔子年方二十有二，子路小孔子九岁，年方十三，于情事皆不可通矣。"这一反驳遂使南子为南蒯说难以成立。

考证孔子见南子是合于礼的

此说亦滥觞于《孔丛子》。不过，这不是转述别人的说法，而是《孔丛子》本身的主张。《孔丛子》在记述平原君与子高的问答后说："古者大飨，夫人与焉，于时礼仪虽废，犹有行之者。意卫君夫人飨夫子，夫子亦弗获已矣。"此说构画虽精，但要证明子见南子是由于南子以古人大飨之礼飨孔子，就需要作出论证。未经论证遽作断语，只能说是一种推测。清钱坫《论语后录》援引《孔丛子》上面一段话后，案曰："此《孔丛子》之说，必有所据。"我对钱说颇感怀疑。《孔丛子》纵使不是伪书，确为孔鲋所撰，也不一定可靠。"六十户"也是孔子之后，他们对于林剧中南子的批判，就是老大一个见证。《孔丛子》未说明大飨之礼是怎样一种礼制，大夫见夫人是不是合于这种礼制。因此《孔丛子》提出的子见南子合于古大飨之礼只是一件未经证实的悬案。

朱子也主合于礼说。他的《四书集注》及《四书或问》都谈到这个问题。《集注》称："古者仕于其国，有见其小君之礼。"《或问》则曰："《记》云：'阳侯杀缪侯而窃其夫人，故大飨废夫人之礼。'疑大夫见夫人之礼亦已久矣。灵公南子特举行耳。"显然，《或问》之说既本之《孔丛子》，又为之作了考据学上的补充。其中引《坊记》述大飨废夫人之礼的故事，使《孔丛子》的说法总算有了着落。不过，这里存在这样一个问题：凡合乎礼的是不是都应该去做？阎若璩也是主张合于礼说。但他未回答上面问题，只是就事论事地说："见南子礼之所有，故可久则久；为次乘礼之所无，故可速则速。"清人重朴学，宋人则崇义理，所以在诠释"子见南子"时往往偏重于道德伦理的考虑。灵公无道，南子有淫行，圣人去见恶人行乎？真德秀《四书集编》的回答是："居乱国见恶人，惟圣人可。盖圣人道大德宏，可以转乱而为治，化恶而为善。"这可以说为子见南子作了进一步诠释。不过，我觉得真德秀的说法尚不及朱子《集注》周密。《集注》称："圣人道大德全，无可不可，其见恶人固谓在我有可见之礼，则彼之不善，我何与焉？然此岂子路所能测哉？故重言以誓之，欲其姑信此而深思以得之也。"朱子这样一说，把子见南子、子路不悦、孔子矢词，全部串在一起讲通了。不过，这一切还得回到合于礼上来。圣人道大德全，只要合于礼，见善人见恶人都无关紧要。但倘使不合于礼，那就是另一回事了。清代经师对于是否合于礼的问题重新作了讨论。毛奇龄力驳朱子之说，其词甚辩。他说："古并无仕于其国见其小君之礼，遍考诸《礼》文，及汉、晋、唐诸儒言礼者，亦并无此说，惊怪甚久。及观《大全》载朱氏《或问》，竟自言是于礼无所见，则明白杜撰矣。"这里需要说明一下，《集注》称古有大夫见小君之礼，《或问》本《孔丛子》所称古大飨之礼，二者是不同的。故毛氏指前者为杜撰。毛氏是个顶真的学者，他做了细致功夫，查考了《春秋》经与三传之文，指出《集注》以觌礼为见礼，以大夫之妇入觌为大夫入觌之误，并考明古时除交爵飨献之礼外，男女无相见礼，亦无觌礼。从而从根本上推翻了合于礼说。他在结语中说："正以无典礼可以引据也，有则据礼以要之，子路夫子俱无辞矣。"这一驳诘确是一针见血。试问：如果合于礼，孔子开头何必辞谢？子路何必不悦？孔子又何必作誓词？不过，毛氏似有未尽之意。《礼正义》谓："王飨诸侯，及诸侯自相飨，必同姓则使夫人亲献，异姓则使人摄献。自缪侯阳侯以同姓而遭此变（案：指窃其夫人故事）后，凡同姓亦摄献。"据此，交爵飨献相见礼亦有一定限制，交爵限于祭，《坊记》："非祭，男女不交爵。"飨献（大飨）限于同姓，但自缪侯阳侯事故后，同姓亦摄献。这证明《孔丛子》称南子以大飨之礼飨献孔子之说，也是错误的。

考证孔子见南子的行为准则

旧说多以子见南子为的是行道。何晏《集解》称："孔安国等以为南子者卫灵公夫人，淫乱，而灵公惑之。孔子见之者，欲因而说灵公使行治道。矢，誓也。子路不悦，故夫子誓之。行道既非妇人之事，而弟子不悦，与之祝誓，义可疑焉。"

（按：《集解》这段话中"行道非妇女之事"以下，是《集解》本身意见，还是引述孔安国的意见？有二说。毛奇龄《论语稽求篇》主后说。毛氏称"孔安国以为此是疑文"即含括后说之义。刘宝楠《正义》则主前说。刘氏据《释文》载《集解》本并引臧庸《拜经堂日记》订正皇本、邢本之伪，校定"孔安国曰旧以南子者"一句当作"孔安国等以为南子者"。又称："孔安国者"则系"首举孔以该马（融）、郑（玄）、包（咸）、周（氏）诸儒之义。行道以下四句，乃何晏语"。刘氏之说，义据甚明。这里顺便说一下，王何以玄学家解孔，曾被诋为"其罪深于桀纣"，但从何氏所称："其义可疑"的话来看，他们是十分尊重孔子的。）

何晏虽对汉人旧注质疑，但他毕竟是魏晋人物，话说到适可而止，并无感情色彩。刘宝楠《论语正义》对旧说旧注的批判，却要严厉得多了。他对"子见南子"一章作了靡密的爬梳，几乎不放过一字一义。首先，他说南子虽淫乱，却有知人之明，故于蘧伯玉、孔子皆特致敬。这是比较通达的看法，在儒生经师中甚至可以说是很开明的。其次，他说子路不悦，是由于疑夫子见南子出于诎身行道，正犹孔子欲往公山弗扰、佛肸之召，子路也同样感到不快一样。他认为这是无可指摘的，因为孔子说过，人而不仁，疾之已甚为乱。孟子也说过，仲尼不为已甚，"可知圣人达节，非俗情所能测"。这话虽然说得较牵强，且把自己训解的（也是一般人可以明白的）孔子的话说成"非俗情所能测"，不仅有些夸大其词，也没有顾及将置子路于何地，但是总的来说，还不失为一种明达。令人诧怪的是，刘氏援引了下列秦汉诸书，加以激烈的指摘。这些书是：

《吕氏春秋·贵因》篇："孔子道弥子瑕见釐夫人因也。"

（按：刘氏称："釐夫人即南子。"《吕氏春秋》高诱注云：南子不得谥为釐，"此釐夫人未之闻"。梁玉绳曰："釐夫人虽他无所见，然春秋时，夫人别谥甚多，鲁文姜、穆姜皆淫佚而得美谥，南子谥釐，无足异也。"陈奇猷《校释》："梁玉绳谓釐为谥，是也。张云璈说同。"）

《淮南子·泰族训》："孔子欲行己道，东南西北，七十说而无所偶，故因卫夫人弥子瑕而欲通其道。"

《盐铁论·论儒》篇："孔子适卫，因嬖臣弥子瑕以见卫夫人。"

刘氏《正义》援引上述文字后，直斥之为"此皆当时所传陋说，以夫子为诡道求仕。不经之谈，敢于侮圣矣"。刘氏训解多所发明，说明他是一位颇有识见的注疏家。他为孔子见南子、应公山弗扰、佛肸召欲往辩，说这是诎身行道，是堂堂正正的行为。这不是一般俗儒肤学之徒所能道。但令人不解的是，刘氏怀此种胸襟，有此种见识，何以对上举三书忿忿乃尔？难道上述三书不是同样在阐明孔子诎身行道么？试问：弥子瑕和南子、公山弗扰、佛肸这些人，在人格上、道德上又有多大差别？不知刘氏是否怀着学术思想上的门户之见，才对异我者加上这样一个重大罪名？"侮圣"是越出学术之域的人身攻击，为历来气盛理穷者所惯用。今竟出之于这样一位注疏家之口，使人不得不为之扼腕。

关于孔子矢词的训诂

孔子矢词："予所否者，天厌之，天厌之！"历来注疏，歧义最多。

举其大端，可分两家。一训矢为誓，一训矢为陈。前为旧注，后乃新解。邢昺、蔡谟、司马贞、韩愈、李翱（《论语笔解》）、杨慎、毛奇龄等，皆为破旧注立新说，认为矢当训陈。其理由，毛奇龄《论语稽求篇》说得最为条畅："夫子矢之，旧多不解，孔安国亦以为此是疑文。（按：毛氏误，当从臧庸《拜经堂日记》说。详前。）即旧注解矢作誓，此必无之理。天下原无暗暧之事，况圣人所行，无不可以告人者，又说门弟子语，何所不易白，而必出于是。"这说法与前文所引赵翼《陔馀丛考》的说法相契。毛氏、赵氏均为治学严谨的学者。但赵氏之说平易，毛氏之说则不免以推理作意度。赵翼是很谨慎的。他没有作结语，只是引杨用修说（"矢者，直告之也。否者，否塞也。谓夫子之道不行，乃天弃之也"），谓"此说本《史记索隐》，其说似较胜"。接着，赵氏还对杨说提出质疑。他认为杨氏一方面说子路不悦，是因为"孔子既不仕卫，不当又见其小君"。这是一层意思。可是，杨氏另一方面又说，孔子直告子路的话却是："以否塞晓之者。"又是一层意思。两层意思互不相关。所以赵氏认为杨用修的训解形成一种"针锋不接"的漏洞。赵氏提出自己的修正意见说："窃意子路之不悦与'在陈愠见，君子亦有穷乎'之意正同。以为吾夫子不见用于世，至不得已作此委曲迁就，以冀万一之遇，不觉愤悒侘傺，形于辞色。子乃直告之曰：予之否塞于遇，实是天弃之，而无可如何矣。如此解似觉神气相贯。"我认为在训矢为陈诸家中，赵氏之说当为胜解。不过，赵氏训孔子矢辞，总觉牵强。增字解经为注疏家之大忌，但矢词所说的"予所否者"，也实在过于简略。不独赵氏为然，几乎所有前人注解此句，莫不增字为训。因为不如此就无法讲通。

（按：此句之否字，古有以下诸训。孔安国："所不为求行治道者。"郑汝谐："予之所不可者。"栾肇："我之否屈。"韩、李《笔解》："否当为否泰之否,言天厌此,乱世而终岂泰吾道乎?"王充："予所鄙者。"毛奇龄据《孔子世家》以否字作不字解,"言我敢不见哉,否则天将厌弃我矣"。皇侃《疏》："若有不善之事,则天当厌塞我道也。"邢《疏》多本皇《疏》,独此条立异,改"不善之事"为"求行治道"。缪播："言体圣而不为圣者之事,天其厌塞此道耶。"李充："明圣人与天地同其否泰也。"王弼："多之所屈不用于此者,乃天命厌之。"馀不赘举。)

这么多注疏家,其中有最严谨的学者,都不得不增字为训,而歧义又是如此纷纭。我以为这是由子路不悦的原因对于当时传记此事的人是清楚的,觉得不必多说也可以明白,故省略掉了。可是这一省略却使下面孔子矢词变得扑朔迷离难以索解了。我觉得与其费猜疑,不如像程氏《集释》所云:"此等处,只可阙疑。"不过,注疏家也不是完全无所作为,在文字训诂上花点力气,还是可以使费解的原文透出一些消息的。《尔雅·释言》等字书,多训矢为誓。阎若璩《四书释地三续》曾作了详细的考辨,提出《春秋》记古人誓词,都与朱子《集注》所举"所不与崔庆"者同例,"皆有所字,足证其确"。(如"僖二十四年"、"文十三年"、"宣十七年"、"襄十九年"、"襄二十三年"、"襄二十五年"、"昭三十一年"、"定三年"、"定六年"、"哀十四年"等。)阎氏又说,《集注》于"何以用所字未解,曰所指物之辞。余欲易此注曰:所指物之辞,凡誓辞皆有"。这就为朱子《集注》承袭矢训誓旧说,提供了充分的证据,从而证明"予所否者"正是古人誓词通例。"所不"既是誓词定式,则"否"当作"不",而不能作"否泰"、"否塞"、"否屈"之类的附会了。臧琳《经义杂记》也是认为"古人誓词多云'所不'"。他对孔子矢词中的"否"当作"不"有这样的说明："太史公自言，弟子籍出孔氏古文，则所采《论语》，当是《古论》作'不'，或通伪为'否'，郑康成、缪播训为不，与《世家》文合。"这些说法，可谓言之凿凿。但孔子矢词中的"所不"究竟何所指而云，由于以下或省或阙，无法妄拟，我认为这几个字恐将成为千古疑义了。

前人注疏的得失，传统训诂学的成败，从"子见南子"章的诸家训解中可以看出一点头绪。但这只是一鳞半爪，我觉得这项工作目前似乎尚未引起应有的重视，拙文倘能起点抛砖引玉的作用，那就不胜欣慰了。

一九九一年十二月二日于白藤湖畔

关于京剧与文化传统答问

一

翁思再问：近年来先生曾写过好几篇关于京剧的文章，都产生了一定影响。听说最近有人要您那篇在一九八八年写的《论样板戏及其他》。据我所知，这篇文章发表不久，有人就指出它的意义说："近年在社会学界、历史学界，人们正在构建新历史观，对历史进行广泛的重新评价。从王元化关于样板戏的文章到重新审视当代政治斗争历史的《古船》，可说是这股新思潮在文学上的反映的迹象。"（一九八八年二月二十五日《文论报》）您为拙编《余叔岩研究》所写的序言曾得到吴小如的首肯。而《清园夜读》中的《京剧札记》则被日本京都大学《中国文学报》披文介绍。您是不是可以从美学角度对中西戏剧进行比较，发表一些看法？

答：承你多次推动要我谈谈京剧问题，帮我找来不少重要资料，我作了一些准备，现在可以谈了。我不是内行，只是一名京剧爱好者，真要懂得京戏并不容易。俗话说："唱戏的是疯子，看戏的是傻子。"

不入迷，不上瘾，就不能真懂。我还差得很远。过去看过的戏，我记得很不全，不是一个轮廓，一点印象，就是一鳞半爪，太笼统是谈不好的。演员的生命在台上，时过境迁，要补课是来不及了。幸亏你还有魏绍昌、吴光耀、张绶龄几位友人，帮了我的忙。他们几位也替我找来一些重要资料，尤其是台湾的丁秉鐩、美国的周志辅、我们这里的刘曾复，以及清末的王梦生的回忆著作。他们记述自己看戏的经过，使我可以援引，作为论证观点的佐证。虽然我喜爱京戏，但我研究京戏也并不完全出于兴趣，主要在对于文化传统问题的考虑，我认为京戏在文化传统中占有重要的地位。

问：现在还很少有人谈这方面的问题。我很希望您先谈谈京戏和文化传统的关系。

答：京戏无论在表演体系上或在道德观念上，都体现了传统文化精神和传统艺术的固有特征。研究中国文化传统经过了怎样的渠道走进民间社会，甚至深入到穷乡僻壤，使许多不识字的乡民也蒙受它的影响，这是一个值得探讨的问题。中国的传统思想自然是直接表现在儒释道墨法那些思想家和史家的著作里，而研究文化传统的学者也多半只探讨这些典籍。但是无论以前或现在，能阅读这些著作的人究竟有多少？大多数从来没有读过这些著作的人，为什么会受到它的影响呢？我小时在偏远的乡间曾见到不少的贞节牌坊，那些殉节的妇女大多并不识字，她们从哪里得到儒家的贞节观念并以它作为自己坚定不移的信念呢？这些问题不能不引起人们对文化传统问题的思考。我认为人类学者所提出的大传统和小传统理论对于解决上述问题是很有帮助的。大传统和小传统这一说法是五十年代芝加哥大学人类学教授芮斐德（Robert Redfield）首先提出来的。台湾李亦园教授是研究文化人类学的，对此曾有专文介绍，据他说所谓大传统是指上层士绅、知识分子所代表的文化（相当"五四"时期所说的贵族文化），这多半是经由思想家或宗教家反省深思所产生的精英文化（refined culture）。与此相对应所谓小传统，则是指一般社会大众，特别是乡民或俗民所代表的生活文化（相当"五四"时期所说的平民文化）。精英文化与生活文化也可称作高文化与低文化（high and low culture）。芮氏所用的后一称谓和我们过去所说的雅文化与俗文化，以及今天所说的高雅文化与大众文化是比较接近的。

从一九八六年起，我写了一系列探讨文化结构的文章，提出文化结构中的高层文化与大众文化所形成的这种关系："高层文化的社会效益必须置于文化结构各层面的相互作用中去考虑。例如，一部美学著作的读者对象，只限于一些专业工作者：教师、作家、编导、建筑师、美术家等。通过他们把其中的审美标准、审美趣味融进自己的作品里，再由这些作品把它传播到群众中去。在文化结构中，高层文化起着导向作用，它影响着整个民族的文化水平和文化素质。但大众文化和高层文化是发生着互补互动关系的。大众文化直接来自民间，具有民间的活力，也往往推动文化的发展。从文学史上可以看到唐宋的传奇、话本、变文，元明的戏剧，明清的小说以及历代的民歌民谣等等都曾经对整个文化发生过巨大的影响。"这里没有涉及文化传统问题。但传统文化中的大传统与小传统的关系也是一样的。大传统即上面说得过去思想家所产生的高层文化或高雅文化，小传统即过去的民间文化，包括谣谚、格言、唱本、评书、传说、神话、小说、戏曲、宗教故事等。民间社会一代又一代，都是通过这个渠道承受了传统的影响。

问：我想请您更详细地说说这个问题。比如大传统是如何通过小传统传播到民间去的？小传统是否原封不动地保存了大传统的面貌，还是有所更易？

答：民间社会是通过小传统去接受大传统的，因此不是直接，而是间接地吸取了大传统如经史中的观念以及史实等等。今天许多人的历史知识不是来自正史，而是来自广为流传的小说戏曲，甚至知识阶层中的许多人也不例外。清末王梦生撰《梨园佳话》称"二十四史忽化声能语，自声入而心通"，即明此义。大传统既然以小传统作为中介传播到民间去，因此它就不可能完全保存其原来面目，而是经过民间的筛选和转述。在这一过程中，不仅有取舍，也有引申、修订、加工和再创造。李亦园曾举小传统把儒者心目中的非人格化的天和俗世的皇帝融合在一起，转变为人格化的玉皇大帝。在大传统的宗教文化中，儒道释的源流派别是分辨得清楚的，但在民间祭典文化中就只有三教合一的民间信仰。小传统在民间信仰仪式（鸾堂等）中显示了对中国文字的尊重等等，都是说明这种情况。这是一项需要开发的极其细致的工作，有待今后的努力。我认为近两百年来京剧在民间文化中占有十分重要的地位，其中所蕴含的道德观念和审美趣味，影响了不止一代的中国人。作为小传统的京剧，它是大传统的媒介，也是载体。从京剧来探讨大传统如何深入民间，可以为这方面的研究提供一些资料。

二

问：两年前您在《杜亚泉与东西文化问题论战》一文中对传统伦理观念曾作过阐发和论述。请您谈谈京剧这方面的问题。记得您曾援引柳诒徵"西方立国在宗教，东方立国在人伦"的说法，并阐发了梁启超的"根本精神说"和陈寅恪的"理念说"。指出传统文化的承传在其精神实质或理念，如"道德主体"、"和谐意识"等，而并不在其由当时政治经济和社会制度所形成的派生条件，如君臣、父子、夫妇的三纲等等，并认为前者是常，将随着传统的承传而延续下去，后者是变，将随着社会制度的变化而消亡。我觉得这一阐发很有助于去理解京剧中所体现的伦理道德观念。您是否可以更进一步谈谈这方面的问题？

答：这个问题太大太复杂，这里不可能谈得太多。你所转述我那篇谈杜亚泉文章的观点，我不想重复了，请读者去参阅该文。谈到传统伦理道德时，必须注意将其根本精神或理念，与其由政治经济及社会制度所形成的派生条件严格地区别开来。不作这样的区分，任何道德继承都变成不必要的了。每一种道德伦理的根本精神，都是和当时由政治经济及社会制度所形成的派生条件混在一起的，或者也可以说，前者是体现在后者形态中的。倘使我们不坚持形式和内容是同一的僵硬观点，就应该承认它们两者是有区别的、可分的。冯友兰于六十年代出于担心要全盘否定道德继承性的考虑，提出了抽象继承法，就是依据上述可分性的原则。不过，他用了一个很容易引起误会的说法，以致遭到非难。可分与不可分这两种不同的观点，导致了道德可以继承与不可以继承的分歧。如果认为是不可分的，传统道德观念中的根本精神及其由当时社会制度所形成的派生条件是等同的，那么在古代一些杰出人物身上还有什么崇高精神、优秀品格、善良人性？任何一个人都不能完全超越他的时代，完全摆脱由当时社会制度所形成的派生条件。不能要求他们活在和我们一样的社会制度中，从而在派生条件上具有和我们完全一样的道德观念。如果坚持思想的根本精神和当时的社会制度所形成的派生条件两者是不可分的，那么道德继承问题也就不存在了。

岳飞、文天祥的事迹今天仍会使我们感动，可是他们的社会意识是充满忠君色彩的。我们对于皇帝再也不会产生神圣的感情了，为什么还会被这些充满忠君感情的人物所打动呢？这并不是由于我们也像他们一样，对皇帝抱着同一种神圣感情，而是从他们的忠君意识中领会到另一种崇高精神。我们是被它所打动的。这种崇高精神固然蕴涵在他们的忠君意识之中，可是我们却在无形之中把两者分离开来了。至于屈原就更是一个复杂人物，但是谁会因为他的忠君意识而否定他的坚贞而博大的情怀呢？王蒙曾说他每次读《红楼梦》，读到元妃省亲贾政启奏那一节，都不禁为之酸鼻，觉得"忠中有悲，忠中有情，这种中国式的忠的感情，真是令人欷歔感动"。可是使人感到遗憾的是，后来他却把《三国演义》看作是一部争龙椅的相斫书。似乎赵子龙除了为主子效力之外就不存在"忠中有悲，忠中有情"了，从而他似乎又不主张根本的思想精神和派生条件是可分的了。其实《三国演义》这部古典名著是蕴涵了多层面的。比如像诸葛亮这样一个人物，过去大多仅仅从"为政治服务"的角度去批判他，但我觉得郑振铎从智慧的角度去评估诸葛亮，也许是更妥切、更合理一些。

一九三五年，梅兰芳赴苏访问演出，当时也有一位苏联的艺术家认为京剧完全是供封建王公贵族玩赏的"雕琢品"，说这种戏剧是"为古代专制的封建道德作宣传的喉舌"。但是，艺术家奥布拉兹佐夫后来到中国进行考察之后，他有不同的看法，并作了十分中肯的评述："中国传统戏剧的剧本演出及服饰等，当然都反映了，也不可能不反映千百年来的封建制度，不过并不能因此就把这种戏剧看成仅仅是帝王和封建贵族的玩物，这是绝对不正确的。"什么原因呢？他举出的理由是:"从来没有哪一个封建阶级或非封建阶级的贵族,哪一个特权阶级或特权阶层会需要两千个剧院。"他用戏剧在中国普及的程度来说明它的人民性。在当时的苏联,使用"人民性"这三个具有魔法性的字眼,是突破僵硬的教条,使艺术的生命不被机械论所扼杀的惟一办法。但我觉得还是用传统思想的根本精神及由社会制度附加给它的派生条件是可分的来对待道德继承问题,才更为合理。"五四"时代反封建的先驱人物是以非孝作为突破口的。但其中两位主要人物胡适与鲁迅,在实际生活中对于母亲的孝道行为却是十分感人的。是他们言行不一吗?不是的。他们都坚决反对封建制度附加给孝道精神的派生条件。即当时梁漱溟所谓"古代礼法,呆板教条,以致偏敧一方,黑暗冤抑,痛苦不少"等等。我们必须把他们奉行孝道的根本精神和他们反对的那些派生条件严格地区别开来。但倘硬说他们的孝道和传统的孝道毫不相干,那是牵强的,难以令人折服的。

三

问:京剧在多方面体现了传统文化的精神特征,除了在道德观念外,您是不是可以再从艺术方面谈谈?

答:你提出的问题,实际上也就是有关京剧的表演体系问题。如果容许我用最概括的说法来阐明东西方艺术传统的不同特点的话,那么,可以说西方艺术重在摹仿自然,中国艺术则重在比兴之义。西方的摹仿理论最早见于亚里士多德的《诗学》;中国的比兴理论最早见于《周礼》的六诗说和《诗大序》的六义说。六诗和六义都指的是诗有风、赋、比、兴、雅、颂六事。最初在《周礼》和《诗大序》中,这六事并不是如后来分为诗体(风、雅、颂)和诗法(赋、比、兴)两个方面。这种区分始于唐代，唐定《五经正义》，孔颖达作疏，开始将诗的六事作体用之分。在这以前，诗体、诗法是不分的，体即是用，用即是体。其后将六诗说、六义说概括为"比兴"一词，是始于六朝时期的刘勰。刘勰撰《文心雕龙》，其创作论有《比兴篇》。中国艺术中的比兴之义，它所代表的艺术精神和艺术特征与西方是很不同的。这种不同主要表现在对待和处理心与物（审美主体与审美客体）的关系上。摹仿说重自然，在艺术创造过程中，以物为主，以心服从于物。比兴之义则重想象，表现自然时，可不受身观限制，不拘守自然原型，而取其神髓，借以唤起读者或观众的想象，去补充那些笔墨之外的空白。由于比兴之义诉诸联想，由此及彼，或由此物去认识彼物，故多采移位或变形之法。陆机《文赋》有离方遁圆之说，即阐明此旨。他的意思是说在艺术表现中，方者不可直呼为方，须离方去说方，圆者不可直呼为圆，须离圆去说圆。《文心雕龙》也有"思表纤旨，文外曲致，言所不追，笔固知止"的说法，意谓艺术有一种幽微奥秘难以言传的意蕴，不要用具有局限性的艺术表现使它凝固起来变成定势，而应为想象留出回旋的余地。诸如此类的意见在传统文论、画论、乐论中，有着大量的表述。如"言有尽而意无穷"、"意到笔不到"、"不似之似"、"手挥五弦，目送飞鸿"、"此时无声胜有声"等，都是阐发同样的观点。记得一位已故友人陈西禾在抗战初曾发表过一篇题为《空白艺术》的文章，也是阐发艺术创造中的笔墨之外的境界的。可惜这篇写得十分精辟的文章没有得到应有的反响，今天几乎已经没有人知道这件事了。我们书法中有飞白，颇近此意。空白不是"无"，而是在艺术表现中有意留出一些余地，以唤起读者或观众的想象活动。齐白石画鱼虾没有画水，这就是空白艺术，观众可以从鱼虾的动态感应到它们在水中悠然嬉戏的情趣。京剧中开门没有门，上楼没有楼梯，骑马没有马，这些也是空白艺术。这种空白艺术在西方是罕见的。我只知道契诃夫在他的剧作中很喜欢运用停顿（pause），停顿近似空白艺术，但又不完全相同，似乎着重在节奏和氛围的处理上。至于英国导演彼得·布鲁克倡"空的空间"那是现代派艺术兴起以后的事。

由于处在不同文化传统文化背景下，西方一些观察敏锐的专家在初次接触京剧时，就立即发现了它不同于西方戏剧的艺术特征。一九三〇年，梅兰芳访美演出，评论家勃鲁克斯·阿特金逊在《纽约世界报》上撰文一针见血地指出："在想象力方面，从来不像京戏那样驰骋自如。"一九三五年梅兰芳访苏演出，苏联导演爱森斯坦在讨论会的发言中说，中国京剧是深深根植在中国文化传统基础之上的。他大概并不知道中国传统的比兴之义，但从实际观察中体会到它的意蕴。他说："京剧不同于西方摹仿式的表达常规，而使人产生一种奇特的'抽象性'（案，应作写意性）的深刻印象。它所表现的范例不仅在于一物可以用来标示另一物（案，此说近于前人对"比"所作的注疏），而且可以标示许多不同的实物和概念，从而显示了极大的灵活性。比如一张桌子可以作饭桌、作公案，也可以作祭坛等等。同一个尘拂可以作为打扫房间的工具，也可以作为神祇和精英所执的标志。这种多重性，类似中国象形文字（案，应为义符文字）各个单字可连缀成词，而其渊源则来自中国的传统文化。"（大意）这位著名导演赞扬京剧艺术已发展到极高水平，而称他们的戏剧"那种一再折磨我们艺术的所谓忠实于生活的要求，与其说是先进的，毋宁说是落后的审美观"。在这个座谈会上，梅耶荷德、爱森斯坦和另几位倾向现代派的艺术家，向基于摹仿的现实主义理论，进行了大胆的挑战。他们不受摹仿说的拘囿，认识并肯定了中国传统艺术的特点。这种开放态度是令人钦佩的。但这些追求革新的艺术家在突破摹仿说时,断言体现这一传统的现实主义艺术是落后的,并将他们所见到的那些僵硬的充满说教的艺术作为现实主义的代表则未免做过头了。"百川入海不择细流",艺术应是多样化的。我认为上两个世纪托尔斯泰、契诃夫、陀思妥耶夫斯基、费尔丁、狄更司、巴尔扎克、斯汤达等等的现实主义作品并不过时。我一直喜爱它们。艺术不能在古与今、中与外、新与旧之间作出高下之分,而只有崇高与渺小、优美与卑陋、隽永与平庸的区别。

四

问:您在上面谈到京剧和传统文化关系时,已经将京剧和西方戏剧进行了比较。您提出写实与写意形成中西文化背景的不同。您是不是可以进一步谈谈在两种不同文化背景下,中西戏剧有哪些具体的差异?

答:摹仿自然和比兴之义形成了写实和写意这两种不同的文化背景。而这两种不同的文化背景导致了在对待或处理审美主体(心)和审美客体(物)的关系上所遵循的不同立场和原则。我想从三个方面来说,即演员、角色和观众。这三方面有三个自我,而演员、观众与角色的关系,又形成了第一自我和第二自我的关系。从演员来说,第一自我是他自己,第二自我是他扮演的角色。从观众来说也是一样,第一自我是他自己,第二自我是他看戏时进入角色的境界,即他的投入。这里我参照了法国著名戏剧家老柯克兰(Benit Constant Coquelin)的理论。布莱希特也有类似的说法。他认为演员在台上可以使我们同时看到至少有三个人物,"一个在表演(即演员的自我),另外两个则是被表现出来"(一个是角色本身,还有一个则是角色在不同情景中所显示的面貌,也可以说是角色的第二自我)。在这段话中,布莱希特没有用自我一词,他主要是谈演技问题。这里我们可以用《宇宙锋》中的赵艳蓉为例。演赵艳蓉的演员是第一人物,赵艳蓉这一角色是演员的第二自我,构成第二人物;赵艳蓉这一角色在父亲和皇帝面前装疯,这疯女的形象构成角色的第二自我,而对演员来说则是第三人物。我在这里不想援用布莱希特三个人物的说法,我觉得只要参照老柯克兰的第一自我和第二自我的理论,就可以清楚地说明中西戏剧在对待和处理审美主客体(即心与物)关系上的明显差异了。

六十年代初我国戏剧界在介绍狄德罗戏剧理论时,曾进行了表现派与体验派的讨论,老柯克兰被认作是表现派的。当时还有人用表现派去比附京剧的表演方法,曾受到有识者的批评。根据柯克兰的《演员艺术论》所述,演员一旦进入角色,他的第一自我就要"终止"在第二自我身上。或用他援引都德的说法,演员必须将自己"沉没"在角色里。柯克兰说他的这一理论正是来自同国作家都德。其实不止都德,这种观点几乎为西方艺术界普遍认同。有一篇记载说,当巴尔扎克写羊时,他自己也几乎变成了羊。这种第一自我沉没在第二自我中的故事,在西方剧场里是很普遍的。相传契诃夫的《海鸥》在多次演出失败后,史坦尼斯拉夫斯基的艺术剧院决定将它上演,来挽救经济情况已岌岌可危的这家新兴剧院。《海鸥》演出了第一幕,大幕徐徐落下,剧院工作人员在幕后焦急地等待着反应,可是一片沉寂,一点动静也没有。在令人窒息的两三分钟后,观众席上突然爆发起震耳欲聋的掌声。……发生在西方剧场中的这种投入情况,是不会发生在京剧的戏院里的。在京剧的剧院里,尽管台上演的是催人泪下的《六月雪》

这类感人的悲剧，观众也不会出现艺术剧院演《海鸥》时的现象。相反，甚至当观众看到窦娥负屈含冤行将就戮的悲惨场面时，还会为扮演这个可怜女性的演员（假定他是出色的演员）的动人唱腔和优美身段鼓掌叫好。这是不是京剧观众没有教养或缺少艺术细胞呢？不是的。这里包含着两种不同文化背景下所形成的不同戏剧观。更具体地说，也就是表现在对待或处理审美主客（心与物）关系上的不同立场和原则。《海鸥》演出的经过，充分说明西方观众在看戏时，他们的自我完全溶解到角色中去。大幕初下，他们还沉浸在戏里没有恢复过来，剧场里出现的一片沉寂就是由于这个原因。当他们慢慢从角色中脱身出来，恢复了自我，他们才作为观众热烈地鼓起掌来。京戏的观众却不是这样，他们并没有将他们的自我溶解到角色里。自始至终他们都保持了观众自我的独立自在性。这并不是说，他们总是理性的，对角色的命运是无动于衷的。他们也被角色的喜怒哀乐所感染，但同时他们并不丧失观众所具有的观赏性格。两者集于一身，因此他们进入角色被角色命运所感染时，仍能击节赞赏鼓掌叫好。最近看电视剧《程长庚》，有一场是程给同治演戏，同治叫了一声好，程不惜抗旨犯上，马上停止不演了。据说这是根据一本笔记的记载，但我很怀疑它的可靠性，因为这个情节不仅不符事实，而且也不合情理。

　　《海鸥》的例子说明，西方观众一旦投入，就和角色合二而一，从而失去了观众所具有的观赏性格。相传一九〇九年芝加哥演出《奥瑟罗》，观众席上突然发出一声枪响，将扮演埃古的演员威廉巴茨击毙，过了一会，当开枪人清醒过来，就用枪对准自己太阳穴也开了一枪，当场身亡。这两名死者被埋葬在同一墓穴中，墓碑上镌刻着这样一句铭文："哀悼理想的演员和理想的观众。"

五

问：您提出中西戏剧观在对待审美主客体（心与物）的不同态度，并从演员、角色、观众三个自我的关系来加以阐明，发人所未发，确实可以使人了解京剧和西方戏剧的不同特点。这个特点倘使进一步追源溯流，它和中国文化传统又有什么联系呢？请更详细地谈一谈。

答：我在上面所谈到的戏剧观，其实不止于戏剧领域，可以说，它体现了中国传统艺术的思维方式和抒情方式。审美主客（心与物）关系是美学的根本问题之一。上述艺术观很早就形成了，但作为完整的美学的表述则是后来的事。刘勰《文心雕龙·物色篇》是一篇重要的早期美学论文，虽然它出现在六朝的萧齐时代，但它却是在总结先秦以来文学观念的基础上写成的。我认为《物色篇》中有两句话，可以说是非常简明扼要地勾勒出中国传统艺术观的基本特征，这就是："写气图貌，既随物以宛转；属采附声，亦与心而徘徊。"这两句话互文足义。意思说，在写气图貌和属采附声的创作过程中，一方面作为审美主体的心应随物以宛转，另方面作为审美客体的物也要与心而徘徊。心既要以物为主，物也要以心为主，相互为用，而不存在一个压倒另一个，一个兼并另一个；或者一个屈服于另一个，一个溶解于另一个这类现象。在上面所提到的京剧表演或京剧欣赏中，演员或观众在进入角色后，不像西方戏剧所出现的那样，完全沉浸在角色里，而能保持其自我的独立自在性，其主要原因即在此。在西方戏剧观中，演员或观众的自我溶解在角色里，审美主客（或心与物）双方，不是相反相成，互补互助，有你也有我，而是呈现了有我则无你，有你则无我的非此即彼的逻辑。体现了 A 是 A 而不是非 A 的同一性。京剧或中国传统戏剧观则是两者并存，亦此亦彼，对立而统一，你中可以有我，我中亦可以有你。这与上面的原则是完全不同的。

西方有些美学家曾经感到这种主客同一的艺术观是有缺陷的，布洛曾创心理距离说。布莱希特提出了间离效应。一九三五年梅兰芳访苏时，布氏在苏联观看了梅剧团的演出。他的间离说来自京剧的启发。黄佐临生前曾称赞他思想敏锐，因为他并没有看到更多的京剧，就发现了京剧演员的表演不像西方那样沉没在角色里面，而一下子就抓住了这个特点。不过他的间离说在第一自我和第二自我的问题上，却和中国传统戏剧观存在着差异。他认为演员或观众对角色应采取一种理性的批判态度，而不可能在投入角色的同时仍保持观赏性格。他在这一点上仍未摆脱非此即彼的同一性逻辑。这与中国传统的和谐意识所持万物并育互不相害的基本精神仍是大相径庭的。

这里说一下，所谓传统乃就大体而言，而不可理解为它将规范一切文化现象，不然就变成一种僵硬的模式了。传统文化中可能有常例和变例，也可能出现一定程度上的突破和逆反，这往往是极其复杂的。在西方美学理论中我十分服膺黑格尔对于知性的有限智力和知性的有限意志的批判。所谓知性的有限智力是假定客观事物是独立自在的，而我们的认识只是被动地接受，从而取消了主体的自确定作用。知性的有限意志则是指主体力图在对象上实现自己的旨趣、目的与意图，而将客观事物当作服从自己意志的工具，从而牺牲了客观事物的独立自在性。倘用中国的传统说法，前者亦即以物为主，以心服从于物。后者亦即以心为主，以心去统制物。黑格尔对两种知性偏向的批判是十分接近中国的传统文论中的心物交融说的。在这方面，我以为还是以《文心雕龙·物色篇》的阐述最为充分。纪昀推崇《物色篇》末的

"赞"为全书各赞第一。赞中所说的"目既往还,心亦吐纳,情往似赠,兴来如答"四语,可以说是心物交融和谐默契的最高境界。在这种境界中,心和物有来有往,都承认对方的存在,都通过自己一方去丰富对方,提高对方。

六

问：请进一步谈谈心物交融方面的问题。

答：心物交融的原则产生了创作行为的善入善出说。此说始于龚自珍。所谓善入是指艺术家要钻进对象中去,对它揣摩到家,烂熟于心,达到如数家珍的地步。所谓善出是指钻进对象之后,还要出得来。不以物为主,就入不深。不以心为主,就出不来。不仅要能入能出,还要善于入善于出。这就是实现心物交融原则,在创作行为上的必不可少的条件。上面曾经提到,京剧观众一方面既能进入角色,和角色同呼吸共命运,感染角色的悲欢；另方面又能保持其作为观众的独立自主性,即保持其作为观众的观赏品格。这里面的奥妙并不难理解,我们只要懂得中国传统艺术观的心物交融说和善入善出说,就可以明白其中的原委了。布莱希特的间离效应只注意到善出这一方面,而忽视了还有善入另一方面,从而,断定观众应以理性的批判态度去看戏,而不可被戏中的情境所感染。倘使发生了后一种情况,那么只能说是戏的失败。据说"文革"前佐临排的《伽里略传》上演时,东德一位布莱希特的弟子看见观众席上有人拭泪,断言这不符合布莱希特的间离效应,戏给演砸了。有人把这事告诉佐临,佐临说,我不能完全搬用布莱希特的间离效应,要是那样,就会把观众全都间离到剧场外边去了。

善入善出是同时发生的。两者不可分割，入时亦出，出时亦入，刹那刹那，循环往复，不断进行着。京剧的观众在台下为演员的精彩表演鼓掌叫好，做价值判断的同时，也进入角色中，和角色进行情绪交流。他们对角色并不是只有类似黑格尔所说的那种知性的有限意志，去作冷静的分析、理性的批判。京剧观众鼓掌叫好时，恰恰是他最感动、最满足、最陶醉的时候。这里可以举丁秉鐩书中记述他看戏的感受为例。丁战前在燕大读书，几乎天天进城看戏，有时还赶两场，假期则往返于京津，为的是去看某角的某出戏。由于他积累了丰盛的看戏经验，加上不断琢磨研究，因而造诣精深。读他的书，使人宛如置身戏院亲历其境。他对杨小楼最为服膺。花脸中，他喜欢侯喜瑞。他说侯演《连环套》，一场"拜山"下来，红扎能湿了一半（被口水喷的），而别的花脸，自郝寿臣以次，都没有这样的功力。下面是他记述看侯喜瑞的《青风寨》的情景：

> 这是一出架子花脸的轻松小武戏，李逵扮新娘故事。李逵出场前，闷帘念声"走哇！"声音嘶哑，可是却清楚地送入观众耳鼓，台下未见其人，就报以满堂彩。这是黄三的念法，非有丹田之气，字咬得准是念不出的。然后李逵随武生扮的燕青上。武生唱摇板："山寨奉了大哥命"，花脸接唱："巡营嘹哨要小心。"报家门："俺，浪子燕青。""咱（使炸音），黑旋风李逵。"又有彩声。下面稍事表白。然后李逵念："燕小哥，你我抬头观看哪！"燕青蹲矮姿式，李逵左手扶燕青右肩膀，右脚立地，左脚抬起来，右手也抬起来，那个架子的边式，带上神气，台底下观众好像都随着他往前看了。所谓唱做"入戏"，好演员不但自己"入戏"，

能把观众也带进戏里去,侯喜瑞就有这个本事。……

丁秉鐩很熟悉戏班的事。他说侯喜瑞搭的班,管事的都愿在前场派他这出《青风寨》,真能多叫进一两百人来。丁在上面所说的演员入戏并把观众也带进戏里去,可以用来说明观众的一种陶醉境界。他的书中另一处记述着孟小冬的《失空斩》。在"斩谡"一场,诸葛亮入帐把扇子交左手,以右手指王平。等到带马谡,又把扇子交还右手,以扇子指谡。他说:"孟小冬这种小动作,都是谭、余真传。与王平对唱快板,尺寸极快,而字字清楚入耳。对马谡的两次叫头,几乎声泪俱下,听得令人酸鼻。"这里也是说的演员入戏把观众也带进戏里去的那种境界。观众看戏和台上有着交流,而并不是采取一种冷静的分析或理性的批判态度。孔子说的"知之者不如好之者,好之者不如乐之者",这句话同样可适用于传统艺术观。在欣赏一件艺术品时,首先要知道它、熟悉它、理解它,但还不够,必须进而爱好它,对它产生感情。好比起知来,固然是更高的境界,但仍不可到此为止,还应该进一步达到乐的地步。这乐字就是指主体与客体的融会交流,从而产生一种精神的昂扬与升华,也就是上面所说的演员入戏,把观众也带进戏里去的那种出神入化境界。

七

问:您的论证方法如抽茧剥笋,采取了层层推进的方法,由原则到具体,由一般到个别。上面您所谈的多侧重在传统文化精神与传统艺术固有特征这些大的原则方面,估计现在要进入京剧具体问题的探讨了。不知是否如此?

答：我深深服膺《政治经济学批判序言导言》中所提出的从抽象上升到具体的方法。这使我认识到认识的历程是：感性—知性—理性。八十年代初，我曾把这一观点写进文章中，曾遭到一些人的指摘，说我要"回到康德去"。批判者似乎并没有认真考虑过《政治经济学批判序言导言》这本著作。其实书中所提出的由抽象上升到具体，就是阐明感性—知性—理性的三段式。马克思把它作为政治经济学的唯一正确方法。由感性到理性因省略了其中知性这一环节是有缺陷的，不过这里不能多谈这个问题。在传统文论中，我很赞同刘勰说的"由隐以至显"和"因内而符外"的方法。倘使不首先把传统文化精神和艺术固有特征谈深谈透，那就无法理解京剧的虚拟性、程式化、写意型的表演体系，纵使理解了也无法知道它的来龙去脉。

振兴京剧或发展京剧，不问出于怎样良好的动机，都不应使京剧丧失它所以成为京剧的本质规定性。任何事物一旦失去它的本质规定性，它也就不再存在了。发展京剧和引进外国戏剧的优秀成果，是为了京剧本身的建设，而不是使它变成不是京剧的另一种东西。因而通过中西戏剧比较，显示京剧的特点就很有必要了。我并不认为所有不同于西方戏剧的京剧特点都是好的，都应当保存下来。我也不愿像新近故世、在中国科技史研究上作出重要贡献的李约瑟博士那样声称，中国的传统科技无需借助西方的成熟经验就可以从自身发展出能与西方抗衡，甚至凌驾其上的近代科学。在不同传统的土壤上，可以结出争奇斗艳的多种艺术花朵。中国艺术传统中有好的也有不好的，有胜过西方的也有需要向西方借鉴的。但是有些人长期以来受到新的一定胜过旧的这种庸俗进化观的影响，坚持京剧是旧的、落后的，认为西方现代戏剧才是新的、先进的。恕我再一次借用正在受人指摘的余英时的直率说法:"今天的文化危机特别表现在知识分子的浮躁心理上,仰慕西方而不知西方文化的底蕴,憎恨传统文化又不知传统文化为何物。"

以西学为坐标的风习由来已久。"五四"时期胡适曾作出不容忽视的贡献,但他在学术界也留下了一些至今影响未消的偏见。胡适青年时很喜欢京戏,当他成为新文学的开山大师后,他的态度有了根本性的改变。晚年他在日记中写道:"京剧音乐简单,文词多不通,不是戏剧,不是音乐,也不是文艺。我是不看京戏的。"(大意)"五四"以来新文艺阵营的人多持这种态度。我本人也有过同样的经历,几达十余年之久。主要原因就在于以西学为坐标去衡量中国传统文化,从而采取了一种偏激态度,认为凡是新的都比旧的好。就以力求公正持平的胡适来说,他纵使谈到自己所钦佩的乾嘉诸老时,也仍以西学为标准,说他们的成就远远逊于懂得科学精神和科学方法的西方学者。他对京剧的批评,正如他对《红楼梦》的评骘一样。他说《红楼梦》还不及《海上花列传》,因为前者没有西方文论提到过的 plot,所以他从来没有对它赞一词。他认为京剧不值一顾,是因为没有西方戏剧"最讲究经济方法"的三一律。我最初从胡适书中看到这些说法,不禁感到惊讶。像胡适这样一位好学深思谨慎稳重的学者,他所信奉的理论,怎么竟会是那些在西方也早被摒弃不登大雅之堂的劳什子?所谓 plot 只是一种陈词滥调,凡没有被庸俗美学口味所败坏的人,再也不把它当回事了。而三一律这条死板的规律,在浪漫派崛起于西方文坛之后早已销声匿迹,还有人说它从来就没有被真正实行过。对于胡适的功绩自然应作出公正的评价,但他留下的瑕疵也不应被掩盖。我想胡适的失误大概由于他并没有认真研究并思考过京剧。我感到奇怪的是,"五四"时期曾有推倒贵族文学提倡平民文学的口号。从来被轻视的大量民间文艺作品，小说、山歌、民谣、竹枝词等等，受到了倡导新文化的学人的重视，可是为什么对于同是民间文艺的京剧却采取了痛心疾首的厌恶态度呢？是因为它进过宫廷，还是别的什么原因？任何时代都会出现自我相违的偏差。那是一个暴风骤雨来不及仔细思考、急促作出判断的时代。今天距离那个时代已七十多年了。已经到了可以平心静气回顾过去对它作出公允评价的时候了。有人认为这样做现在还不是时候，会产生负效果。我不能同意这种策略性的考虑。过去太多从策略性方面去考虑问题了，如：何时应强调什么，何时应反对什么，甚至被奉为经典的著作也有这样的说法：哪一时期应突出辩证法，哪一时期又应突出唯物论。我认为把政治上的策略用在学术上，正如把政治上的党派性与两条路线斗争等等概念用在哲学上一样有害。这将会导致学术脱离求真知的正轨，陷入以偏纠偏的迷途。

八

问：您在上面已提到京剧的表演体系可归为虚拟性、程式化和写意型这三个基本特征，希望您把这三个基本特征详细地谈一谈。

答：虚拟性、程式化、写意型这三个基本特征是京剧界经过多年探讨积累了许多人的研究成果概括而成的。它不是哪一个人的创造。现在它已得到了大家的认同，倘使追源溯流，相同或类似的说法可追溯到本世纪初。"五四"时期，《新青年》杂志辟专栏进行了京剧的讨论，发表了胡适、刘半农、钱玄同、周作人、傅斯年等反对京剧的文章。同时也发表了宋春舫、张厚载、齐如山等为京剧辩护的文章。在京剧问题上，《新青年》贯彻了自由讨论的民主作风，是值得赞扬的，而不像在文言白话之争上陈独秀所持那种不容讨论的独断态度。当时，张厚载在《我的中国旧剧观》一文中，曾用"假象会意自由时空"来概括京剧的特征。这大概是最早对京剧所作的界说。（不幸的是，后来张厚载被北大开除了。——补记）后来，余上沅更将中西戏剧进行了比较，称中西戏剧的不同特点，乃在"一个重写实，一个重写意"。余将京剧归结为写意的表演体系，是当时以及后来较普遍的说法。一九三二年，程砚秋赴欧考察，一年后回国，他撰写的考察报告中，也采取了相同的说法。

张厚载说的"假象会意自由时空"，可以说是开启了后来探讨京剧特征的先河，这八个字中前四字借用了文字学中的称谓，与现在所说的写意意义相通。后四字"自由时空"则是指京剧的舞台调度的灵活性。它不仅突破了西方古典剧的三一律，也突破了话剧以三堵墙来限定时空的规范。这种舞台调度的灵活性，使得京剧舞台在时间和空间上取得了无限扩展的可能性。同一出戏的同一舞台，可以在地域上或地形上化为不同的种种场所，而受到时空严格限定的话剧舞台是不可能有这种自由度和灵活性的。当梅兰芳于战前几次出国演出时，都引起海外专家对京剧的舞台调度发出了惊叹。日本戏剧家神田说，京剧与日本戏剧不一样，完全不用布景，也不用各种道具，只有一桌两椅。他认为："这是中国戏剧十分发达的地方。如果有人对此感到不满，那只是说他没有欣赏艺术的资质。使用布景和道具绝不是戏剧的进步，却意味着观众头脑的迟钝。"另一位戏剧家洛叶庵也撰文说："像都诵那样的舞蹈，用布景比不用好，但要演出互相联系互相影响的多种人物使他们都在舞台上活起来，不用布景却能使观众的注意力集中在这些人物身上，有时也很好。"（大意）一九三五年，梅兰芳访苏演出时，苏联导演梅耶荷德对京剧的舞台调度的灵活性，作了热烈的赞扬。他说："我们没有时间感。我们不懂得节约时间是什么意思。中国人在对待时间上，是以十分之一秒来计算的。我们应该把我们手表上的秒针干脆去掉，因为它们完全是多余的。"写意型表演体系由于使用虚拟性程式化手段，如挥鞭表示骑马，作手势表示开门关门，跑圆场表示跋涉千山万水……从而大大节省了时间。用梅耶荷德的话来说，就是京剧的时间是"以秒计算的"。这是写实型的戏剧无法做到的。因为写实就必须处处落到实处，纵使是一些无关宏旨可有可无的细节有时也不能删节。但京剧则不同，它可以删去一切不必要的琐碎东西。

虚拟性程式化表演方法的删繁就简的特点是和传统艺术理论的"以少总多，情貌无遗"原则密切相关的。在西方戏剧中，莎士比亚时代的英国舞台（如寰球剧场）也类似京剧舞台，有着相当灵活性的舞台调度，同样没有三堵墙，没有布景。场景的转换，有时用一块写着国度或地区的牌子示意，有时用喇叭奏花腔，表示地方转换到宫廷，帝王将要出场，或将成为两军厮杀的战场；有时由一位类似报幕人的致词人登场，叙述两场之间经过了若干时间，或发生过什么重大事件……无论在场面的安排或时间的转换上都是灵活的，这也可以称作是一种自由时空。为什么英国伊利萨白时代这种自由度极大的舞台调度的格局，后来在英国复辟王朝期间就已无影无踪，完全绝迹了？是被当时由意大利传来的透视布景镜框舞台的潮流所吞没？还是由于更深层的原因：摹仿自然的写实传统没有给这种仅在一时一地出现的舞台风范提供可以进一步发展的自由天地？我没有研究西方演剧史，不敢置喙，我可以说的是当西方的现代派艺术向传统挑战，突破了摹仿自然的戏剧观后，舞台上也出现了自由的时空。不过我并不认为在舞台调度上采取自由时空的西方现代派戏剧就一定胜过过去的现实主义戏剧。后者虽然在舞台调度上受着很多的限制，但它在其他方面也有它的长处。这就是陆机《文赋》所说的"体有万殊，物无一量"。

九

问：程砚秋在一九三三年回国后写的《赴欧考察戏剧音乐报告书》中说："当我把我们的净幔告诉兑勤、莱因赫特等许多欧洲戏剧家的时候，他们曾表示意外的倾服和羡慕。至于赖鲁亚先生更是极端称许，认为这是改良欧洲戏剧的门径了。"在举出许多例子后，程砚秋不无感慨地说："中国如果采用欧洲的布景以改良戏剧，那无异饮毒酒而自杀。"这并不是危言耸听。本世纪初以来京剧改良工作就开始进行了。这里面有成功的经验，也积累了大量失败的经验。把写意布景改为写实布景就是其中一个例子。可是直到今天我们似乎并未从中吸取教训。一位爱好京剧的红学家曾发表一篇文章说，他有一次看京戏，背景变成了写实的，画上了大片丛林，丛林中还画有道路，但戏里的人物不在道路上走，却在丛林前大转圈圈。他问道："难道不是疯了？"

答：据传，梅兰芳早年也曾试图改革京剧的布景，引进写实的装置与道具。民国初，他演齐如山编写的新戏《俊袭人》。台上布置两间相连的房间，一间卧室，一间书房，把家里缀玉轩中的花梨、紫檀木器、太师椅、多宝格也搬到台上。这出戏有四个人物，梅兰芳扮袭人，姜妙香扮宝玉，萧长华扮茗烟，还有个演员扮四儿。阵容也算不错了，满想一炮打响。没料到因限于布景，演技施展不开，那三个人上上下下成了活动布景，梅兰芳也只能在两间屋里活动，没有机会使身段，只卖几段唱腔。演完，梅兰芳觉得不理想，就挂起来不再演了。五十年代北京排现代戏《雪花飘》，由裘盛戎主演。当时正流行大布景，戏团内有人主张布景用写实的。飘落雪花也用实的。裘盛戎知道了，就对舞美设计说："布景用实在的，再下雪，在台上要我干什么？"

京剧不仅在舞台布景上应是虚拟性的，其他方面如身段、唱腔、服饰等等，也都应是虚拟性程式化写意型的，这才构成一个和谐的整体。戈登克莱在美国看了梅兰芳的演出后，曾一针见血地指出："中国戏剧摒弃了一切摹仿手段。"这句话可说是要言不烦。这位驰名当代的戏剧家不仅观察敏锐，而且也卓有见识。就以服饰来说，写实的办法也是不可取的。这也可以举个例子来说明。相传抗战初，马连良准备上演吴幻荪改编的《临潼山》。这出戏是采自《隋唐演义》秦琼救李渊的故事。配角邀请的都是名演员。马连良为了精益求精，使整个演出于史有据，特地跑到兖州，去考察李渊的服饰。回来新绣黄靠，改用四方靠旗。原想使观众耳目一新，谁想到演出的失败就坏在这四面方旗上了。原来武将扎靠，靠旗都是三角形的，动作方便，起打也利落。背上四面方靠旗后，不仅转动不灵，而且起打时所占空间较大，使对手不敢靠近他，怕碰了靠旗，这么一来，起打也就显着松懈了。后来人说马连良聪明一世，懵懂一时。他办了方旗这么一件糊涂事，头一场演完就后悔了。从此他就挂起不再唱了。一九三二年，程砚秋访欧，在莫斯科小剧院看到演员用木凳代替马，以木棒击木凳表示跑马，便向那里的戏剧家介绍京剧的趟马动作。他们听了以极其折服的神情承认说，京剧中的马鞭是一匹活马，要比他们以木棒击木凳好得多。

问：您所说的都是改坏了的例子。您是不是主张京戏不要改，回到老路上去？

答：京剧是在不断发展着、不断变化着的。尊重传统并不是说应该走老路。我只是认为不应改变京剧作为京剧的特性,把传统中好东西丢掉。认为京剧没有变化,没有发展,这当然不对。事实上,谭鑫培并不墨守程长庚、余三胜、张二奎。杨宝森也并不墨守余叔岩。他们都根据本身条件,在唱腔、唱法方面,有所发展,并取得了不同的成就。这是明摆着的事。但是把戏改坏了的例子则更多,这就不能不探讨其中的原因,以为殷鉴。最近上海文艺界就鲁迅论梅兰芳问题,发生了一场小小的争论。鲁迅承"五四"反京剧思潮的余绪,虽然说了一些过激的话难免偏颇,但他对梅兰芳的评论,仍不失为中肯之见。有人在争论文章中说,鲁迅的意思是主张梅兰芳进行京剧改革。这全把鲁迅的意思弄拧了。他在《论梅兰芳及其他》中说的是,京剧原来是"俗的,甚至猥下、肮脏,但是泼辣、有生气",可是"士大夫是常要夺取民间的东西的,一沾他们的手,这东西也就跟着灭亡"。他们对于梅兰芳则是"将他从俗众中提出,教他用多数人听不懂的话,缓缓的《天女散花》,扭扭的《黛玉葬花》,先前是他做戏的,这时却成了戏为他而做,凡有新编的剧本,都只为了梅兰芳,而且是士大夫心目中的梅兰芳"(引文略作删节)。这分明是说把原来泼辣有生气的京剧改坏了。当时也不可能有今天的戏改的观念。

《天女散花》、《黛玉葬花》也是齐如山编的新戏。这两出戏走的是缠绵悱恻的路子,鲁迅所谓"缓缓的"、"扭扭的",即指此而言。它和梅兰芳的《宇宙锋》等剧相比,只能说是下乘之作。后来齐如山本人对这类戏也作出了公允的评价。他说有些看过京戏的外国人主张在国外演出《天女散花》是因为他们看的京戏不多,才喜欢华美灿烂的歌舞剧。但齐说"我却大不以为然。虽然梅兰芳的新戏都创自我手,但这种戏不能完全代表中国戏,也不能尽梅兰芳技艺的能事"。齐在京剧方面做了大量工作，他对京剧的研究和保存，都使笔者钦佩。如齐考证京剧角色出场抖袖理髯的身段以及转身姿式，均来源唐代的舞式舞法。再如考证锣鼓乐器系由匈奴传入，两汉时用之于军队，后又用于节和武舞等，都是很有见地的。

十

问：虚拟性程式化方法作为京剧的特点，是京剧作为京剧的本质规定性。违反了它，也就如同违反了规律一样将要受到惩罚。许多人通常所说的"京剧首先得姓京"，也就是这个意思。改革京剧最容易犯的毛病，就是往往忘记写意的特点，而用摹仿的手段，去向写实靠拢。

答：京剧不是不讲真实性。写实的可以表现真实性，写意的也同样可以表现真实性。戏剧界曾经有一种说法，认为写实才可以表现生活的真实，写意就做不到，这是不对的。写实写意仅仅是艺术手法不同，表现真实是一样的。真实有"形"的方面，也有"神"的方面，有物质生活方面，也有精神生活方面。京剧是怎样表现真实性的呢？我想用人们品评裘盛戎的一句话来道出个中消息，这就是"以神传真"这四个字。

京剧中的以神传真往往体现在唱念做打所显示的情绪和气质上面，其中尤以唱占有主要地位。王梦生所撰《梨园佳话》在这方面曾有不少精辟论述。他称谭鑫培所演《空城计》一剧，"兼唱做两工之长。其做工在看地图时，似惊似惧，而不露惊惧之状。与老军谈话时，似悲似壮，而不露悲壮之形。此等做工一二巨擘外，直无可论。论其唱工可矣。此剧最动人在'我本是卧龙岗散淡的人'一段，人人所知，不知高手唱此，其于'想马谡失街亭令人可恨，反教那司马懿笑我无能，安下了空城计我心中不稳,望先帝在空中大显威灵'四句,必斟酌饱满,沉浸酝郁以出之。至'心中不稳'四字,腔缓韵低,无限感慨。至'大显威灵'四字,精诚外越,响遏行云,使座客闻之,直如置身武侯帐下,见其鞠躬报国,有不寒自肃之概。至临城与老军答话,处处光明正大,是为安服军心,不是诡言用诈。其唱深深款款,余味曲包,虽不唱后两大段,听者已满志踌躇,人人以为可得珠以去矣。以后慢板西皮一段,经谭氏改订,词调并佳,历叙遭逢,泪随声下,抑扬顿挫,妙合自然。能解其词意,以意贯而唱之,更觉句句落实,字字有味,舍谭氏外,大抵皆徒仿腔调,不知此剧精处,全在武侯重托孤之寄,念白帝之恩,满腹忠诚,意在言外。唱者本此意,而以慷慨激昂之气,唱凄凉悲壮之音,无心流露中,均成佳调,况有意动人乎?"这段话可谓是谭鑫培的真正知音。

问:您是否可以再谈谈中国艺术传统中关于以神传真的问题?

答:魏晋画论有神似之说。谢赫《古画品录》标示六法,其中所说的"气韵生动"一语最能标明神似所追求的境界,西方美学也有同类的说法,黑格尔说的"生气贯注"颇近似之。不过这在西方是晚出的事,而且也没有被普遍采纳。神似之说后来逐渐推广,用之于一切艺术领域。汤用彤《言意之辨》称:"魏晋识鉴在神明,顾氏长康之画理,盖亦得意忘形学说之表现也。"这说明写意艺术因得魏晋时代玄学"得意忘形"说的启发而充实起来,成熟起来。后来,刘知幾《史通》亦有"貌合神离"与"貌离神合"之辨,也不能不说是和玄学言意之辨有着一定关系。得意忘形与貌离神合这些说法,成为写意艺术的根据,使京剧的表演体系独放异彩。近世西方现代派艺术崛起,放弃了摹仿说,采取了变形手法,逐渐和中国艺术的写意传统接近起来。而中国写意艺术也就吸引了西方艺术家的注意。

问：如您所说，京剧的剧改一旦用写实代替写意，就很少没有不以失败告终的。这甚至连一些大师也难幸免，您提到的梅兰芳演《俊袭人》采用写实布景，马连良演《临潼山》改用于史有据的四面方靠旗等等都是明证。在唱腔方面也是一样。

答：我想再引丁秉鐩的著述为例。丁是一位很有修养的聆曲家，曾以"跌宕婉转，凄凉低迷"八个字品评孟小冬《洪羊洞》的唱腔，用字虽少，但妙入微芒，如果平日不下推敲琢磨的功夫是说不出来的。他对言菊朋的评论也不同凡俗。他说，京剧讲究字正腔圆，"言菊朋讲究字眼却与众不同。他对字正是锲而不舍，坚持原则，可以说一辈子嘴里没有一个倒字，但却矫枉过正了。遇见字正与腔圆不能两全的时候，宁就乎字，不理会腔。于是因字成腔，这腔就不大顺耳了。早年他的唱腔，偶有这种现象，还瑕不掩瑜，晚年气力不足，只在嗓子眼里出音，而单在字眼上耍花样。"看来这里说的似乎与写实写意问题无关，可是往深层里仔细想想还是有关的。丁秉鐩这评论不能说没道理。京剧在唱上，主要是依靠腔来传神达意，字正固然是重要的，但全不顾腔，只求嘴里没一个倒字，就未免舍本逐末了。笔者曾经援引过齐如山责备谭鑫培《珠连寨》三个"哗啦啦"不像真鼓声的说法，也是要求京剧唱腔必须写实，这和为《俊袭人》设计写实的真布景是一样的。其实京剧音乐重在内质。传统乐理向来着眼在精神气质方面，伯牙弹琴，子期听出"志在高山，志在流水"，这是有名的故事。据说余叔岩于京剧音乐方面最钦佩曹心泉。相传清末时，溥侗制乐谱请曹去听。曹听完出来说，清朝要亡了。那种音乐里面有亡国之音，不祥之兆。不到一年，武昌起义了。此事不知确否？但从这个故事也多少可以窥知京剧音乐的性质所在。

丁秉鐩还记述了他有一次看袁世海的《连环套》。在《盗钩》一折，窦尔墩扶喽啰上，归大帐子里坐，唱到"沽饮几杯精神爽"，连饮数杯后，觉出有异，神情骤变，注视杯中。本来应该再唱"莫非酒内有埋藏"，藏字走鼻音，但警觉已晚，终于醉卧下去。丁说："袁世海这末一句唱法，有一个自作聪明的改革，唱到'酒内'使个小腔，'有埋藏'声音很小，腔没唱完就趴在桌上了。笔者问他：'这是什么意思？'他说：'表示那时窦尔墩胃里的蒙汗药已经发作，唱不下去了。'"丁向袁世海举出《洪羊洞》唱法的例子，然后说："你这种写实的唱法，就违反国剧的表演原则了。以后这种话匣子跑针儿的唱腔，还是不动为妙。"袁世海是位有成就的演员，戏路也很正，但他在写实写意的问题上，也像梅兰芳、马连良那些大师一样，稍一不慎，难免也会栽筋斗。

十一

问：前辈艺人为我们留下不少东西，不知丁书中还提到什么人？

答：丁秉鐩最为服膺的京剧演员是杨小楼。战前他在北平，杨小楼的戏没有没看过的，有的甚至两三遍地看。他对杨小楼的戏了如指掌，谈起来如数家珍。京剧就有这样一批观众，他们对京剧的发展振兴，起了不小的作用。就是内行名角也要听取他们的意见，有些意见也往往是内行名角注意所不及的。丁于一九八七年在台湾逝世。大陆的刘曾复也是一位造诣精深的业余京剧专家。他也是杨小楼的敬仰者。

杨小楼以武生当行，但他在京剧的影响，远远超越武生行当，承前启后，衣被非止一代。他的成功不是靠天赋，而是靠勤学苦练。据徐元珊说，杨小楼刚出科在春台、三庆效力时，嗓音喑哑浑浊，动作撩手撩脚，以致戏班里的冷言冷语接踵而来。这些话传到他母亲耳里，杨老太太叫他到跟前，命他唱段给她听听，胡琴一响，他那一句赵云的"黑夜之间破曹阵"，把杨老太太唱得冷了半截，就令他挂靴息影，别再到外头给他爹丢脸去了。杨小楼从此养功，揣度他父亲杨月楼所崇尚的奎派唱法。在练功中他悟出了用一抬二连三趋四颤法，解决了他的长步大脚的毛病。并用掂、颤、晃、帅奠定杨派武生的神韵基础。在此以后，当他在大外廊营谭家，谭鑫培老先生命他唱段听听时，他还是那句"黑夜之间破曹阵"，接着又舞又做又唱又念，直看得谭老先生兴奋不已。徐元珊又说，杨小楼坐科时，拿顶、下腰、压腿、翻筋斗都比师兄弟用功。别人拿一个香大顶，他耗一个半。别人踢六百腿，他踢八百九百。所以功底扎实。成功的前辈演员都经过了这种刻苦磨炼的过程。就以杨、余、梅三大家来说，杨小楼如此，梅兰芳也是如此。梅的情况，有他的《舞台生活四十年》，大家都很熟悉，不必赘述。这里再说说余叔岩。余生于京剧世家，祖父余三胜，汉派老生，名噪一时。父亲余紫云也是著名青衣。余十三岁即以小小余三胜艺名在福庆班演出。他年轻时就在喊嗓练功上下过苦功。据当时和他一起练功的王庚生说，每逢严寒三九，风雪交加的早晨，第一个起床的总是余叔岩。他起来后再把王等叫醒，一起走十几里路到郊外。无论天多冷，雪多大，他总是夹着一把笤帚准备扫雪用，一根柳木棍准备凿冰用。手脚冻僵了，就爬树、跑步、耍大刀花。等练出汗来了，再接着喊嗓子。夏练三伏，冬练三九，一直坚持着。后来，在倒仓变声时期加入了春阳友会崇房，常约陈彦衡、王荣山、莫敬一等，一同去看谭鑫培的戏。他们几个分别详细记录胡琴的工尺、词句、唱腔、身段、表演。散戏回家,彼此印证核对,虽一字之微也仔细揣摩,刻苦钻研,朝夕不辍。据樊达扬说,一次深夜,余在家里为了研习谭的《桑园寄子》中"手攀藤带姣儿忙登山界"一句的表演,一时思绪潮涌,立即登上桌椅示做,竟至撞坏了桌子上的摆设而不顾。余苦心观摩谭的演出,一出戏要看好几遍,每次挑选不同角度订戏园座位,仔细揣摩他老师的身段、唱腔、念白,然后再私下研究,或向谭和别人请教。

十二

问:今天大家都在说振兴京剧。怎么振兴呢?几乎绝大多数的人都在琢磨怎样才能跟上时代,编新本子,设计新音乐、新布景、新服装……一句话,就是怎样使之现代化。但是似乎恰恰忘了京剧振兴的关键在于出人才,而好演员出不来,就在于肯不肯像杨小楼这样勤学敬业,爱京剧,献身京剧,没有这种精神,纵使条件再好也是无济于事的。

答:这话很对,令人遗憾的是这种敬业精神越来越淡漠了。记得少时读《东周列国志》所记赵盾故事。刺客钼麑奉君命刺杀赵盾,潜至赵府,见重门洞开,堂上灯光影影,赵盾朝冠朝服,等待天明上朝。钼麑见状,叹曰:"不忘恭敬,民之主也。贼杀民主,则为不忠。受君命而弃之,则为不信。"于是决心自裁,出门呼告赵盾曰:"恐有后来者,相国谨防之。"乃触槐而死。这故事使我至今不忘。敬业精神是我国传统美德,我们应招回这个渐渐已被完全遗忘的传统,以救治今天到处滋生蔓延马马虎虎不负责任的恶劣风习。这不是小事,对京剧来说也是一样。

刘曾复曾说生平有三件得意事,他夫人给他补上一句说:"还有第四件，听过杨小楼。"刘记述杨小楼晚年收了两名徒弟，一位是傅德威，另一位是曾和我在育英中学同学、比我小几班的延玉哲。杨小楼为给学生示范，在吉祥戏院贴演两出戏，《贾家楼》和《野猪林》。后一出是以前未演过的新戏。刘说："在演出前，大家猜不出林冲脚被烫伤后到底走什么脚步，真怕出来跛跛躄躄，像《大名府》卢俊义那样不美观的走法。甚至人们想如果杨小楼上来一步一颠，唱一段二黄散板，那可就一时英名付诸流水了。你猜我猜，都猜不透。等出场一看，大家全服了。野猪林一场，前接鲁智深过场，鲁下后，解差董超、薛霸后台一声喊叫，董先上，林冲斜身蹉步上，薛随后上，三人'偏辫子'，林归中间后转身蹁鸭倒，低头坐地不起。这场用'切头'、'串子'等锣鼓配合。'偏辫子'时，林冲一直走蹉步，一句也不说。……这样表演既合理，又火炽，既美观又能发挥杨本身的特长。杨的蹉步是有口皆碑、无可挑剔的绝技。"这里说的蹉步是京剧中虚拟性程式化动作，有人把程式化当作千篇一律的公式化看待，是大错而特错的。程式化也同样给演员提供创造性的广阔天地，正如格律诗不会拘囿好的诗人，骈体文不会拘囿好的作者一样。一位美国艺术家说："京剧演员的地位、转身、动作，处处都有板眼，有一定规则，不得任意。但这不但不呆板，反而非常自然，这是一种美术化的自然。"这是对程式化的推崇。但也要注意，只有当演员把自己所体会到的真情实感投入角色中去的时候（即上文说的"生气灌注"），他才能使程式化的动作是活的、有性格、有生命的（即上文说的"气韵生动"）。缺少了创造性，程式化也就真的会变成千篇一律的公式八股了。刘曾复称杨小楼的蹉步是"绝活"就是在这个意义上提出来的。遗憾的是今天我们在京剧舞台上看到的"绝技"却往往是单纯的杂耍，如旦角把水袖尽量延长，用它表演一套"红绸舞"，武生用手里的兵器玩出多种惊险动作，脱离戏情，脱离人物性格，变成全剧的骈拇赘疣。"绝技"应合情合理地使用，要用在点子上。比如，前面说的杨小楼饰林冲以斜身蹉步以表示脚被烫伤，谭鑫培饰《打棍出箱》范仲禹出场一抬脚把鞋甩在头顶上以表疯态。余叔岩称谭鑫培在《战太平》中表演手铐的链子，第一下从左面摔出去成横一字，再从右面摔出去也成横一字，第三下是一炷香，笔直往上。再如谭演《打棍出箱》，范仲禹扶着差人的棍，头不动，而水发随着差人的棍左右摆动，观众称之为一绝。余又说谭演《奇冤报》刘世昌服毒后之挣扎，"如春波细纹，层次井然"。这些绝活都恰到好处，适可而止，不像今天台上那些杂技表演没完没了，使人生厌，而尚不知止。最后我想说的是京剧改革，还是应当遵守梅兰芳说的"移步不换形"这一原则为好，虽然梅先生生前为此遭到浅人妄人的责备，但真理是在他这一边的。

一九九五年十月三日于清园

读黑格尔的思想历程[①]

我开始接触黑格尔是在隔离审查的第二年。经过一年多时间，我的问题基本清楚了，内查外调已经结束，我被允许读书读报。我读的第一本黑格尔的书，是一九五四年三联书店初版印行的贺译《小逻辑》。这是根据解放前的商务本子重印的。这本书我现在还保存着，纸已发黄，封底也已脱落。在最后一页上记载着："一九五六年九月七日上午第一次读毕。"下面有这样几行文字："用了一个多月的时间。开始很吃力，但越读兴味越大。深刻，渊博，丰富。……作了重点记号。作了第一次笔记。"时间过去整整四十年了，我已记不起当时所记的笔记内容，这本笔记早就遗失了。记得初读《小逻辑》时，宛如进入一个奇异的陌生世界。我完全不能理解黑格尔所用的专门名词和他的表述方式。费尔巴哈曾经说，黑格尔将具体的例证都放到脚注中去了。他的正文是思辨性的、抽象性的。试想这怎么能够使一个从来不习惯于思辨思维的人去理解它？在读《小逻辑》的开头几天，我完全气馁了，几乎丧失了继续读下去的勇气。可是我想我应该像许多开头并不懂黑格尔的读者一样，无论如何应该把这部难读的书读完。我打算反复去读，先通读一遍，然后再慢慢细读或精读。这个决心一下，我驱走了失望情绪，耐心地去读第二遍。在上面提到的那本现已破旧的《小逻辑》最后一页上，我记下"一九五六年十一月一日下午第二次读毕。此次历时两个多月，做了十一册笔记，共三百二十六面，约二十万字左右"。我在第二遍阅读时，开头很缓慢，每天早上只读书中的一节。我要求自己尽量读通读懂，对书中的某些疑难问题，有时一直从早上考虑到下午。这样一点一点去消化，使我养成了一种钻研的习惯。后来我从一些艰深著作中得到了读书之乐，就是从这时开始的。六十年代初，我向熊十力先生问学时，他批评读书"贪多求快，不务深探"的作风，而提倡"沉潜往复，从容含玩"，使我深锲于心，即由于我有过上面那一段读书体验的缘故。这次所写的十一册笔记连同差不多时期所写的读《资本论》第一卷的十来本笔记，我于一九五七年隔离结束后带回家中，"文革"动乱中也没有随同其他书札一起被毁，幸而保存下来。两年前我将它们全部捐赠给上海市档案馆了。

在一九五四年三联初版印行的《小逻辑》最后一页上，还记载着"一九七四年十月二十九日第三次读毕"，下面没有附加任何说明。现在本书所影印的《读小逻辑笔记》就是第三次读毕之后所写的笔记，记笔记的时间约在一九七四年十一月到十二月光景。我读黑格尔《小逻辑》共有三次。韦卓民先生在通信中，曾称我读黑格尔"韦编三绝"即是指此。这三次阅读《小逻辑》是就通读而言，至于平时翻阅检索的次数，就没有记录了。我应该承认，如果说我也有一些较严格的哲学锻炼，那就是几次认真阅读黑格尔《小逻辑》为我打下了基础，使我以后可以顺利地阅读黑格尔的其他一些著作。

自从读了黑格尔哲学以后，我成为黑格尔的景仰者。我觉得他的哲学具有无坚不摧扫除一切迷妄的思想力量。我曾经几遍几遍重读书前所载黑格尔在柏林大学授课前向听众所做的《开讲辞》："精神的伟大力量是不可低估和小视的。那隐闭着的宇宙本质自身并没有力量足以抵抗求知的勇气。对于勇毅的求知者它只能揭开它的秘密，将它的财富和奥妙公开给他，让他享受。"我每次读《开讲辞》这几句结束语，都会感到心情激荡，它体现了文艺复兴以来对人和人的思想充满信心的那种坚毅的人文精神。在那些愁苦的岁月中，它增加了我的生活勇气，使我在隔离中不致陷于绝望而不可自拔。从那时到现在已经有数十年过去了。虽然我这些年不再像过去一样，怀有对于理性主义那种近似宗教式的热忱，但我仍牢记黑格尔所说的"精神的力量是不可低估和小视的"这句话。

《小逻辑》给我的最大启迪，就是黑格尔有关知性问题的论述。这些论证精辟的文字对我的思想起了极大的解放作用。因为知性的分析方法，长期被视为权威理论，恐怕至今还有人在奉行不渝。它使我认识到，自康德以来的德国古典哲学把知性作为认识的一种性能和一个环节是完全必要的。这可以纠正我们按照习惯把认识分为感性和理性两类，以为前者是对于事物的片面的、现象的、外在联系的认识，而后者是对于事物的全面的、本质的和内在联系的认识。按照这种两分法，我们就很难将知性放到正确的位置上，甚至还可能把它和理性混为一谈。知性和理性虽然都是对于感性事物的抽象，但两者区别极大。知性具有形而上学的性质，并不可能达到对事物的全面的、本质的和内在联系的认识。我们应该重新考虑德国古典哲学的说法，用感性—知性—理性的三段式去代替有着明显缺陷的感性—理性的两段式。那时我在隔离中，虽然前途茫茫，命运未卜，却第一次由于思想从多年不敢质疑的权威理论中解放出来，而领受了从内心迸发出来的欢乐，这是凡有过同样思想经历的人都会体会到的。

我隔离结束回家后，利用长期等候做结论的空暇，重读了马克思《政治经济学批判序言导言》。这篇不长的文字中所提出的"由抽象上升到具体"的方法是我们学术界长期争论未决的问题。一般认为这个说法很难纳入认识是由感性到理性的共同规律，于是援用《资本论》第二版跋所提出的"说明方法"和"叙述方法"来加以解释，以为"由抽象上升到具体"是指"叙述方法"。对于这一说法我一直未惬于心。当我根据《小逻辑》中有关知性的论述再去思考这个问题时，渐渐从暧昧中透出一线光亮。越思考下去，问题越变得明朗。就马克思在《导言》中对这问题的说明来看，我认为马克思也是运用了感性—知性—理性三段式的。如果这样去理解他对"由抽象上升到具体"所作的说明，问题就变得明白易晓了。马克思在《导言》中仔细地阐释了这个方法的全部过程。我们可以把他说的过程分为三个阶段：第一阶段"从混沌的关于整体的表象开始"（即指感性）—第二阶段"分析的理智所作的一些简单的规定"（即指知性）—第三阶段"经过许多规定的综合而达到多样性的统一"（即指理性）。问题太明显了，这三个阶段不是阐明感性—知性—理性又是什么呢？这一发现不禁使我欣喜万分。我觉得我的诠释是切合《导言》本义的。同时，用感性—知性—理性代替感性—理性的想法，由于从"由抽象上升到具体"的诠释中得到印证，更使我对自己的观点加强了信心。我很希望自己的愉快别人也能分享，一九七九年我有了投稿的可能，就把对"由抽象上升到具体"的理解写成一篇短文，投寄《学术月刊》。这是我在沉默二十多年后发表的第一篇哲学文章。但是它并没有得到什么回应。我并不因此放弃自己的看法。两年多以后，我比较充分地阐释了自己的观点，写了《论知性的分析方法》，发表在上海另一个杂志上。在这篇文章中，我批评了在理论界盛行不衰的"抓要害"观点。所谓"抓要害"即指抓主要矛盾或抓矛盾的主要方面。我在文章中说，"这一知性分析方法经过任意搬用已经成为一种最浅薄最俗滥的理论"。当时"文革"结束不久，大家对大批判攻其一点不计其余的滋味记忆犹新。这篇文章在读者中产生了一定影响，现在它也没有完全被人遗忘，偶尔还被人提起。

一九八三年初，我们在天津迎宾馆为周扬起草那篇惹起一场风波的讲话稿时，他听到我对知性问题的阐释很感兴趣，坚持要我在讲话稿中把这问题写进去。我说在此以前我已有文章谈过了，他说没有关系，可以在讲话稿中说明他对这观点的赞同。这篇讲话稿后来成为引发一次事件的开端。在这次事件中，知性问题虽然不是主要的批判对象，但也受到株连，被指摘为和权威理论唱对台戏，"要回到康德去"。对于这种责备，我一直沉默着，现在也不准备回答。我只想对掌握意识形态大权的批判者提一个问题：为什么你们回避了我对"由抽象上升到具体"的诠释呢？要知道除非在这个问题上将我的论据论证驳倒，你们是不能稳操胜算的。

当时我对于《小逻辑》所提出的三范畴即普遍性、特殊性与个体性的理论最为服膺。恩格斯曾说这三个范畴始终贯穿并运动在黑格尔的逻辑学中，他对此甚为赞赏。在黑格尔那里，这三个范畴是紧密相联不可分割的。普遍性是自我同一的，又包含特殊性和个体性在内。特殊的即相异，或有特殊性格，又必须了解为它自身是普遍的并具有个体性。个体性为主体和基本，包含有种和类于其自身，并具有实质的存在。黑格尔认为任何事物都是一个推论，就是说明一切事物都包含这三个环节于自身之内。后来我读了黑格尔《美学》，发现他在《理想的定性》中阐述理念经过自我发展过程而形成具体的艺术作品，就是按照上述三环节的理论加以论证的。后来我曾经撰写过一篇题为《情况—情境—情节》的文章，论述黑格尔的上述美学观点，现收入《清园论学集》中。美学中所说的情况相当于逻辑学总念论三范畴中的普遍性，情境相当于特殊性，情节相当于个体性。艺术家在创作活动中可以将情况、情境、情节中的任何一个作为中项或中介来带动其他两项。就《美学》中的这个例子来看，我更理解了黑格尔所说的"一切事物都是一个推论"这句话的合理性。

但黑格尔并不到此止步，在《小逻辑》中，进而论述了"抽象的普遍性"这一概念。他认为这是知性的概念。所谓抽象普遍性，就是排除了特殊性与个体性的概括性，因此概括的外延愈大，它的内涵也就愈抽象愈空疏。与此相反，总念的普遍性却统摄了特殊性与个体性于自身之内。当时我对于黑格尔关于两种普遍性的划分十分钦服，认作是逻辑学中的一个重大揭示。长期以来我不止一次援用了这个说法。近几年我为了清理自己的思想，对黑格尔哲学进行了反思，这使我的看法有所改变。我认为黑格尔在总念的普遍性问题上，没有能够摆脱给他带来局限的同一哲学的影响。知性的普遍性固然不可取，但以为总念的普遍性可以将特殊性与个体性一举包括在自身之内，却是一种空想。它在逻辑上虽然可能，但在事实上却做不到。黑格尔在《哲学史演讲录》中曾举出东方哲学的特点在于不承认与自在自为的本体对立的个体具有任何价值。他说，个体与本体合二为一时，它也就停止其为主体而消失了。我不懂黑格尔在论述总念的普遍性时为什么会作出与此相反的论断？这恐怕要归咎他刻意追求逻辑的彻底性的缘故吧。无论总念的普遍性如何优于知性的普遍性，如果不承认它是不可能将特殊性与个体性一举囊括在自身之内这一事实，那么这样的思想就会给人类生活带来极大的灾难。卢梭在设想公意超越了私意和众意，从而可以通过它来体现全体公众的权利和利益的时候（这也是以为普遍的可以一举将特殊的和个体的统摄于自身之内），原来是想为人类建立一个理想的美好社会，可是没有料到竟流为乌托邦的空想，并且逐渐演变为独裁制度的依据。[②]当黑格尔陷入同一哲学的时候，我们必须注意它的后果。最近我在一篇与友人论学书中，曾经专门谈到这个问题。不过这里必须说一下，我在反思中虽然有了这样的认识，但并不因此减少我对于黑格尔总念三环节理论的服膺。他所说的普遍性、特殊性和个体性和我国先秦名辨哲学中的同类概念是可以互相印证的。比如《墨辨》所列举的达名、类名和私名，以及荀子所说的大共名、大别名和"推而别之至无别而后止"的个体名，都是用来代表普遍性、特殊性和个体性这三个逻辑概念的，这是很值得探讨的有趣问题。

最近我在文章中常涉及黑格尔，只是想清理自己的思想，就自己受到黑格尔影响的那些观点，进行剖析，提出新的认识。这些年我几次在文章中提到逻辑和历史的一致性，就因为过去我对这个问题十分信服。六十年代，我曾向一位研究精神病理学的周玉常医生请教人的生长过程。在他的帮助下，我认识到从受精卵到胎儿，几乎在大致上重复了从动物到人的进化史，即由单细胞生物发展到高级动物的生命史。我又从阅读中知道，可以从不同年龄的儿童的认识过程（有人曾把这一过程分为特化阶段—泛化阶段—分化阶段—概括化阶段四个时期），来探讨早期人类的认识史。我以为这些事例都可以作为历史与逻辑一致性的佐证，从而为我们提供了一种可信的研究方法。比如我们如果要知道概念是怎样在人的认识发展过程中形成的，或美感怎样在人的认识发展过程中形成的，我们只要注意对婴儿的观察，记录他们在不同发育成长阶段的认识活动或意识活动，就可以测知大概近似的情况了。我还发现，黑格尔本人的著作也是根据逻辑与历史一致性的原则来构成整体的框架的。不仅《逻辑学》、《美学》、《哲学史讲演录》、《精神现象学》各书如此，而且我们还可以将《小逻辑》和《哲学史讲演录》加以对勘来读。因为在逻辑学中，各个概念出现的程序，正是和哲学史上各个概念出现的程序同步的、一致的。这些理论上的思考和发现，使我对黑格尔提出的这一原则深信不疑。

可是后来我的意见改变了。我开始对这一信念产生动摇，也是在近几年的反思时期。正像这一时期我的某些看法发生变化，不完全是借助书本的思考，而是来源于生活的激发，这一次也是一样。数十年来，在思想界已经形成了一种新传统，即所谓以论带史。研究问题，不从事实出发，不从历史出发，而从概念出发，从逻辑出发。这一风气不限于史学界，而且是弥漫在各个领域，甚至渗透在生活中。后者带来的深刻教训是使人不会忘记的。运动中妄加给人的罪名，往往不是从事实出发，而是根据逻辑推理作出的。所以后来我在讨论历史与逻辑的一致性时，曾以审案为例。我说应当强调法律上的"证据法"，而不能根据逻辑推理，或根据我国传统审案的所谓"自由心证"。因为在审案中根据逻辑推理可以构成的罪行，在事实上却往往是无辜的，这一点在"文革"中已经是屡见不鲜了。从历史的发展中固然可以推考出某些逻辑性规律，但这些规律只是近似的，不完全的。历史和逻辑并不是同一的，后者并不能代替前者。黑格尔哲学往往使人过分相信逻辑推理，这就会产生以逻辑推理代替历史的实证研究。无论哪一个从事理论研究的人，一旦陷入这境地，就将如同希腊神话中的安泰脱离了大地之母一样，变得渺小无力了。我读了黑格尔以后所形成的对于规律的过分迷信，使我幻想在艺术领域内可以探索出一种一劳永逸的法则。当我从这种迷误中脱身出来，我曾把自己的经验教训写进《〈文心雕龙讲疏〉序》中。这里我扼要记述了我近年对于黑格尔哲学反思的经历。我相信，了解这些经历，就会理解我在某些观点上的改变，并非见异思迁或趋新猎奇，而是经过认真思考的过程的。这样就会以严肃的态度来对待我的思想变化，而不致妄测这种变化的原委，或轻率地说"嘿，看看他有了一百八十度的改变"，而加以讥嘲。我并不是简单地希求别人的同情性的理解，而是想以自己的经历昭告后来者，使他们少走弯路。

黑格尔的《美学》也是曾经对我发生过巨大影响的著作。我最初读《美学》，已是七十年代了。倘使和读《小逻辑》的艰难比较起来，我读这部书不知要轻便多少。人们常说黑格尔哲学晦涩难懂，其实这并不确切。黑格尔哲学的难懂处，如果撇开在理论结构上由于使用了强制性手段，以致常常暧昧不明之外，主要是由于他拥有一整套与别人不同的独具意蕴的名词和术语，如果掌握了他的专门名词和术语，黑格尔哲学是并不难懂的。我曾经把他的哲学比作一杯不羼杂质的清水一样纯净明澈。我读《美学》第一卷进展十分顺利。但像这一类书，读一遍是绝对不够的。当时没有作记录，我读几遍已记不得了。这本读《美学》的笔记大约作于一九七六年。《美学》笔记也像《小逻辑》笔记一样，存在一些当时不成熟的以至今天看来已变得十分粗陋甚至机械的看法，我希望读者把它作为我的思想轨迹看待。黑格尔《美学》

给我的第一个印象,就是使我对他的艺术鉴赏力感到惊佩。黑格尔的思想深度是从来不会令人怀疑的,但是仅仅具有深刻思想的哲学家,不一定会写出一本好的美学著作,因为它还需要艺术的感受才能。黑格尔的艺术鉴赏力不仅在学术界是罕见的,就是在艺术领域内也是很少有人可以与之匹敌的。他对于希腊艺术的赞美与分析,对于莎士比亚的真知灼见,对于十七世纪法国古典主义的批评,对于风格、才能、独创性的阐发,对于独创行为的剖析等等,处处显示了渊博的知识和卓越的审美趣味,就是今天看来,如果撇开其中某些可以原谅的失误外,也足以令人为之叹服。

黑格尔如果没有这样深厚的艺术素养,就不可能在美学著作中提出如此深合艺术特征的美学原则。例如,他将古希腊人所说的 $\pi\alpha\theta os$ 一词,作为激发人的动作和反动作的内在要求。他说这个字很难译(朱译作"情致绵绵"的情致二字,我以为不妥,姑改译作古代文论中所用的"情志"一词,以求较近似之)。它既不是具有低劣意味的情欲(因为它是"本身合理的情绪方面的力量,是理性和自由意志的内容"),它也不是经过审慎衡量的理智所形成的思想(因为它是"存在于人的自我中而充塞渗透到全部心情的那种基本的理性的内容")。举例来说,哈姆莱特的复仇就是一种情志。他的复仇既没有经过"应不应该这样做?"之类的盘算考虑(不是一般意义上的理性),也不是听凭感情指引的一时冲动(不是一般意义上的感性),而是根深蒂固盘踞在他的心头未经思索不招即来的一种意志力量。所以情志既非思想又非感情,同时既有思想的某种性质又有感情的某种性质。一般文学教程从来没有像这样来探讨问题。黑格尔的情志说不仅发人所未发,而且将艺术作品中表现思想感情的问题置于更深入更合理的地位上加以解决。遗憾的是在黑格尔提出情志说后，很少有人重视这一说法。我们的文学教科书至今仍在沿袭那套文学既表现感情又表现思想的陈词滥调。

黑格尔《美学》与一般文学教程或美学课本不同之处，特别表现在《想象、天才和灵感》、《作风、风格和独创性》这类章节上面。这些都是一般论者不敢轻易下笔论述的问题，因为它们属于艺术家的微妙的创造活动，倘使不在日积月累的创作经验中亲身领受它的奥秘，那么在论述这些问题的时候，就很容易流于简单机械，出现刻板呆滞的毛病。黑格尔是不可能具有什么艺术创作活动的经历的。为什么有时连一个内行也难以表达出来的奥秘，他却能够谈得这样妥帖入微，使最挑剔的人也不得不折服？这是我迄今仍感到惊讶并百思不得其解的。我所指的是这类论述。比如：关于才能和天才——他说，单纯的才能只是在艺术的某些方面达到熟练，只有天才才给艺术提供生气灌注作用。关于艺术的表现能力——他说，形象的表现方式就是艺术家的感受和知觉方式。而真正的艺术家可以毫不费力地在自己身上找到这种方式，就像它是特别适合他的器官一样。凡是在他想象中活着的东西，好像马上就转到手指上。关于灵感——他说，艺术家把对象变为自己的对象后，应抛开自己的主观癖性。如果在一种灵感里，主体作为主体突出地冒出来发挥作用，而不是作为艺术主题本身所引起的有生命力的活动，这种灵感就是一种很坏的灵感。关于独创性——他说，艺术家须根据他的心情的和想象的内在生命去形成艺术的体现。艺术家的主观性与表现的真正客观性这两方面的统一就是独创性的概念。独创性是从对象的特征来的，而对象的特征又是从创造者的主观性来的。关于区别于风格的作风——他说，作风是指某一特殊的表现方式，经过反复沿袭变成普泛化了，似乎成了艺术家的第二天性，这就可能出现这样一种危险，作风愈特殊，它就愈容易退化为一种没有灵魂的因而是枯燥的重复和矫揉造作，再见不出艺术家的心情和灵感了……诸如此类论述，真是胜义披纷精美绝伦，构成了《美学》的最动人的篇章。我初读《美学》时原来只希望得到哲学性的启迪，可是渐渐我领受到从艺术鉴赏与审美趣味得来的乐趣。那时我不禁默默祷念：黑格尔，你的哲学是人类奇妙的创造。你的书打开了我的心灵。感谢你，使我在你的知识海洋中可以汲取取之不竭的智慧……

一九九六年五月九日于清园

注：

① 本文曾作为拙著《读黑格尔》序文收入书中。序文开头有这样几句话：《读黑格尔》是我二十多年前写的两本笔记。现应江西百花洲出版社之约，在该社影印刊行。这本书有两部分：一是读《小逻辑》的笔记，另一是读《美学》第一卷的笔记。

② 需要说明一下。照卢梭看来，私意（个人的意愿）、众意（众人的意愿）并不真正了解他们本身的利益是什么。因为私意、众意往往着眼于自己的私利，是片面的，只顾眼前，看不到长远的根本的方面，"只有公意才着眼于公共的利益"。（从这一论断可以推出这样一种看法，即人们为了维护或争取自己的利益，并不真正懂得应该去做什么，只有一个在政治、思想、道德上更完满具有奇里斯玛魅力的领袖才知道他们应该做什么和怎样做。）黑格尔在《小逻辑》中谈到普遍、特殊、个体三环节关系时特别举卢梭《民约论》为例，说任性妄诞不真的意志不是意志的总念，而卢梭所说的公意（黑格尔解释说它"无须是全体人民的意志"）才是意志的总念。我们似可据此来考虑我们对于人民一词的理解。

[附一]
黑格尔《美学》札记三则

审美主客关系

最早比较全面阐述审美活动中的人的能动性的是黑格尔。黑格尔在《艺术美的概念》中说："在艺术里，感性的东西是经过心灵化了，而心灵的东西也借感性化而显现出来。"这意思是说，在文艺创作过程中，心灵的现实化和现实的心灵化一直在交错进行着。文艺创作所反映的现实不是现实世界的自然形态，而是心灵化的现实，从而使艺术美区别于自然美。同时，文艺创作所表现的思想感情不是精神世界的抽象形态，而是现实化的心灵，从而使以形象为特征的艺术区别以概念为特征的科学。

黑格尔在《美的理念》中，通过对于知性的有限智力和有限意志的批判更进一步阐述了审美的主客关系。现将大意综述如下：有限的智力对待对象的态度是假定客观事物是独立自在的，而我们的认识只是被动地接受。表面上看，这好像是克服了主观的幻想和成见，按照客观世界的原状去吸取眼前的事物。但主体在这种关系上是有限的、不自由的，因为这是先已假定了客观事物的独立自在性，从而取消了主观的自确定作用。而有限的意志则相反，主体在对象上力图实现自己的旨趣、目的、意图，根据自己的意志牺牲事物的存在和特性，把对象作为服务自己的有力工具，从而剥夺了事物的独立自在性，以致使对象依靠主体，对象的本质就在于对主体的目的有用。但这种主体的自由只是一种假象，在实践的关系上，它仍是有限的、不自由的。因为由于有限意志的片面性，对象的抵抗就不能消除，结果就造成了对象和主体的分裂和对抗。

黑格尔所说的"主观自确定作用"含有审美活动的主观能动性的意蕴。（《小逻辑》第二二六节《附释》曾批判了把认识的主体当做一张白纸的观点。——案：这是针对洛克在《人类悟性论：单纯观念的性质》中提出的主张。可参阅。）黑格尔所提出的"人把他的环境人化了"这一美学实践观点，是有积极意义的。但是，我们同时也应看到他所谓审美主体的"自确定作用"，一方面在批判知性的有限意志时，肯定了事物的独立自在性，反对主体为了实现自己的意图去牺牲事物的存在和特性。而另一方面，他在批判知性的有限智力时，又否定了客观事物是独立自在的，认为这种独立自在性只是出于主体的事先假定。黑格尔的这种说法似乎是矛盾的，而他的晦涩的论述方式更容易使人增添迷乱。黑格尔的思想体系是按照精神是第一性的客观唯心主义建立起来的。不依赖人的意识而客观存在着的理念是他的哲学理论的核心。他在《美学》中说："一切存在的东西只有作为理念的一种存在时，才有真实性，因为只有理念才是真实的东西。这就是说，现象之所以真实，并不由于它有内在的或外在的客观存在，并不是由于它一般是实在的东西，而是由于这种实在是符合概念的。"由此出发，黑格尔认为在审美的主客关系中，客体对于主体是独立的。有限意志的局限就在于没有认识到客体不依赖人的意识而客观存在着。可是，另一方面，客体对于理念来说又是没有独立性的，因为它只是理念的外化，尚处于低级的粗糙阶段。有限智力的局限则在于没有认识到人的认识历程是理念的自身活动，由自在阶段向着高级自在自为阶段的不断深化，而要认识客观事物的内在概念，就要依靠主观的自确定作用，使理念回复到自身，达到主客观在自在自为的更高阶段上的统一。黑格尔把主观能动性视为理念自身活动的一个环节，因为他"不知道真正现实的、感性的活动本身"，不知道人的能动性是由历史所形成，只能从实践所产生，再经过实践来检验。

因此，黑格尔在论述审美主客关系时，作出了"在概念与实在的统一里，概念仍是统治的因素"的结论。不过，黑格尔在思辨的叙述中常常作出了把握事物本身的真实的叙述，例如，他虽然把艺术美称作"理想"，但他却强烈地反对使艺术脱离现实的理想化倾向。他说："在艺术和诗里，从'理想'开始总是很靠不住的，因为艺术家创作所依靠的是生活的富裕，而不是抽象的普泛观念的富裕。在艺术里不像在哲学里，创造的材料不是思想，而是现实的外在形象。所以艺术家必须置身于这种材料里，跟它建立亲切的关系，他应该看得多，听得多，而且记得多。"不过，由于他以"美是理念在感性事物中的显现"这一原则所建立的客观唯心主义美学体系的局限，他断言心灵和心灵所产生的艺术美高于自然。他认为只有心灵才是真实的，才是涵盖一切的，所以自然美只是心灵美的反映，而且自然美所反映的心灵美只是全然不完善的粗糙形态。由此，黑格尔提出了他的艺术清洗的理论。他认为艺术要把被偶然性和外在形状所玷污了的事物还原到它和它的概念的和谐，就必须把现象中凡是不符合概念的东西一概抛开，只有通过这种"清洗"，才能把理想表现出来。黑格尔曾经把这种克服所谓自然缺陷的艺术清洗理论表述在下面的命题中，即：艺术创作应使"概念完全贯注到符合它的实在里"。对于黑格尔由绝对理念孕育出来的这种说法，费尔巴哈早就看出其中具有一种和他的辩证法相反的绝对化倾向，他在《黑格尔哲学批判》中说："认为类在一个个体中得到完满无遗的体现，乃是一件绝对的奇迹，乃是现实界一切规律和原则的勉强取消，——实际上也就是世界的毁灭。"这个批判同样非常准确地击中了黑格尔美学的要害。因为黑格尔所说的"概念完全贯注到符合它的实在里"，正是认为"类"可以在一个个体中得到绝对的实现，但是，"类"在个体中绝对地实现，这在现实世界中是不存在的。同样，在艺术中也是荒诞的。不可能想象，有一个绝对的典型，在理想状态中达到尽善尽美的境地，艺术创作再不能越出一步，于是只好惊愕地束手观望这个"类在个体中绝对实现"的典型了。

事实上，当黑格尔的辩证法使他从思辨结构中摆脱出来，作出了把握事物本身的真实的叙述时，他也背叛了自己的理论原则。他在论述美的理想对现实的关系时，曾反对艺术家"从现实中的最好形式中，东挑一点，西挑一点，拼凑起来"的办法。他在《美学》和《小逻辑》中，都说过偶然性在艺术创作中是不可少的。他在论述人物性格时，曾反对法国古典主义剧作家使人物仅仅成为某种情志的抽象形式而消灭了人物的主体性，从而使艺术表现显得枯燥、贫乏。他说："性格的特殊性中应该有一个主要方面作为统治的方面，但是尽管有这个定性，性格仍须同时保持生动性与完满性，使个别人物有余地可以向多方面流露他的性格，适应各种各样的情境，把一种本身发展完满的内心世界的丰富多采性显现于丰富多彩的表现。"这类论述显然和他从艺术清洗理论提出的使"概念完全贯注到符合它的实在里"的命题异旨。可是这些地方往往为人所忽视，甚至把黑格尔美学中的消极一面发展到极端，成为将所有的优点集中到一个人物身上来拔高形象就是创造艺术典型的准则。从这种追求理想完人的理论出发，以致连车尔尼雪夫斯基在《生活与美学》中所提出的正确命题"茶素不是茶，酒精不是酒"，也被视为对艺术美的贬低。（朱光潜的《西方美学史》批判了这一命题，认为美就是将表现在许多个体上的美加以集中的表现。这是一种倒退。车尔尼雪夫斯基大体继承了别林斯基的观点。别林斯基曾经对典型提出这样的问题："典型是些什么？难道像过去高贵而可敬的美学家们所设想和宣扬的那样，是散在于自然界，为了按照预定的尺度构成典型才加以收集的各种特征吗？……呵，不是的，完全不是的！"〔《论俄国中篇小说与果戈理君的中篇小说》〕我国古代思想家王充在《艺增》中，也批判过那种"辞出溢其真，称美过其善，进恶没其过"的违反真实性的浮夸作风。）其实，车尔尼雪夫斯基的这个观点和上引黑格尔关于人物性格的观点基本上是一致的。这里我们还可以援引黑格尔的另外一段话来加以证明。他曾经讥嘲知性的分析方法说："譬如，一个化学家取一块肉放在蒸馏器上，加以多方的割裂分解，于是告诉人说，这块肉是养气炭气轻气等元素所构成。但这些抽象的元素已经不复是肉了。"（《小逻辑》第二二七节）这和车尔尼雪夫斯基提出的"茶素不是茶，酒精不是酒"，几乎有着惊人的类似。

不过，由于黑格尔认为美是理念在感性事物中的显现，由于他认为自然本身是有缺陷的，不能完善地显现美的理想，从而作出了一些显然错误的审美判断。例如，他在论述引起动作的普遍力量时，认为反面的、坏的、邪恶力量不应作为反动作的基本根源，"因为它们内在的概念和目的本身已经是虚妄的，原来内在的丑在它的外在实在中也就更不能成为真正的美了"。这种观点使他对莎士比亚作出了一些不公正的指摘。他说："古代大诗人和艺术家从来不让我们引起罪恶和乖戾的印象，莎士比亚则不然，他在《李尔王》悲剧里却尽量渲染罪恶。"这种把表现罪恶当作玷污美的理想的偏见，倘加以引申和发挥，就会一笔抹煞十九世纪席卷整个欧洲的现实主义文学思潮，因为这些作品几乎都以批判社会罪恶为宗旨。从黑格尔上述观点来看，就不能认识到这些揭露社会罪恶的作品并不简单地只是揭露丑恶，它们在揭露丑恶的同时也流露了作者的一定的理想光芒。因为黑暗不能用黑暗去暴露，而必须用光明去照亮它。果戈理曾经很机智地说明了这一点。当有人问他作品中的正面肯定力量是什么的时候，他回答说："我的'笑'。"黑格尔这种否定艺术表现邪恶的偏见正是说明：一、当概念与实在发生不一致的情况下，不是使概念服从实在，而是牺牲实在去保持概念的纯洁。如果说这一点在他的艺术清洗理论中已现端倪，那么在他指斥表现罪恶（这是大量存在于莎士比亚时代——资本主义原始积累时代的现实）玷污了美的理论中就显露无遗了。二、他的美的理想仍受到了艺术只应表现美好事物的传统美学观念的束缚，而并不承认艺术应该全面表现社会生活，除了美好的方面外也包括邪恶的方面在内。从而使他把古希腊史诗时代的艺术标准偶像化、绝对化，当作了一切时代的审美准则。他认为史诗时代以后艺术只有日趋衰落，这一看法显然出于他对古希腊艺术的偏爱。三、他把事物的概念和实在和谐一致作为美的属性，正像车尔尼雪夫斯基在《生活与美学》中所指出的："把艺术作品必要属性的形式美和艺术的许多对象之一的美混淆起来，是艺术中不幸的弊端的原因之一。"虽然黑格尔在阐发美的规律方面较之车尔尼雪夫斯基的美学具有更丰富的内容，虽然车尔尼雪夫斯基由于直观唯物主义的局限不能像黑格尔那样从主观能动性方面去阐述艺术的创作活动，来充分肯定艺术美的应有价值，但是车尔尼雪夫斯基的上述美学观点却是正确的。他不妥切地以费希尔作为黑格尔美学代表的批判也并没有完全落空，有时他确实触到黑格尔美学本身的缺陷。

整体与部分和部分与部分

黑格尔的《美的理念》主要论述了整体与部分和部分与部分之间的必然性和偶然性关系，现撮要综述如下，以便我们对这一问题作进一步探讨。

黑格尔为了体系的需要，把美的理念放在自然美的前面来论述。他认为美的理念是先于自然美的独立存在。但是只要我们把这两部分论述加以仔细的对照和比较，就立即可以发现，黑格尔对美的理念所作的种种规定，恰恰是从作为生命的自然美中概括出来的。所谓美的理念正是他在《自然生命作为美》的部分中对生命有机体作了周密的研究之后所获得的成果。这些成果主要是把关于生命有机体的一些带有规律性的东西提炼出来，加以规范化，作为美的理念的内容。因此，从体系来看似乎是黑格尔美学中最唯心的这一部分，就其内容来说，却是现实的。

黑格尔在《美的理念》中论述美的规律时，同样运用了他的概念论（或译总念论）的三范畴，即：普遍性、特殊性和个别性。"普遍性是自我同一的，不过须了解为，在普遍里复包含有特殊的和个体的在内。特殊的即是相异的，或有特殊性格的，不过须了解为，它自身是普遍的,并且具有个体性。同样,个体性亦须了解为主体或基本,包含有种和类于其自身,并具有实质的存在,这就表明了概念的各环节有其异中之同,有其区别中的不可分离性。"(《小逻辑》第一六四节)在作为美的统一体中,具有普遍性的内在本质方面和特殊个体的外在现象方面可以互相渗透。普遍性的内在本质可以把特殊个体的外在现象统摄于自身之内,同时特殊个体的外在现象也可以把普遍性的内在本质宣泄于外,从而形成各差异面的和谐一致。黑格尔认为这种对立统一的辩证法是知性所不能理解的。他说:"知性不能掌握美。"因为知性的特点乃在于"抽象"和"分离"。知性认为抽象孤立的概念即本身自足,可以用来表达真理而有效准。其实,知性只是对于对象的外在思考,知性用来称谓对象的概念或名词,乃是现成的表象,是外加给对象的。用知性来掌握美,就会把美的统一体内的各差异面看成是分裂开来的孤立的东西,从而把美的内容仅仅作为一抽象的普遍性,而与特殊的个体形成坚硬的对立,只能从外面把概念生硬地强加到特殊的个体上去;而另一方面,作为美的形式的外在形象也就变成只是拼凑起来勉强黏附到内容上去的赘疣了。这就破坏了美的和谐与统一。

照黑格尔看来,在美的对象中,概念和实在都必须是从事物本身发出来的。显然,这是从生命有机体的规律中概括出来的。在生命有机体中,概念和实在这两个差异面的统一,就是精神与肉体(黑格尔用的名称是"灵魂"与"身体")的统一。精神与肉体都是生命所固有的。它们之间的关系是一种有机的内在联系。精神把生命灌注在肉体的各部分之中,这在感觉中就可以看出。人的感觉并不是单独地发生在身体上的某一部分,而是弥漫在全身,全身的各部分都在同时感到这感觉。但是在同一身体上并没有成千上万的感觉者,而只有一个感觉的主体。美的规律也是这样。在艺术作品中，内在意蕴和表现它的外在形象必须显现为完满的通体融贯。内容意蕴作为艺术生命的主体，把生气灌注到外在形象的各部分中去，使它们活起来。外在形象的各部分都弥漫同一内容意蕴灌注给它们的生命，而形成和谐一致的有机体。外在形象是从内在意蕴本身发展出来的，是内在意蕴实现自己的外在表现，而不能是拼凑一些外在材料，迫使这些材料勉强迁就本来不是它们所能实现的目的。因为那些拼凑起来的艺术形象的各部分对于外加给它们的抽象概念，处处都会表现一种抵制和反抗，从而造成形式和内容的分裂。

黑格尔对上述美的规律加以进一步的阐明："美的对象各个部分虽协调成为观念性的统一体，而且把这统一显现出来，这种和谐一致必须显现成这样：在它们的相互关系中，各部分还保留独立自由的形状，这就是说，它们不像一般的概念的各部分，只有观念性的统一，还必须显出另一方面，即独立自在的实在面貌。美的对象必须同时显出两方面：一方面是由概念所假定的各部分协调一致的必然性，另方面是这些部分的自由性的显现是为它们本身的，不只是为它们的统一体。单就它本身来说，必然性是各部分按照它们的本质即必须紧密地联系在一起，有这一部分就必有那一部分的那种关系。这种必然性在美的对象里固不可少，但是也不应该就以必然性本身出现在美的对象里，而应该隐藏在不经意的偶然性后面。否则各个实在的部分就会失去它们的地位和特有的作用，显得只是服务于它们的观念性的统一，而且对这观念性的统一也只是抽象的服从。"

在这段话里，屡次出现了"观念性的统一"这一用语，需要简略地解释一下。所谓"观念性的统一"是指事物的内在联系。说它是观念性的，并不是说这种统一只存在主观意识中，而这种由内在联系构成的统一不能凭借感官知觉到，而只能通过思考才能辨认出来。通过思考去认识这种观念性的统一，却是专属哲学的认识功能。在美的对象里，观念性的统一却必须从事物的外在现象中直接显现出来，呈现于感性观照。例如，人的肉体和精神之间有着有机的联系，在平时这种内在联系还不能直接现出，只能通过思考去辨认，这就是观念性的统一。但是人一旦被某种强烈感情所支配的时候，这种感情就从他身体的各个部分充分地显现出来，从而这种观念性的统一就由本来内在的直接宣泄于外，变成可以感觉到的东西了。这就是美的对象所必须具有的特点。

黑格尔在这段话里运用了必然性和偶然性这对范畴，揭示了必然性和偶然性在美的对象里的辩证关系。在美的对象里，作为整体的观念性的统一直接从各部分中显现出来，这就使各部分之间由于内容的生气灌注而形成通体融贯的协调一致。各差异面协调一致的必然性，使各部分之间结成这样一种有机关系，即：有这一部分就必有那一部分的关系。自然生命有机体的各部分就是按照这种方式构成的。在生物学中，达尔文把它定名为"生长相关律"。这一规律是说："一个有机生物的个别部分的特定形态经常是和其他部分的某些形态相关联的，虽然在表面上它们似乎并没有任何联系。"在自然生命有机体中，各部分的形状、性能发生着相互影响。无机物就不然。从矿物割取一部分下来，既不影响整体，也不影响部分。就割下来的那一部分来说，它仍是同一矿物。就被割去一部分的整体来说，也并不引起质的变化，而只引起量的变化。可是生命有机体并不如此。从人体割下一只手来，就再不是一只手了。艺术形象的任何部分的任意改动，就必然会影响其他部分以至整个作品的原有性质。这种整体与部分和部分与部分之间的有机联系，就是黑格尔所说的必然性。

但是，另一方面，黑格尔又说，这种必然性不应该以它本身出现在艺术作品中，而必须隐藏在不经意的偶然性后面。这是黑格尔论述美的规律的一个重要观点。为了说明这一点，我们还是先回到自然生命有机体上来。在互相关联协调一致的生命有机体中，各部分又显示了它们各自所具有的独立自在面貌。例如，在人体上每个部分都是不同的，每个部分都显得是独立自在的。固然它们都为同一生命所统摄，都为同一生命而服务，但是它们不仅在形状上显出各自不同的独立自在的外貌，而且在为同一生命服务上也随形体构造不同而发挥不同的功效。它们各有专司，各管各的事，不能互相替代。黑格尔认为，生命的过程就是矛盾统一的过程，它表现在下述双重活动方面："一方面继续不断地使有机体的各部分和各种定性的实在差异面得到感性存在，在这种感性存在中，每一方面都具有独立的存在和完备的特性；另一方面又继续不断地使这感性的存在不致僵化为独立自在的特殊部分，变成彼此对立、排外自禁的固定的差异面，而使它们可以见出观念性的统一。"在这种体现了生命过程双重活动的有机体中，各差异面保持了它们独立自在的面貌，而并不现出抽象的目的性。这就是说，某一部分的特性并不同时是另一部分的特性。任何部分并不因为另一部分具有某种形状也就具有那种形状。各部分的独立自在性显得是为它们本身的，而不是为了它们的统一体。虽然在各部分的独立自在性里可以见出一种内在的联系，但是这种经过生命灌注作用所产生的统一，不但不消除各部分的自身特性，反而把这些特性充分地表现出来。这就是黑格尔所说的必然性必须隐藏在不经意的偶然性的后面。

因此，艺术作品的各部分、各细节不能是拼凑在一起的混合体。因为在混合体中，这一部分和那一部分之间并没有任何必然的联系，它们聚拢在一起只是由于偶然的机缘。同时，艺术作品的各部分、各细节也不能是限于形式方面的有规律的安排。因为在有规律的安排中，这一部分采用这个样式只是由于其他部分也采用这个样式的缘故。这样，各部分、各细节就会失去它们本身的特性，仅仅显出了外在的统一。相反，艺术作品的各部分、各细节一方面保持了各自独立的特性，另方面又取得了内在的统一。它们不是由于偶然的机缘，而是由于内在的必然联系融为一体。而艺术作品这种内在的必然联系正是从具有各自独立特性的各部分、各细节直接显现出来的。

黑格尔关于美的理念的论述值得我们注意的地方，可以概括为以下几点：一、黑格尔关于整体与部分和部分与部分之间的必然性和偶然性关系的论述，具有反形而上学观点的积极意义。形而上学观点使必然性和偶然性坚硬地对立起来，并且把必然性置于不堪容忍的专横统治地位。照形而上学观点看来，如果表现艺术作品由概念所规定的各部分协调一致的必然性，就不能容许各差异面的独立自在性。各部分不是为它们本身而存在，它们完全丧失了自己的独立地位和特性，只是单纯地为外加给它们的抽象概念服务。这样制造出来的艺术作品，其中的人物形象就变成了作家的思想的传声筒，而作品的细节也就变成了影射主题思想的象征或符号，从而作为生活现象形态的偶然性完全被放逐到艺术领域之外。二、艺术创作一方面要把生活真实中各个分散现象间的内在联系这种必然性直接表现出来呈现于感性观照，另方面又必须保持生活现象形态中的偶然性，使两方面协调一致，这是艺术创作的真正困难所在。在成功的艺术作品中，生活的现象形态保持下来了，但它们彼此分裂的片面性被克服了；偶然性的形式也保持下来了，但必然性通过偶然性为自己开辟了道路。这里，黑格尔关于偶然性的论述，事实上也就反驳了他自己在《艺术美或理想》第一部分中所提出的"清洗"理论。三、不难看出，黑格尔在《美的理念》中所揭示的艺术规律并不是先验地在自然美产生以前就已存在，尽管黑格尔本人是这样宣布的。事实上，他所揭示的美的规律是从自然生命有机体中概括出来的。离开了自然生命有机体又从哪里去寻找"美的理念"呢？就连黑格尔本人也不得不在《美学》中承认："凡是唯心哲学（指黑格尔本人的哲学——引者）在心灵领域内要做的事，自然作为生命时就已经在做。"因此他说："只有生命的东西才是理念，只有理念才是真实。"这里所说的生命，我们只要把它作为自然生命有机体看待，那么黑格尔的这句话就含有一定的合理因素。所以，所谓美的理念只能以自然生命有机体为基础，从中抽绎出美的规律。正如宗教幻想所造成的神物不过是人自己本身的幻想的反映，作为绝对存在的美的理念也不过是自然生命有机体本质的幻想的反映。

情况—情境—情节

黑格尔的美学没有正面阐述艺术的创作过程，但他在《理想的定性》中详细地阐述了理念经过了怎样的自我发展过程而形成具体的艺术作品。他把这一过程也规定为三个步骤，即：情况—情境—情节。黑格尔认为情况即"一般世界情况"是人物动作（情节）及其性质的前提。他认为艺术的理想不能停滞在作为泛泛概念的普遍性上，而必须转化为具有实体性内容的普遍力量。普遍性实现其自身于特殊的个体中，这就是理想的定性。这种实体性的普遍力量怎样才能成为可供感性观照的艺术作品呢？它必须实现自己，通过动作及一般运动和活动展示出来。这种动作或活动的场所或前提就是"情况"。他说："情况只能形成个别形象表现的可能性，还不能形成个别形象表现本身。所以我们所看到的只是艺术中有生命的个别人物所借以出现的一般背景。"黑格尔关于情况的论述是很晦涩的。他认为只有在古希腊史诗时代，具有实体性内容的普遍力量才完全体现在个人的活动中，从而显现了个体的独立自足性，而在现代的散文生活中，普遍性与个体性形成了分裂状态，个性只有在局限的狭窄范围内才显出自由自在。所以他认为古希腊史诗时代是体现艺术理想的楷模。不管黑格尔对于资本主义社会损害艺术作出了怎样有价值的论断，总的说来，他对情况的说明是从和谐宁静这种观点出发的，而并不把情况看作是矛盾的普遍性。这种错误应归咎于他的思辨结构，因为照他看来，情况在三个环节中尚处于最初的自在阶段，其发展尚未明显，其涵蕴尚未显露，因此还只是浑沌的统一体。可是，事实上作为普遍性的情况只能形成个别形象表现的可能性，而不能成为激发人物动作的直接推动力，原因并不在于一般世界情况并不存在矛盾，而是在于这情况是最根本最普遍的矛盾。虽然每个社会成员都受到这同一普遍矛盾的影响和支配，但只有当它体现为特殊矛盾时，才能成为激发人物行动的直接因素。

由情况进入到"情境"，倘我们用科学的语言来表述，就是由矛盾的普遍性进入到矛盾的特殊性。矛盾的特殊性是被矛盾的普遍性所规定的。只有在情境中，才能把情况所规定的人物及其行动表现的可能性转化为现实性。黑格尔说：情境就是"情况的特殊性，这情况的定性使那种实体性的统一发生差异对立面和紧张，就是这种对立和紧张成为动作的推动力——这就是情境及其冲突"。在这里，黑格尔把情境作为浑沌统一体发生差异对立面的结果是费解的。不过，他把情境作为情况的特殊性，把情境及其冲突作为个别人物动作的推动力，这种见解是深刻的。因为艺术创作如果只从一般世界情况去把握人物，而不从具体的情境去把握人物，只着眼矛盾的普遍性，而无视矛盾的特殊性，那么这往往是造成概念化倾向的根源之一。就人物性格表现来说，冲突只能发生在特殊性的规定情境之中。黑格尔说："发现情境是一项重要工作，对于艺术家也往往是件难事。"人物性格离开规定情境就不能得到表现。怎样选择适当的特定情境及其冲突恰到好处地来显示人物性格，使人认识到这是怎样一个人，确是不容易的。情境克服了情况的普泛性，和人物的具体处境、生活、遭遇结合起来，成为激发人物行动的机缘和动力。所以，情境及其冲突对于人物来说，是使他不得不行动起来的必然趋势。在情况中，具体的特定的冲突尚未定型，情况只是冲突的基础和根据。在情境中，冲突的必然性变成了人物的内在要求，和他的心情紧密地结合在一起。

但是，情境只是激发人物行动起来的机缘和动力，情境本身还不是行动。发出行动的是人。动作的蓄谋、最后决定和实际完成都要依靠人来实现。在情境及其冲突的激发下，人究竟怎样行动起来？性格的差异往往在相同的情境中使他们发生千差万别的动作和反动作。在这里，人物的个性起着决定作用。所以，必须再由情境进入"情节"。情节即动作，是以人物性格为中心的。人物性格属于个体性范畴。按照黑格尔的说法，个体性就是"主体"和"基本"，"包含有种和类于其自身"（《小逻辑》第一六四节）。矛盾的个体性包含着矛盾的特殊性（种）和矛盾的普遍性（类）于自身之内。倘使把黑格尔这个说法加以阐发和引申，那就是人物一方面体现着作为社会关系总和的阶级属性，另方面也体现着表现时代矛盾的特定冲突和纠纷。这两方面都要通过主体的动作或反动作显现出来。黑格尔把冲突激起人物行动起来的内在要求，借用古希腊人所说的 παθος 一词来表达。大体说来，黑格尔用这个字以表明特定时代的具有普遍性的伦理观念，但这种观念在人物身上不是由理智，而是由渗透着理性内容的感情表现出来。关于 παθος（《美学》朱光潜中译本译作"情致"，也有人据此字的转译 pathos 译作"激情"或"动情力"，均不够妥切，笔者觉得译作"情志"似较惬恰）这个概念黑格尔作出了精辟的阐述，是值得我们注意的。他有时又把这个概念称为"神圣的东西"、"神的内容"或索性就是"神"。这些神秘说法往往使人感到扑朔迷离，难以索解。但细绎其旨，我们可以看出：这是黑格尔从他认作是艺术理想时代的希腊艺术中概括出来的。因为在古希腊艺术中，无论是雕刻、史诗或悲剧，"神"往往是主要的艺术表现内容。古希腊人正是用"神"来表现他们时代具有普遍性的伦理观念的。这样我们就不难理解黑格尔说的下面这段话："无论把神们（案：这是指希腊诸神，黑格尔把这些神视为各种人格化的情志。——引者）看成是外在于人的力量，或是把他们看成只是内在于人的力量，都是既正确又错误的。因为神同时是这两种力量。"表面看来，这似乎近于戏论。但是如果把它那披着神秘外衣的晦涩语言翻译出来，它的意蕴还是可以理解的。反映时代精神的具有普遍性的伦理观念，不是由个别人所形成，并不以他的意志为转移，所以对他来说是外在的。但是个别人不能脱离他的时代，他的性格被他那时代具有普遍性的伦理观念所浸染，形成他自己的情志，所以对他来说又是内在的。通过情志，黑格尔使人物性格和他的社会时代联系为一有机的整体。

以上我们综述了黑格尔论述艺术作品形成的三个环节的内容要旨。在综述过程中经过了清理，以便尽量使其合理的内容得到科学的表现。这里再总括地说明一下，贯串在黑格尔三个环节中的主线是理念的自我深化运动。按照他的思辨结构，艺术理想（理念）要实现自己，取得定性的存在，必须否定自身作为普泛概念的普遍性，转化为具有实体性的内容，这就是"情况"。情况发生了差异对立面，揭开了冲突和纠纷，从而否定了原来的浑沌的统一，这就是"情境"。在情境中，作为主体的人物发出反应动作，使差异对立面的斗争得到解决，达到矛盾的消除，这就是"情节"（或动作）。不难看出，在这三个步骤中，每一步骤都是对前一步骤的否定，而每一否定都使艺术理想的自我深化运动前进一步，从而构成自在—自为—自在自为这样一个逻辑公式。黑格尔为了把艺术理想的自我深化运动纳入这个公式中，使用了思辨哲学的强制手段，因而使他在叙述每一环节的过渡时都是显得牵强的、晦涩的。可是，在黑格尔思辨结构的框架中蕴含着某些辩证观点，包含了某些非思辨的现实内容。最突出的一点，就是黑格尔始终从社会时代背景上来考察人物性格，把人物和环境联系在一起。

黑格尔在《小逻辑》中曾用一句概括的话说："一切事物都是一推论（或译推理）。"意思是指：任何事物都蕴含着普遍性、特殊性和个别性的辩证关系。他根据这一原理阐明了形成艺术作品的三个环节：情况（普遍性）、情境（特殊性）、情节（个别性）。对于黑格尔的这一理论，这里总括地说明以下几点：一、黑格尔把这三个环节作为理念的自我深化运动。我们必须把被黑格尔倒置的关系颠倒过来。即把情况、情境和情节正确地理解作现实世界的普遍性矛盾、特殊性矛盾和个别性矛盾。二、黑格尔美学的思辨结构采取强制手段，把这三个环节硬性规定作由情况到情境再到情节的刻板定程。但是，事实上作家进行创作并不一定依循这种先后次序。作家在酝酿构思的时候，可能以表现时代社会普遍矛盾的情况为起点，也可能以表现某一事件特殊矛盾的情境为起点，或者也可能以表现某种性格个别矛盾的情节（人物动作）为起点。恐怕后一种情形反而更符合大多数作家的创作经历。这一点，如果说像黑格尔这样思想严密的哲学家竟然未能察觉，显然是令人难以置信的。他所以没有顾到这样简单的事实，只能归咎于他固执地为了构成自己的体系的缘故。三、我们应该承认，黑格尔提出的三个环节的辩证关系是艺术创作的一条重要原理。作家酝酿构思时以哪一个环节为起点，这要根据每个作家的具体情况来决定。但是有一点必须明确，作家无论以哪一个环节为起点，都必须以这个环节作为中介，来沟通其他两个环节。例如，倘他以表现时代社会普遍矛盾的情况为起点，那么他就必须以情况作为表现某一事件特殊矛盾的情境和表现某种性格个别矛盾的情节的中介，使三个环节融为有机的整体。如果以情境作为构思的起点，或者以情节作为构思的起点，也都同样必须以这个起点作为中介，来沟通其他两个环节，把三者融为有机的整体，从而使人物性格及其在特定生活环节中的遭遇，反映出整个时代精神和社会面貌。这样，作家在文学创作中才不致使人物和环境脱节，形成只是空泛地去表现时代的重大事件而把人物变成丧失个性的模糊影子，或者相反，只是孤立地从事性格分析而不能通过人物去表现社会的宏伟背景。

一九八八年七月修订

[附二]
论知性的分析方法

知性概念

我们习惯把认识分为两类，一类是感性的，另一类是理性的；并且断言前者是对于事物的片面的、现象的和外在关系的认识，而后者则是对于事物的全面的、本质的和内在联系的认识。这样的划分虽然基本正确，但也容易作出简单化的理解。因为它不能说明在理性认识中也可能产生片面化的缺陷。例如知性在认识上的性能就是如此。

康德曾经把认识划分为感性—知性—理性三种。后来黑格尔也沿用了这一说法，可是他却赋予这三个概念以不同的涵义。黑格尔关于知性的阐述，至今仍具有现实意义，对我们颇有启发。笔者将要在本文中借鉴他的一些观点。

这里先谈谈知性的译名。知性的德文译名是"Verstand"。我国过去大抵把它译作悟性。黑格尔《美学》中译本有时亦译作理解力。现从贺译译作知性。这一译名较惬恰，不致引起某种误解，而且也可以较妥切地表达理智区别作用的特点。

我觉得用感性—知性—理性这三个概念来说明认识的不同性能是

更科学的。把知性和理性区别开来很重要。作出这种区别无论在认识论或方法论上，都有助于划清辩证法和形而上学的界限。根据我的浅见，马恩也是采用知性的概念，并把知性和理性加以区别。马克思在《政治经济学批判导言》中说："我如果从人口着手，那么这就是一个混沌的关于整体的表象，经过更切近的规定后，我就会在分析中达到越来越简单的概念；从表象中的具体达到越来越稀薄的抽象，直到我达到一些最简单的规定。于是行程又得从那里回过头来，直到我最后又回到人口，但是这回人口已不是一个混沌的关于整体的表象，而是一个具有许多规定和关系的丰富的整体了。"从这段话看来，马克思也是运用了感性—知性—理性这三个概念的。如果把马克思的上述理论概括地表述出来，就是这样一个公式：从混沌的关于整体的表象开始（感性）——分析的理智所作的一些简单的规定（知性）——经过许多规定的综合而达到多样性的统一（理性）。马克思把这一公式称为"由抽象上升到具体"的方法，并且指出这种方法"显然是科学上正确的方法"。按照马克思的说法，和这种方法相对立的，则是经济学在初期走过的路程，例如十七世纪的经济学家（他们像恩格斯所指出的那些启蒙学者一样，把"思维的悟性［知性］作为衡量一切的唯一尺度"），就是从混沌的关于整体的表象开始，通过知性的分析方法把具体的表象加以分解，达到越来越简单的概念，越来越稀薄的抽象。这也就是说，从感性过渡到知性就止步了。马克思提出的由抽象上升到具体的方法，则是要求再从知性过渡到理性，从而克服知性分析方法所形成的片面性和抽象性，而使一些被知性拆散开来的一些简单规定经过综合恢复了丰富性和具体性，从而达到多样性统一。从这一点来看，黑格尔说的一句警句是很正确的，那就是理性涵盖并包括了知性，而知性却不能理解理性。

简括地说，知性有下面几个特点：一、知性坚执着固定的特性和多种特性间的区别，凭藉理智的区别作用对具体的对象持分离的观点。它把我们知觉中的多样的具体内容进行分解，辨析其中种种特性，把那些原来结合在一起的特性拆散开来。二、知性坚执着抽象的普遍性，这种普遍性与特殊性坚硬地对立着。它将具体对象拆散成许多抽象成分，并将它们孤立起来观察，这样就使多样性统一的内容变成简单的概念、片面的规定、稀薄的抽象。三、知性坚执着形式同一性，对于对立的双方执非此即彼的观点，并把它作为最后的范畴。它认为对立的一方有其本身的独立自在性，或者认为对立统一的某一方面，在其孤立状态下有其本质性与真实性。

由于知性具有上述的片面性和局限性，当我们用知性的分析方法去分析对象时，就往往陷入错觉：我们自以为让对象呈现其本来面目，并没有增减改变任何成分，但是却将对象的具体内容转变为抽象的、孤立的、僵死的了。

不过，知性在一定限度的范围之内也有其一定的功用，成为认识历程中的一个不可缺少的环节。我们不应抹煞它在从感性过渡到理性的过程中的应有地位和作用。知性的作用可以借用黑格尔的一句话来说明："没有理智便不会有坚定性和确定性。"为了论证这一点，他举出一些例证。比如在自然研究中，知性是作为分析的理智来进行的，只有这样我们才可以区别质料、力量、类别，并将每一类孤立起来，而确定其型式，而这一切都是对于自然研究所必要的。再如，在艺术研究中也不能完全离开知性作用，因为我们必须严格区别在性质上不同的美的形式，并把它们明白地揭示出来。至于创作一部艺术作品，也同样需要理智的区别活动。因为作品中的不同人物性格须具有明确性，作者应加以透彻的描写，并且将支配每个人物行为的不同目的与兴趣加以明确的表达。诚然，知性不能认识到世界的总体，不懂得一切事物都在流动，都在不断地变化，不断产生和消亡。但是当我们要去认识构成总体的细节，就不得不凭藉知性的区别作用，把它们从自然的或历史的整体中抽出来，从它们的特性以及它们的特殊原因与结果等等方面来逐个地加以研究。

然而，如果我们一旦习惯于知性的分析方法，只知道把事物当作孤立的、固定的、僵硬的、一成不变的研究对象，并且认为这是不言而喻的唯一正确方法。那么，我们就将陷入形而上学。不少理论家并不认识知性的局限性，他们认为运用知性的分析方法是理所当然、合乎常识的。知性的分析方法在一定领域内是必要的，可是一旦超越这个界限，它就要变成片面的、狭隘的、抽象的，并且陷入不可解决的矛盾，因为它不能认识事物的内在联系和事物的运动与变化。因此，马克思在《政治经济学批判导言》中批判了十七世纪的经济学家的知性分析方法，而提出了由抽象上升到具体的唯一正确的方法。

知性不能掌握美

黑格尔在《美学》中说："知性不能掌握美。"这是就知性总是把统一体的各差异面分裂开来看成是独立自在的东西这一特点来说的。知性的这一特点，显然是破坏了艺术作品必须是生气灌注的有机体这一基本原则。从这一方面来看，我们可以援引黑格尔的话来说明："有机体的官能和肢体并不能仅视作有机体的各部分，惟有在它们的统一里，它们才是它们那样，它们对那有机的统一体互有影响，并非毫不相干。只有在解剖学者手里这些官能和肢体才是机械的部分。但解剖学者的工作乃在解剖尸体，并不在处理一个活的身体。"（《小逻辑》第一三五节）黑格尔很喜欢援用亚里士多德说过的一句话，那就是，把手从身体上割下来就不复是手了。这正好说明采取孤立的、抽象的考察事物的知性分析方法，尽管在艺术研究中具有一定作用，但是如果不是把它作为达到具体的过渡环节，坚执为最终的范畴，那就不可能掌握美。

关于这个问题，黑格尔并未详细地加以深论。我认为如果我们进一步去进行探讨，将会澄清我们在文艺思想上迄今仍存在着的许多混乱。这里我想谈谈我们文艺理论界曾经盛行不衰的所谓"抓要害"的观点。据说抓要害就是要抓住主要矛盾和矛盾的主要方面。这一知性观点经过任意套用已经变成一种最浅薄最俗滥的理论。臭名昭著的"三突出"理论就是这样滋长出来的，并且直到今天它仍在改头换面传布不歇。最近我看到一篇评论电视片《武松》的文章，论者赞扬这部把《水浒》改编走了样的作品，说它的最大优点就是"一切从主题出发"。我还看到另一篇分析《阿Q正传》的文章，论者把阿Q的精神胜利法作为贯串每一细节中去的主题思想，由此断言鲁迅安排所有细节，连阿Q在小尼姑脸上捏一把，甚至阿Q向吴妈求爱，莫不是有意识地把它们作为阿Q精神胜利法的表现。这就不得不使人认为，直到目前抓要害这一知性的分析方法，仍被当作不容置疑的正确理论。从表面上看，抓要害有什么错？这似乎是无可非议的。但是它却经不起仔细推敲。我们往往以为只要抓住事物的主要矛盾和矛盾的主要方面就抓住了事物的本质。但是，事实上，由此所得到的只是与特殊性坚硬对立的抽象的普遍性，它是以牺牲事物的具体血肉（即多样性的统一）作为代价的。抓住主要矛盾和矛盾的主要方面是不是就可以认识事物的实质？这在自然科学中可以找到回答。有人曾举出下面的例证：半导体材料主要是锗或硅这两种元素。这两种元素可以说是半导体的主要矛盾和矛盾的主要方面，但是却不能形成所需要的半导体的导电性能，因为必须在这两种元素外掺进某些微量杂质，如锑、砷、铟等才可以使半导体的特性充分发挥出来。分析什么是主要矛盾和矛盾的主要方面固然是重要的，但是仅仅到此为止是不够的，还应当更进一步去研究事物的各个方面以及其间的种种联系。只有对事物作出这样全面的考察才能认识事物的整体，而不致像知性的分析方法那样肢解了事物的具体内容，使之变成简单的概念、片面的规定、稀薄的抽象。

认为艺术作品一切都必须从主题出发这种来自知性的观点是对艺术的最大误解。艺术作品必须有一个占主导地位的情志，但是作者一旦使他的作品的任何部分，包括每一细节，都从主题出发，都必须作为点明主题思想的象征或符号，那就必然会引起尊重感情的读者应有的嫌恶，他将会指摘这种作品和评论者按照这种理论对于某些优秀之作所作的牵强附会的分析。文艺作品固然要表现生活的本质，但是它是通过生活的现象形态去表现生活的本质的。因此，文艺作品不能以去粗取精为借口舍弃生活的现象形态。相反，它必须保持生活现象的一切属性，包括偶然性这一属性在内。甚至像黑格尔这样认为哲学的任务就在于扫除偶然性揭示必然性的理论家也说，偶然性在艺术作品中是必要的。过去，俄罗斯批评家歇唯辽夫认为《死魂灵》中的一切细节都具有反射主题的重要意义。这种理论曾受到车尔尼雪夫斯基的正当讥评。他反驳说："乞乞科夫在到玛尼罗夫家去的路上，也许碰到的农民不是一个人，而是两个人或三个人；玛尼罗夫的村落，也许坐落在大路左边，不是右边；梭巴开维支所称呼的唯一正直的人，可能不是检察官，而是民事法庭庭长，或者省长，等等，《死魂灵》的艺术价值一点也不会因此而丧失，或者因此而沾光。"歇唯辽夫把上述这些偶然性都认作是从主题思想中引申出来的，只能是这样，不能是那样。这正是知性不能掌握美的一个例证。

人物性格必须有一个主导的情志（如哈姆莱特的复仇、夏洛克的贪吝等），但是这种主导的情志不能是唯一的、单线的，尽管它是人物的主要矛盾和矛盾的主要方面。例如《三国演义》中的曹操是以奸诈来满足权势欲作为主导的情志。但是这个人物所以写得很成功，正如一位作家所说的，全在于从多方面来展示他的性格的丰满性：曹操杀死吕伯奢全家是一面，官渡之战破袁绍从档案中找出一批手下官员通敌信件看也不看付之一炬又是一面；为报父仇攻下徐州杀人掘墓是一面，征张绣马踏青苗割发代首又是一面；一方面礼贤下士兼收并蓄，另方面却容不下一个杨修；一方面煮酒论英雄表现得很聪明有眼力，另方面又毫不察觉刘备种菜的韬晦之计；一方面在华容道对关羽说："将军别来无恙！"显出一副可怜相，另方面当关羽被杀首级送至曹操，他笑曰："云长公别来无恙！"又显出一副刻薄相。最后，这位作家把以上这些写法总结成这样几句话："一个曹操有多副面孔，看来似乎矛盾，但联系着每一特定的场合，却又真实可信。这多副面孔构成曹操的性格，曹操就立体化了，活起来了。"遗憾的是有些文艺评论者只能按照黑格尔所指摘的法国十七世纪古典主义作家的知性原则去评长道短。他们和普希金相反，把莫里哀的悭吝人看得比莎士比亚的夏洛克更合乎艺术法则。普希金认为悭吝人只是悭吝人，而夏洛克的性格却是活生生的。夏洛克的主导情志固然也是吝啬，但同时他爱女儿，对作为犹太人所受到的歧视和侮辱满怀愤怒，因此他的性格是丰满的、复杂的。

从多方面展开的人物性格的复杂性就在于：一方面他必须有一个主导的情志，成为支配或推动他行动起来的重要动力；另方面他的性格又必须是多方面的，具有多样性统一的性质。一方面作为人物性格中的情志来说是普遍性的，否则就不能引起人们的共鸣；另方面作为个体的人物性格来说，又必须具有和其他人所不同的独特个性。作家怎样通过一条微妙的线索使上述两个方面统一起来，这是艺术创造的真正困难所在。知性不能掌握美，就因为理智区别作用的特点恰好在于把多样性统一的具体内容拆散开来，作为孤立的东西加以分析，只知有分，不知有合，并且对矛盾的双方往往只突出其中一个方面，无视另一个方面，而不懂得辩证法的对立统一。须知，普遍性不能外在于个别性，倘使外在于个别性变成教诲之类的抽象普遍性，就必定会分裂上述的统一，使人物成为听命抽象概念的傀儡，而这正是知性的分析方法给艺术带来的危害。

一九八二年六月二十日

读莎剧时期的回顾

一九三八年我认识了满涛。他从俄文译出了契诃夫《樱桃园》，不久，这本书在巴金主持的文化生活社出版了。满涛的译笔漂亮流畅。他用了一些北京俗语，用得很恰当，使全书神采奕奕，增添不少生动气韵。这是我第一次读到契诃夫的剧本。那时读书界还不像现在，认为剧本只供演出而没有阅读价值。满涛翻译的这个本子是很有影响的。我也很喜欢这个剧本。读了《樱桃园》，我马上再去找契诃夫的其他剧本。契诃夫的剧本并不多。我读了《三姊妹》和《伊凡诺夫》的中译本。另外两本《海鸥》和《凡尼亚舅舅》，我读的是商务印书馆印行的加中文注释的英译本。几乎在差不多时候，也是抗战初期，商务印书馆已出版了梁实秋翻译的几本莎剧。我读了梁译的《丹麦王子哈姆雷特之悲剧》。书前有译者写的一篇长序，序中谈到哈姆雷特的性格和他在复仇上所显示的迟疑。这个西方莎学所探讨的问题也引起了我的兴趣。五十年代初，我以它为题，写了一篇探讨哈姆雷特性格的文章。这篇文章没有发表，一直保存到六十年代初。我将它和那时写的论奥瑟罗、李尔王、麦克佩斯编在一起，作为《论莎士比亚四大悲剧》中的第一篇。张可将这部近十万字的稿子，用娟秀的毛笔小楷誊抄在朵云轩稿笺上，再用磁青纸作封面，线装成一册。"文革"初，我害怕了，在慌乱中将它连同十力老人几年来寄我的一大摞论学信件，一并烧毁了。现在我只能简略谈谈留在记忆中的大致内容。在那篇《哈姆雷特的性格》中，我认为造成哈姆雷特的迟疑的原因，不是由于他的怯懦，而是由于他的生活经历了一场大变化。这场变化来得太突然、太急骤了。父王的暴卒，母亲改嫁给有篡弑嫌疑的叔父，而这位奸诈的叔父又马上登上了王位……和平恬静生活立刻变得严峻起来。世态的炎凉，处境的险恶，朋友的背叛，是这位从小在宫廷中养尊处优的王子所无法承受的。他惊恐地发现脚下布满陷阱，随时都会陷落下去。这些突如其来的变化，迫使他不得不怀疑，不得不思考。他需要迅速地去弄清每一变故的真象，去追索它们发生的原因，而摈弃已往的盲目热情，无邪的童稚，他很快地成熟起来，一下子由幼童变成了成人。我在这篇文章中曾援引了海涅的一段话，大意说：堂吉诃德将风车当作了巨人，将马房娼妓当作了贵妇人，将一场傀儡戏当作了宫廷典礼。而哈姆雷特相反，从巨人身上看到了风车，从贵妇人身上看到了娼妓，从宫廷典礼看到了一场傀儡戏。海涅的理论文字，蕴含着深邃的哲理，又具有诗的魅力。这是一般思想家所无法企及的。直到今天我读他的哲学论文的时候，仍引起很大的兴味。我在文章里，还援引了歌德在《威廉·麦斯脱的学习时代》中的一段话。书中人物在排演哈姆雷特时说："莎士比亚是要表现一个伟大的事业承担在一个不能胜任的人的身上的结果。……就像一棵橡树种在一个贵重的花盆里，而这花盆只能种植可爱的花卉，树根生长，花盆便碎了。"这些议论是威廉·麦斯脱作为导演和他的同伴在探讨剧本时说的，但颇可见出歌德本人的观点。

歌德和海涅对于哈姆雷特的分析，虽然文字不多，却都言简意赅。现在回想起来，我感到自己过去写的那篇文章，由于出于同情和耽于辩护的立场，过分强调环境的变化才造成了哈姆雷特的迟疑犹豫。（别林斯基论哈姆雷特就是把他说成具有坚强的性格，说他的每一句话都是"涂了毒的箭"。）当我细细思考歌德和海涅的话之后，觉得哈姆雷特的迟疑犹豫，除了归结为他四周环境的急骤变化外，也应考虑他本身的因素。每个人在迎接同一环境挑战时，都会有不同的反应，这里就有人的性格的作用。环境固然是性格形成的重要原因，但遗传的因素也是不可忽视的方面。

我写了《哈姆雷特的性格》以后，对莎剧仍说不上有真正的爱好，不过我开始不再把莎士比亚看作是一位夸张做作已经过时的伟大天才了。从本世纪初以来，莎士比亚在中国并没有获得好运。"五四"新文化阵营中有不少人是以弘扬文艺复兴精神自命的，可是他们对于西方文艺复兴的这位代表人物，却显得十分冷漠，对他尚不及对那些无论在才能或成就方面远为逊色的作家的关注，仅仅因为他们被视为弱小民族的缘故。胡适在二十年代初写的日记，有几处谈到莎士比亚，说他"决不觉得这人可与近代的戏剧大家相比"。而莎士比亚的"几本哀剧"（悲剧），只当得"近世的平常刺激剧 melodrama"。他认为，近代大家决不会做《奥瑟罗》"这样的丑剧"。又说，他实在看不出"那举世钦仰的《哈姆雷特》有什么好处。……哈姆雷特真是一个大傻子！"[①]鲁迅虽然没有这样激烈的贬莎论调，但莎士比亚并不是他所爱戴的西方作家。他没有写过专门谈论莎士比亚的文章，当论战的对手提到莎士比亚的时候，他才涉及他，说《裘力斯·凯撒》并没有正确地反映罗马群众的面貌。"五四"时期的一些代表人物不喜欢莎剧，虽然各有各的理由。但主要原因除了功利的艺术观之外，也可能是由于已经习惯了近代的艺术表现方式，而对于四百多年前的古老艺术觉得有些格格不入。胡适和不少人大抵都是如此。我这一代人的文学思想是在"五四"新文化观念的哺育下成长起来的，自然不能脱离"五四"的影响。具有浓厚意图伦理的"五四"人物，在文学思想上多重功用。胡适当时所喜爱的是易卜生的社会问题剧。我真正开始进入艺术世界是在四十年代，比"五四"时期晚了二十年。当时易卜生的剧本已经不能满足我的文学爱好，我喜欢的是契诃夫。毕竟时代不同了。"五四"时代强烈的功用色彩淡化了。回顾起来，我并不认为我当时爱好契诃夫有什么偏差，契诃夫的剧本一直是我心爱的文学读物。契诃夫为什么吸引了我呢？他的五个多幕剧，在情节上都平淡无奇，几乎大同小异：开头一些人回到乡间的庄园来了，在和亲友邻居等等的交往和接融中，发生了一些纠葛和冲突，引起感情上的波澜。这些事件并不令人惊心动魄，正如平凡的日常生活时时所发生的一样。最后又是一些人怀着哀愁怅然离去。故事就这么简单。但是契诃夫把这些平凡的生活写得像抒情诗一样美丽。在他以前，果戈理写两个伊凡的吵架，从吵架表现了人们把精力消耗在近于无事的悲剧中。果戈理的笔触是粗壮的、强烈的、尖锐的，小说中处处闪露着作者的讽刺微笑。同样，吵架也是契诃夫笔下经常出现的场景。在这些场景中流露出来的淡淡哀愁是柔和的、含蓄的，更富于人性和人道意蕴。契诃夫似乎并没有花费多少心思用在情节的构思上，当时我正沉迷于十九世纪俄罗斯文学所显示的那种质朴无华的沉郁境界。我不喜欢文学上的夸张、做作、矫饰和炫耀。陆游诗中说的"功夫深处却平夷"，正是我那时所追寻的境界。我认为质朴深沉比雕琢卖弄需要有更多的艺术才华，虽然初看上去前者并不起眼。艺术需要含蓄，需要蕴藉，但这往往是贪多求快的读者所忽略的。当我逐渐懂得去欣赏契诃夫以后，不管经历多少岁月，面临怎样的艺术新潮，我再也不会发生动摇了。等到我从黑格尔美学中理解到"形象的表现方式正是艺术家感受和知觉的方式"以后，我更坚定了我的信念。

别林斯基以自然派的名义来概括十九世纪俄罗斯文学。他曾以下面一段话来说明自然派文学的技巧问题。这段话的大意是"一篇引起读者注意的小说，内容越是平淡无奇，就越显出了作者过人的才华。当庸才着手去描写强烈的热情、深刻的性格的时候，他可以奋然跃起，说出响亮的独白，侈谈美丽的事物，用辉煌的装饰，圆熟的叙述，绚烂的词藻——这些依靠博学、智慧、教养和生活经验所获得的东西来欺骗读者。可是如果要他去描写日常的生活场面，平凡的散文的生活场面。请相信我，这对于他将成为一块真正的绊脚石。"我是从战前生活书店出版的《柏林斯基文学批评集》读到这段话的。这本书的译者是王凡西。严格地说，这只是一本小册子，全书只是别林斯基的几篇文章的摘译。但它给了我极其深刻的印象，影响了我对艺术的看法。我在五十年代初所写的一些文学论文里，曾不止一次援用过它。

"文革"时期批判所谓三十年代黑线时，说那时的文艺思想来自别、车、杜。事实上，三十年代译出的全部别、车、杜三家论著，除《译文》摘译的别林斯基几篇论文的片断外，只有王凡西的这本小册子。周扬翻译的车尔尼雪夫斯基的学位论文《生活与美学》已是四十年代的事了。至于比较完整介绍别、车、杜的论著，已是到了四十年代末五十年代初了。（当时从事这项工作的是时代出版社的姜椿芳、满涛、辛未艾。）怎么能说三十年代所谓文艺黑线来源于别、车、杜呢？

那时左翼文艺理论家所推重的是普列汉诺夫，苏联的高尔基、吉尔波丁、罗森达尔，以及日本的藏原惟人、志贺直哉等。他们几乎没有涉及别、车、杜。我也是在四十年代末五十年代初才较多地知道别、车、杜的文学思想的。人们习惯按照苏联理论界的说法，把别、车、杜称作是革命的民主主义思想家，以为他们的文艺思想显示了强烈的政治色彩。这种说法至少是夸大的。这三位思想家在自己论著中固然表现了一定的政治态度，但并不像我们所设想的那样，他们是把自己的政治概念灌输到审美趣味中去。我始终不能忘记，我在四十年代从教条主义摆脱出来时，别林斯基的艺术观对我所发生的影响。他帮助我把自己的零碎感受提升为一种观念。这可以用我当时所读到的他的一种说法来阐明。这段话现在我已记不起是出于他的哪一篇论文了。大意说，"一个作家如果听从某种思想的指引，必须把它化为自己的血肉，使它获得人格的印证，否则这思想就会成为一种不生产的资本"。[②]别林斯基这一论述和长期以来左翼文学理论关于思想性的说法迥不相同，倘非亲身感受是很难领会它所给予我的思想解放力量的。当时正在强调正确的世界观对于文艺创作的决定作用，两位具有权威性的文艺理论家何其芳、林默涵，正在严格地用这一理论去裁决文艺问题的是非。在这种使我感到压抑的窒息气氛下，一九五一年我写了《世界观·倾向性·人格力量》，发表在梅林主编的《文学界》上。这篇文章援引并阐发了别林斯基那段话。一九五二年我编《向着真实》集子时，一位对我怀着善意担任领导工作的朋友，劝我不要把这篇文章编入集内，因为它和当时正在大力宣扬作家必须先改造世界观的指导思想相悖。我接受他的意见，使我在接踵而来的文艺整风中免除了惊扰，但这篇文字也就从此没有编入我的集内了。一九五四年尾，我读到《文艺报》

印发的胡风三十万言意见书，那是作为批判材料让大家阅读的。胡风在批评世界观决定论时也阐发了别林斯基的上述观点，还引用了原文"不生产的资本"这一说法。由于胡风没有注明这句话的出处，批判者不知它的来源，所以在反胡风运动中才没有引起对这问题的深究。

这里我想为别林斯基说几句话。别林斯基对十九世纪俄罗斯文学曾发生过举足轻重的作用。他依靠友人的转述去理解黑格尔，从黑格尔那里吸取了许多东西。这里可以举一个例子，黑格尔门人及后继者对于黑氏美学中的情志 παθος 这一被阐述得十分精辟的概念，似乎并没有予以应有的注意和回应，别林斯基却认识到它的意义，懂得它是黑格尔美学中重要的思想之一。在他所写的一系列有关普希金的论文中，对这一概念作了引申和阐发，显出了真知灼见。但是他并不墨守前辈大师的规矩方圆。黑格尔对古希腊艺术推重备至，却十分鄙视滥觞于他同时代并在他以后蔚为大国的近代文学，认为后者对前者来说，只是一种退化。别林斯基并不受这种偏颇观点的影响，他用自然派来命名果戈理时期的文学现象。这方面他所作的精辟论述，实际上是对十九世纪以人道主义为内容的俄罗斯文学的系统阐发。在这一点上，他是前无古人的。他比黑格尔生得晚，活在一个俄罗斯文学巨星光芒四射、人才辈出的时代。这些大师的乳汁哺育了他的审美趣味，他把从他们那里吸取的文学养料化为自己的血肉，又反转来成为影响和推动十九世纪俄罗斯文学前进的动力。普希金、莱芒托夫、果戈理以后，风起云涌一个紧跟着一个出现的俄罗斯文学巨匠，很少不受这股思潮的扶持或推动，陀思妥耶夫斯基、屠格涅夫、尼克拉索夫、托尔斯泰……都受到它的影响。契诃夫，虽然生得较晚，但也是在这种文学气氛中成长起来的。在开拓这片文学大地的艰苦工作中，使别林斯基获得成功的一个重要关键，就是他的艺术鉴赏力。他逝世多年以后，车尔尼雪夫斯基重谈果戈理时期文学概观的时候，曾说了一句语重心长的话，他说，他在艺术鉴赏方面，不能提出比别林斯基更多一些意见，只能按照他所开拓的方向走下去。尽管车尔尼雪夫斯基比别林斯基受到的正规教育要多得多，但艺术鉴赏力，除了需要学识之外，更需要思维活动中源于禀赋的领悟能力。

无论是契诃夫的剧本或者别林斯基的自然派理论，都使我对于那些表现平凡日常生活的作品产生了极大的兴趣。在我读过的剧作中，我把具有这种特点的剧本称作是"散文性戏剧"，将它与"传奇性戏剧"相区别。不用说，在这样的对比下，我的偏爱很自然地会倾向契诃夫，而不是莎士比亚。那时我常和张可谈论这个问题。她并不赞同我的意见。她不善于言谈，也不喜欢争辩，只是微笑着摇摇头，说莎士比亚不比契诃夫逊色。当时我们谁也没有说服谁。我对散文性戏剧和传奇性戏剧所作的比较说明，曾反映在我过去所写的一篇文字中。一九四三年上海国华剧社在金都戏院上演曹禺改编的《家》的时候，我写了一篇剧评，收入我最早的一本论文集《文艺漫谈》里。这篇文章有这样一些说法："每次读完《北京人》我常常想起契诃夫。曹禺渐渐从故事性、紧张、刺激，氛围气、抽象的爱与仇主题走出来，接触到真实广阔的人生，多多少少都可以看出契诃夫对于他的影响。"（我这样说是有根据的，曹禺发表了《雷雨》、《日出》、《原野》以后，曾在一篇自述中说，在北京的一个秋天，他坐在飘落黄叶的院子里，一边读契诃夫的《三姊妹》，一边沉入了遐想。他说，如果一个剧作者一生只写出一部这样的作品，也就可以心满意足了。）"……《雷雨》充满浓重的传奇色彩，《北京人》只是生活的散文：平凡、朴素，好比一幅水墨画。……我不想判断传奇的悲剧好，还是散文的悲剧好。莎士比亚式的悲剧我喜欢，契诃夫式的悲剧我也喜欢。不过，传奇的悲剧容易渲染过分，以致往往有失真之弊。雨果的《钟楼怪人》是伟大的作品，可是我个人的口味更喜欢史坦培克在《人鼠之间》中所写的莱尼。这是一个力大、粗鲁、丑陋的壮汉，在粗糙的灵魂中同样充满了人性和柔情。他更平凡，也更使我觉得亲切。"以上这些就是我当时的看法，其中许多观点，我至今未变。但是任何一种正确观点，如果固执地推到极端，作为审美标准的极致，就会产生片面化，从而使自己的眼界狭窄起来。当时我正年轻气盛，我的偏执使我在艺术鉴赏上也蒙受影响。具有不同特性或不同体裁的文学作品，有其不同的长处，也有其不同的局限。现代自由体新诗固然比古代格律诗具有种种的优越性，但如果用现代新诗体裁将古人律诗加以今译，就无法在意境、气韵、格调、神采等等各方面保持原有的面貌而不走样。就这一点来说，在抒发思想感情方面比旧体诗更自由的新诗，也有它的局限性。《文心雕龙》是用六朝骈文写成的，在自由抒发方面更受限制，但我读了好几种今译本，发觉没有一种今译可以将原著形神兼备地表达出来。比如《物色篇》赞中的这几句话"目既往还，心亦吐纳，情往似赠，兴来如答"，几乎所有的今译都丧失了原有的情趣。前人所谓尺有所短，寸有所长，万物并育而不相害的话，确实是有道理的。

我通过撰写《哈姆雷特的性格》，已开始感到它是耐人细细品味的作品，而决不是那些俗文俗作可以比拟的。一部作品倘使不能唤起想象，激发你去思考，甚至引起你用自身的经历，去填补似乎作者没有充分表达出来的那些空白或虚线，那么这部作品就没有多少可读的价值了。哈姆雷特的犹豫迟疑曾引起我思考，从最初读梁译，到写成那篇文章，将近十年。这说明它是一部耐人寻味的剧本。

不过，我对莎士比亚真正产生了爱好，却是在五十年代下半叶的隔离时期。审查一年后，我被准许读书。我将自己的阅读范围很快集中在三位伟大作者的著作方面，这就是马克思、黑格尔、莎士比亚。我以极其刻板的方式，规定每天的读书进程。从早到晚，除了进餐、在准许时间内到户外散步以及短暂的休息占去极为有限的时间外，我没有浪费分秒的光阴。这样全神贯注地读书，一直到一九五七年二月二十二日正式宣布隔离结束为止。这是我一生中读得最认真也受益最大的时候，此后不是由于外在的干扰，就是由于自己的分心，再也不能专心致志地读书了。那时我所读的莎剧，最引起我关注的是《奥瑟罗》，这个剧本一下子把我吸引住了。我的全身心都投入到奥瑟罗的命运中去。在隔离审查中，由于要交代问题，我不得不反复思考，平时我漫不经心以为无足轻重的一些事，在一再追究下都变成重大关节，连我自己都觉得是说不清的问题了。无论在价值观念或伦理观念方面，我都需要重新去认识，有一些更需要完全翻转过来，才能经受住这场逼我而来的考验。我内心充满各种矛盾的思虑，孰是孰非？何去何从？……在这场灵魂的拷问中，我发生了大震荡。过去长期养成被我信奉为美好的神圣的东西，转瞬之间轰毁，变得空荡荡了。我感到恐惧，整个心灵为之震颤不已。我好像被抛弃在茫茫的荒野中，感到惶惶无主。这是我一生所遇到的最可怕的时候。多年以后，我在一篇自述文章中，用精神危机来概括这场经历。

这就是我读《奥瑟罗》那时的心境和思想状况。当我读到第四幕奥瑟罗的一段独白时，我产生了强烈的共鸣，它使我激动不已。在这场戏中，奥瑟罗遣走了陪伴苔丝狄蒙娜的爱米利娅，台上只剩下他们两个人。奥瑟罗被苦恼重重击倒,过了一会儿,他平静下来,从内心深处发出叹息:"要是上天的意思,要让我受尽种种的折磨;要是他用诸般的痛苦和耻辱降在我的毫无防卫的头上,把我浸没在贫困的泥沼里,剥夺我的一切自由和希望,我也可以在我灵魂的一隅之中,找到一滴忍耐的甘露。可是唉!在这尖酸刻薄的世上,做一个被人戳指笑骂的目标,我还可以容忍,可是我的心灵失去了归宿,我的生命失去了寄托,我的活力的源泉变成了蛤蟆繁育生息的污地!……"奥瑟罗的绝望这样震撼人心,他由于理想的幻灭而失去了灵魂的归宿。伟大人文主义者笔下的这个摩尔人,他的激情像浩瀚的海洋般壮阔,一下子把我吞没。我再不去计较莎剧的古老的表达方式,他那繁缛的充满隐喻与双关语的枝叶披纷的语言,他那多少显得有些矫饰留下了人工造作痕迹的戏剧技巧——这些因时代风习使作品在形式上受到局限的斑痕……要紧的是他写出了人和他的灵魂,还有什么比这更重要,更值得读者去沉潜往复从容含玩呢?任何作品的形式都不可能臻于至善至美,它将随着时间的流逝而更新,但人类心灵中所闪灼的光芒却是恒久的。……我不想把那时一些想法都当作我的成熟思想。一年多隔离审查的幽居生活,在发生精神危机之后,我的神经系统出现了一些异常征兆,嘴角歪斜了,舌头僵硬了,说话变得含混不清。(十多年后,我在"文革"再度被隔离审查时,又出现了同样病兆。在一次批斗我的会上,我感到脸上身上有无数小虫在爬,使我疼痒难熬,禁不住全身抽动着。一位因去过苏联也被批判过的女同志,看到这副古怪的样子,大为生气,对我恶声叱骂,眼里向我投射出憎恶和仇恨的光芒。她不知道这是病,还以为我在装假。)但我觉得在孤独中我的头脑似乎变得更清晰,更灵敏。事过境迁之后,我才感到我的许多想法是病态的。由于感情长期被压抑不得抒发，一旦激动起来，就会一发不可收拾。那时我也意识到必须抑制自己，但我的想法仍难免有夸大或过火的地方。我对奥瑟罗所产生的强烈共鸣，仔细分析起来，是和我从小所受到的教养有着密切关联。我这一代的知识分子，大多都是理想主义者。尽管不少人后来宣称向理想主义告别，但毕竟不能超越从小就已渗透在血液中，成为生存命脉的思想根源。这往往成了这一代人的悲剧。但不管怎么样，结果却是，这种对于奥瑟罗失去理想的共鸣，终于改变我对莎剧的看法，引导我重新进入他的艺术世界。奥瑟罗这个人物，正如莎士比亚笔下的其他人物一样，显示了人性中某方面的弱点。这位后来成为我膜拜对象的伟大作家，曾满怀悲悯地向上天发问："为什么上帝先要让人有了缺点，才使他成为人？"（大意）这句充满人道感情的话，一直在我心中发出回响。奥瑟罗确实是嫉妒的，但是如果不明白这出悲剧的波澜壮阔的背景，就不会明白这出悲剧的性质。戏一开始就埋伏下了这对情人的最终命运。他们违反当时社会常规的爱情，其本身就是带有浓厚的理想主义色彩的。这种不问出身、门第、肤色、礼法与习俗的婚姻，竟然发生在威尼斯贵族社会里，这是可以想象的么？然而这种不讲世俗利害，不顾舆论偏见，只是基于爱情的婚姻，偏偏冲破重重障碍得以实现了。但命运作弄人的地方却是在成功中就已埋下日后必将破灭的种子。戏开场不久，勃拉班修向公爵控诉奥瑟罗用魔法蛊惑了自己的女儿的那些长篇议论，可以说明这场婚姻是不能用当时社会人人恪守的正常情理来判断的。而奥瑟罗的辩解："她为了我所经历的种种患难而爱我，我为了她对我所抱的同情而爱她"，则可以说明这种爱情的理想色彩已远远超出了当时社会所能接受可以理解的限度。这种似乎来自天上的爱情，一旦和现实社会的坚硬顽石相冲撞,焉能不败?对于奥瑟罗本人来说,这爱情的获得也是他料想不到的,所以在他获得这种意外的幸福之后就更加珍惜它。当它一旦破灭,就使他倍觉惨痛。

重读《奥瑟罗》以前,我还读过史丹尼斯拉夫斯基写的导演《奥瑟罗》计划的中译本。解放后,史丹尼斯拉夫斯基已成为我国最被尊崇的戏剧大师,他的表演体系被视为必须坚守不渝的法典。不但话剧界如此,戏曲界恐怕至今还有一些人心悦诚服地用它作为改革传统戏曲的尺度。但是我对这位大师的文学鉴赏能力却有些怀疑。他所领导的莫斯科艺术剧院被称为契诃夫剧院,可见两者关系的密切。但他并不懂契诃夫,他是依靠丹钦柯的解说和引导才逐渐懂得的。史丹尼斯拉夫斯基毕竟是一位令人尊敬的艺术家,他曾不加掩饰地在自己的文章中说出这一情况。在《奥瑟罗》导演计划中,他对奥瑟罗和苔丝狄蒙娜的爱情性质作了另一种解释。他认为这场爱情是由于奥瑟罗在凯西奥的帮助下,两个人处心积虑地用了种种手段才得以成功。史氏这样强古人以从己意的阐释是我不能接受的。我不禁想起,他在导演契诃夫的《凡尼亚舅舅》时,也有类似的误读。他把凡尼亚舅舅想象成一个生活在穷乡僻壤中的土头土脑的地主,而把亚斯特罗夫医生想象为一位风流倜傥的花花公子。契诃夫看到这出戏的排演后,意味深长地向他说:"我写得明明白白,凡尼亚舅舅打着一条奇妙的领带",而亚斯特罗夫医生的穿着,则是"花格裤、破洞鞋、臭雪茄"。(一个土头土脑的地主是不会打一条奇妙的领带,他不可能有这样的审美趣味,而花格裤、破洞鞋、臭雪茄,更不会是一位风流倜傥的花花公子的装饰。)契诃夫言简意赅,经他一说,可以看出史氏对两个剧中人的理解全都给弄拧了。后来他接受了契诃夫的意见,纠正了自己的误解。但是对于《奥瑟罗》的误读,他似乎并没有得到什么人的提醒,以致写进书里,传诸后世。他没有理解那场爱情有着违反当时社会常规的理想性。其实,这一点在剧中是表现得十分清楚的。奥瑟罗在回答勃拉班修指控时所作的自白说:"我的言语是粗鲁的,一点不懂得那些温文尔雅的辞令。自从我这双手臂长了七年的膂力以后,直到最近这九个月时间在无所事事之中蹉跎过去以前,它们一直都在战场上发挥它们的本领;对于这一广大的世界,我除了冲锋陷阵以外,几乎一无所知,所以我也不能用什么动人的字句替我自己辩护。"奥瑟罗没有恋爱的经验,更不懂恋爱的技巧。他爱的对象是他从未接触过而在传说中又是十分神秘的威尼斯少女,要这样一个人去玩弄恋爱技巧,纵使有凯西奥助他一臂之力,把这位少女赢到手,这是可能的吗?原著中留下了哪些笔墨,哪怕是一点点暗示,可以作为这两个人玩弄爱情解数的证据呢?这出悲剧的末尾真相大白,奥瑟罗临终前的告白是这样光明磊落,使人不得不对这个犯了弑妻罪行的人产生了同情:"……当你们把这种不幸的事实报告他们的时候,请你们在公文上老老实实照我本来的样子叙述,不要徇情回护,也不要恶意构陷。……"珍惜自己的名誉,固然令人钦佩;珍重公正,则更令人敬重。我在隔离时期读这个剧本时,这也是其中最令我感动的章节之一。它在我心中唤起的强烈情绪,一直保持最初的印象,久久没有消逝。二十多年后,我在写《对文学与真实的思考》时,再一次引用这段话作为论文前的题词。

一九五七年隔离结束回到家里,莎剧研究中辍了。我得到组织上的批准,到华东医院去看病。经过粟宗华和夏镇夷两位医生的诊治,病情逐渐好转,最初我已丧失了辨别真假的能力,许多过去的事或新发生的事,我都弄不清楚,以为是不真实的。医生说这是长期孤独生活所引起的心因性精神病症,只要恢复正常生活就可以慢慢康复。在医生的精心治疗下,果然种种不正常的心理现象逐渐消失了。但我的睡眠仍旧不好,天天都要服用安眠药才能入睡。在我疗养期间,外面经历了一场反右的暴风雨,我过着与世隔绝的生活,成了化外之民。我和张可都各有一个温暖的家庭,我的父母和姐姐,张可的父母和哥哥,常来看顾我们,给那愁闷的岁月带来了一点欣慰。我的审查结论长期拖延不下,没有分配工作,只拿生活费。家里的经济来源主要靠张可的工资。为了增加一些收入,我和书店接头,替他们翻译书稿。我每天伏案笔耕十小时,这样继续了将近一年。翻译工作告一结束后,我又开始了我的读书生活。这时我完全康复了,不像隔离时期,整天处于精神亢奋状态。

我再读莎剧首先感到的是他的艺术世界像澎湃的海洋一样壮阔,没有一个作家像他那样精力充沛,别人所表现的只是生活的一隅,他的作品却把世上的各种人物全都囊括在内。我不知道他凭借什么本领去窥探他们的内心隐秘,这是对他们胁之以刀锯鼎镬,他们也不肯吐露的。当时我最喜欢读他的历史剧。写了大宪章时代的《约翰王》之后,他将他那时期的近代史全部载入了他的戏剧史册。其中有表现英法百年战争的《亨利五世》,也有表现红白玫瑰战争的《亨利六世》等。他使这些历史人物复活了,这是任何历史著作做不到的。后来我读到达尔文的自传,发现达尔文也十分喜爱这些历史剧。他说,直到他从事进化论研究,头脑完全用在研磨事实的理论思维方面之后,他才丧失了这种阅读的愉快,为此他感到十分遗憾。《科里奥兰纳斯》虽然写的是古罗马时代,但也是我所喜欢的剧本,它所描写的古罗马民主制的弊端,直到今天也还值得我们从中吸取教训。我希望将来有机会可以专门来谈谈这个问题。这里我不可能过多地去叙述我读莎剧的感想，不过我还应该提一提《李尔王》，因为这出戏启发了我去理解《长生殿》中一个长期聚讼不决的问题。李尔开头以帝王之尊，在划分国土给三个女儿时，显示了一个暴君的专横与任性。但是当他交出王权，经历了人世的苦难以后，他身上的人性的东西渐渐觉醒了。《长生殿》究竟是一出歌赞爱情的戏，还是一出政治谴责的戏？这两种看法在戏剧界形成了非此即彼不可调和的对立意见。认为《长生殿》是歌赞爱情的人，举出《闻铃》、《哭像》等折作为例证。认为《长生殿》是政治谴责的人，举出《舞盘》、《窥浴》、《进果》等折以为例证。两方面各执一词，争辩不下。那时，我读了《李尔王》，忽然有了一种想法：李隆基是不是和李尔王一样，也是在失去帝王的权力之后，经历了一场人性复归的蜕变呢？他做皇帝时过的是荒淫的生活。——就这一点来说，认为《长生殿》是一出政治谴责的戏是对的。等他交出帝王的权力，人性在他身上复苏了，从而他的爱情也变得贞洁起来。——就这一点来说，认为《长生殿》是一出歌赞爱情的戏也是对的。上述两方面错只是错在偏执一面，而不知道《长生殿》也是在写同一个人物在不同境遇下所经历的变化。其实只有如此，才使这出戏的主题思想驾凌在简单的政治谴责或简单地歌赞爱情之上。我一直想把我的想法写进文章里，但始终没有动笔。六十年代初，我和村彬、元美一同去庐山，在那里见到俞振飞和言慧珠。那时他们正想排演《长生殿》，村彬、元美要我向他们谈谈我的想法。我把上面的意见向他们说了，他们听得很认真，可惜后来他们始终没有演出这出戏。

回家后我常到四马路去看书，这成了我在当时的最大乐趣。我从外文书店买回了 Charles Jasper Sisson 编的《莎士比亚全集》。这家书店的旁边是生活书店的旧址,现在改为一家专卖外文旧书的书店。那里的旧书真不少,还不断有新的进货,书价也不贵。我除了买回来柯勒律治、赫兹列特的专著以及从班·琼生到十九世纪莎剧评论名篇的选集外,也买回了泰纳的巨著《英国文学史》(凡隆的英译本)。这部书的第二部第四章是专门论述莎士比亚的。张可迻译的泰纳《莎士比亚论》就是据此。那时我知道海外莎学号称两大学派,一是英吉利学派,一是德意志学派。在上世纪,这两个学派为了争做莎士比亚的最早发现者,曾发生过一场争论。前者以柯勒律治为代表,后者以席勒格为代表。席勒格著作的英译本很难找到,我请书店的熟人帮忙。一天,他兴冲冲地向我说,他们店里收到一部席勒格译的莎士比亚全集,附有精美的插图。(席氏放弃自己的诗歌创作,以十年苦工译成此书,为此,丹麦学者勃兰兑斯将他列入其多卷本《十九世纪文学主潮》的著名史册,使他享有翻译家很少获得的殊荣。)但由于书价过昂,我终未买回家去。但是,我急于想要找到的席氏有关莎剧评论的英译本,却意外得到了。这就是他的《戏剧艺术与文学演讲录》。这书是朱维基借给我的。那时朋友很少来找我了,朱维基却是少数来找我的几个人中的一个。一天我向他谈起很难找到席氏莎剧评论的英译本,他说他有一本,下次他来就慷慨地把这本书借给我了。他在"文革"中死去,距今已快三十年了。然而这部书和他赠送给我的他所翻译的但丁《神曲》、拜伦《唐璜》,仍保留在我处。那时张可也在多方搜罗海外著名莎剧评论的英译本。歌德的《威廉·麦斯特的学习时代》的英译本,就是她借来的。书一借到,她就立即动手翻译。这样我们搜罗的资料渐渐丰富起来。但也有失望的时候。我曾托一位亲戚去向她所熟识的朋友郑麐去借 Hordce Howard Furness 编纂的莎士比亚新集注本。在莎集中这一版本是最好的版本。编者将十八世纪至十九世纪八十年代四十四种名家校订本的注释搜罗在内。孙大雨译《黎琊王》，原剧译文一册，译注一册，后者诸说多援自此书。但这部书很难找到，而郑麐却自备一部。郑麐是我的父执辈，曾在北方几个大学任教，解放后，被安置在市府参事室。他精通英语，造诣精深。曹未风翻译莎剧时常向他请教。毛选的重要英译多出自他的手笔。（"文革"中造反派说他把愚公译为 Stupid Old Man，将他剃了阴阳头，罚他天天挂牌扫马路，他就住在我家附近，他扫街时我还看到过。）郑麐没有同意我去借阅新集注本，只是让那位亲戚带回一本通俗小册子给我，大概他觉得初入门者用不着这种专著。这样我就和这部书失之交臂了。

我们收集资料已有了一点眉目。那时张可正在上海戏剧学院戏文系从事莎士比亚的研究。我和她在谈论中，渐渐形成一种想法，就是莎剧研究最好先从西方莎剧评论的迻译入手，因为这方面工作几乎还很少有人注意到。那时所谓三年自然灾害已开始降临了。我在国泰影剧院前的繁华马路上，已见到几个外地农村的逃荒者。一个身材高大的壮丁，脸孔浮肿，两眼射出饥饿的光芒，步履蹒跚，他已没有气力行走，但仍缓缓地向前移动。一个领着孩子的妇女，手里捧着一包糕点从他身旁经过。他以十分缓慢的动作抢过了糕点，塞到口中吞吃了。这一切没有发出一点声音，被抢的妇女开头一怔，但很快走掉了，好像什么事都没有发生过一样。在这三年灾害中，食品匮乏，物价腾飞，日子过得十分艰苦。由于缺乏必要的营养，我得了肝炎。家里人尽量去找鸡蛋、黄豆、食糖，来补充我的高蛋白，使我在一个多月后肝功能就恢复了正常。这几年，经过了"反右"和"反右倾"两场大运动，政治空气似乎越来越严峻。学术界批判了厚古薄今的所谓名洋古之风，文学凋零，理论荒芜，眼见本来已经十分惨淡的文化园地更加枯萎下去，使人产生了说不出的愁闷。但也不是所有的情况都令人沮丧，在某些地方，也有一些生机在萌动，它们终将会对中国文化的前途发生一定影响。我隐隐地感觉到在思想文化掌权者中间，似乎也还有人想要做点好事。我不知道他们是谁，我已处在最底层，且是戴罪之身，没有人会传递给我任何信息。但有些迹象可以说明，我这种感应并非全无根据。比如，我在书店看到北京的商务印书馆出版了不少汉译西方名著。这些书的质量远远驾凌在过去商务印书馆出的同类书的水平之上，只要将同一原著的前后不同译本作一比较，就可以立判高下。解放后形成了一支优良的翻译队伍，他们工作认真负责，在掌握母语和外语的能力上，在专业知识的修养上，都属上乘，不仅超迈前人，而且（恕我遗憾地说）也是现今许多译者所不可企及的。商务印书馆的这些汉译名著一本一本印出来，我的经济情况虽然拮据，但也拼足了力量去买。我把它们看作是使人不致沉沦在愚暗中的智慧之光。这些译著的出现是和当时意识形态主流思想相悖反的，可是它们居然出来了，并且生存下去了，这似乎是个奇迹。

张可译完泰纳的《莎士比亚论》，要我从文字方面为她校阅一遍。我略略作了一些润饰，主要是借古代文论惯用的语汇，去修订那些过于累赘而又含混不清的表述。这是我们第一次合作。这次合作的经验，使我的兴趣增加了，我决定也来翻译西方莎剧评论，使这项工作进行得快一点。我的英语水平是不能对付莎士比亚的古老文字的，但这项很有意义的工作目前没有人去做，所以也就抱着日月出而爝火熄的想法黾勉以赴了。好在我碰到了疑难可以请教父亲。我为书店做些翻译工作时，由亲戚介绍，聘请了一位曾在教会任职的李仲道先生作为咨询。当时一些最好的翻译家如傅雷、满涛等，也都各有他们的咨询。李先生虽然不是学文学的，但他从小就有优良的英语训练，年纪又不太大，可以细心去查找工具书，因此对我帮助很大。

我们在翻译中，首先碰到的问题就是评论中所引用的莎士比亚原文，究竟由我们自己翻译出来，还是借用别人已有的翻译。我们决定借用别人的译文。当时译出的莎剧已经不少，译者大多都是名家。但我们毫不迟疑地选择了朱生豪的译本。朱的译本于抗战时期在世界书局出版，装订为三厚册。他翻译此书时，年仅三十多岁。他不顾当时环境艰苦，条件简陋，以极大的毅力和热忱，完成了这项难度极高的巨大工程，真是令人可敬。一九五四年，人民文学出版社将它再版重印，分装为十二册，文字没有作什么更动，只是将有些剧本的名字改得朴素一点。我们在翻译莎剧评论时，所援引的原著译文就是根据这一版本。当时我见到主持出版社工作的老友适夷，对他说，他办了一件好事。不料后来，出版社却把这一版本停了，改出新的版本。新版本补充了朱生豪未译的几个历史剧，而对朱译的其他各剧，则请人再据原文校改。校改者虽然大多尊重原译，但是在个别文字上也作了订正。从个别词汇来看，不能说这些订正不对，校改者所订正的某些字，确实比原译更确切。但从整体来看，还有原著的精神面貌问题，即传神达旨的问题必须加以考虑。拘泥原著每个字的准确性，不一定就更能传达原著的总体精神面貌。相反，有时甚至可能会损害原著的整体精神。我国古代文论中，有所谓"谨发而易貌"的说法，即是指此。这意思是说，画家倘拘泥去画人的每根头发，反而会使人的面貌走样。汤用彤曾说魏晋识鉴在神明。从那时起我国审美趣味十分重视传神达旨。刘知幾《史通》区分了貌同心异与貌异心同两种不同的模拟，认为前者为下，后者为上，也是阐明同一道理。过去我们的翻译理论强调直译，这在一定时期（或在纠正不负责任随心所欲的意译之风时）是必要的，但如果强调过头，忽略传神达旨的重要，那也成为另一种一偏之见了。朱译在传神达旨上可以说是首屈一指的，所以我们翻译莎剧评论引用原剧文字时，仍用未经动过的朱译。这一点也得到了满涛的首肯。他在翻译中倘遇到莎剧文字，也同样援用一九五四年出的朱译本子。直到后来，我才知道，朱生豪和我少年时代的老师任铭善先生是大学的同学而且友善，二人在校时即同组诗社唱和。有趣的是任先生学的是外文，后来却弃外文而专攻国学；而朱生豪在校时，读的是中文，后来却弃中文而投身莎士比亚的翻译。朱的译文，不仅优美流畅，而且在韵味、音调、气势、节奏种种行文微妙处，莫不令人击节赞赏，是我读到莎剧中译得最好的译文，迄今尚无出其右者。那时我已感觉到这位译者大概曾受过古代诗词的严格训练，否则难以臻此境界。果然，朱生豪就读中文系时，正是夏承焘诸位先生在那里执教的时候。

　　随着六十年代第一个春天的降临，我的结论下来了。我被安置在作协文研所，从此天天要去上班，不能再由自己的兴趣去读书了。所里一些青年要我给他们讲授《文心雕龙》。从这时开始，我的研究方向转向了《文心雕龙》方面，一直延续到"文革"后七十年代末我的《文心雕龙创作论》出版为止。不过，我对莎士比亚的兴趣未减，只是研究的课题已定，我不能像过去那样全面投入了。我感到这样东抓一把西抓一把不是认真从事研究的态度，这终将使我一事无成。但是那时能由自己作主的事是很少的，好在《文心雕龙》也是我喜欢的课题，总比把时间和精力消耗在去搞那些时髦的热点理论或创作要好多了。

我坚持自己研究领域的最后阵地,不去搞这些东西。在所里那些年,除了去做一些每个人都必须做的看地方文艺杂志写情况汇报,以及交给我去翻译《国际文学》英文版的几篇小文章外,我还能读我愿意读的书(虽然也有几次被批评过)。作协图书馆订有美国莎士比亚协会出版的《莎士比亚季刊》(大概是曹未风建议才订了这份在作协几乎无人借阅的杂志),还有一本 Allardyce Nicoll 编的《莎士比亚概观》,是佐临赠送的,我有时也到图书室去翻阅这两种读物。不过毕竟和以前全身心投入的情况不可作同日语了。

　　我在研究工作中,也感到了命运的播弄,我和张可在读莎剧和翻译莎剧评论最起劲的时候,多么希望看到一些重要的参考书和工具书,比如上面说过的那部根据四十四种校注本编成的新集注本,可是没有能够借到,这使我们怅然良久。我们也想有一部莎士比亚辞典,可是在五十年代后期要找到这类外文著作是难以想象的。十多年后,"文革"已经结束一年多了,张可正在负责编辑学校的校刊《戏剧艺术》忙得不可开交,而我正在最后修订已准备出版的《文心雕龙创作论》而无暇旁骛,这时候张可的姑父袁溶昌从美国寄来了 Alexander Schmidt 编著的《莎士比亚词语字典》上下两大册和 William Dodge Lewis 编著的《莎士比亚语录》。我们收到了袁姑父从海外寄来的这份馈赠是多么高兴,又是多么遗憾。要是十多年前有这些书该多好,我们将全神扑上去,这将使我们的翻译工作得到多大的帮助?可是现在我们无法享受这种乐趣了。夏天来了,上海的炎热使人气闷。张可在一次系里开会的时候,突然中风,被同学抬到附近的公费医院进行抢救,等她从昏迷中醒过来以后,就完全丧失了阅读能力,一直没有恢复。而我也走上了工作岗位,不可能再潜心研读莎士比亚了。所以袁姑父送我们的这几本书，虽然曾经是我们渴望得到的，但时机已经错过。当我们非常需要它们的时候，我们得不到它们；有了它们的时候，我们又不能去读它们用它们了。这几本书存放在我们处，一直没有发挥它们应该发挥的作用。只是在张可病前，她的老师孙大雨先生，曾经要我们从《莎士比亚词语字典》去查一个问题，我们才利用了这本书。如果不是张可最近清理抽屉找出一张便条，恐怕连这件事也记不起来了。这封信是这样的：

元化弟　可妹：我要麻烦你们为我查一查 A. Schmidt 的 Shakespeare Lexicon 内 "A thing of beauty is a joy forever" 这句诗行，是否为莎翁所写，若然，在哪一个剧本里第几幕，第几景，第几行。可查这部字典的上卷 "beauty" 及 "joy" 二字，可以查得出有没有，若有，会标明是哪一个剧本的幕数、景数和行数。若查不出就不是莎剧手笔。我要查这一行的根底，有用；我自己的这部字典被盗匪抢去未还，知道可妹的姨父送给她此书，故托查。多谢。

祝新春快乐安好

孙大雨　二月二日

便条的后面有张可的几行字：

beauty 在 Volume Ⅰ，p91 内；
joy 在 Volume Ⅰ，p606—p607 内亦没有。

此后我们再没有去碰莎士比亚了。不过我们一同在莎士比亚艺术世界里遨游的日子，将永远成为我们一生中的美好的回忆。

一九九七年四月二十二日

注：

① 胡适对莎士比亚的责备，使人想到莎剧最早评论者德莱登承袭英国复辟时期的议论："他时常是单调的、乏味的。他的喜剧的智慧陷入了生硬，他的豪言壮语陷入了夸大。"而胡适斥责《奥瑟罗》的话，更接近十七世纪评论家汤姆士·雷默尔的论调。雷默尔是这样谴责《奥瑟罗》的："这出戏里有着一些噱头，一些诙谐与乱糟糟的喜剧才智，一些炫夸，和一些迎合观众的模仿。可是它的悲剧部分只是一种流血的闹剧，并且是淡而无味的。"笔者未能查考，不知胡适是否曾受到这类评论的影响。

② 最近我找到我所引用的这段话的原文："倾向自身应当不仅存在于作家的头脑中，主要地在他的心中，在他的血中；最要紧的是，它应当是一种感觉，一种本能，只有那样，它才是一个自觉的观念；倾向非要像艺术本身那样生发出来不可。一种从书中取出来的或从别人听来的观念，即使照应有的样子受到理解，但是并未被你彻底同化，并未受你自己的人格印证，不仅对诗的活动，就是对所有文学活动，都是一种不生产的本钱。"

《莎剧解读》跋

《莎剧解读》的校样全部校完了。编者为松要我再写一篇跋,交代序言中没有涉及的问题。我觉得这确有必要,所以再向读者说几句。现在编成的这本书,是我和张可在五十年代末六十年代初共同工作的一点纪念。我把当时分别译出的莎剧评论,誊抄在两厚册笔记本上,共有四百五十多页,我们对这项工作是抱着一种虔诚认真的态度的,这也可以说是一种敬业精神罢。当时正是"大跃进"年代,思想界批判了厚古薄今,出书的政治要求极为严苛,像这样的著作想要出版是不可能的。自然我们也不会料到"四人帮"粉碎后发生了在当时简直是不可想象的变化。我在誊抄这部译稿时,在每一篇题目下都标明了"未刊印"字样,就是为了让后来看到这两本译稿的人,多少可以领会一点当时环境的艰辛和我们心情的寂寞。龚自珍在《纵难送曹生序》中说,在他那时候一些追求真知的人,没有同伴,没有指导,也得不到帮助。他们不去做这些事不会受到督责,当他们去做这些工作的时候,会不会因为寂寞而感到悲哀?会不会由于颓丧而感到气馁?……这几乎是历来中国知识分子的共同命运。不过那时读了龚自珍的这些沉痛的告白，倒反而使我们得到了几分慰藉。

这两本莎剧评论的译稿，都是由我一人誊抄的。而张可誊抄我的手稿就更多了。我的长篇论文《龚自珍思想笔谈》、《韩非论稿》以及译稿《文学风格论》等，都是由她誊抄的。几年前，我已将它们捐赠给上海图书馆的手稿室了。我的手稿和笔记由我自己誊抄的也有好几种。去年一位由江西来组稿的编辑，看到我读黑格尔的两本笔记，一定要拿去，最近已由百花洲文艺出版社影印出版了。这两本《莎剧解读》的抄本，等到校印完竣以后，我也准备捐赠给上海图书馆的手稿室。这并不是由于它们具有什么特别值得保存的价值，而是想让后人知道，我们在并不良好的环境下，对工作所怀有的那一点愚忱。

现在出版的《莎剧解读》是手边所保存的全部译稿。其中尚未译完的，如汤姆士·怀特莱的那篇《麦克佩斯与理查三世》，虽是全文的一小部分，也收入书中了。这不仅因为通过它可供读者窥见这篇值得注意的评论的一斑，而且也由于我们想要留下那时期的一点生活痕迹作为纪念。还应说明的是现在出版的这本书，并不是我们译出的莎剧评论的全部。那时的译稿也有尚未誊抄就已遗失了的。我感到最为遗憾的是那篇莫里斯·莫尔根的《论戏剧人物约翰·福斯泰夫》。这篇文章和怀特莱那篇《麦克佩斯与理查三世》堪称双璧，可以说是在莎剧评论中从事人物性格分析的开山之作。它们在英国享有盛誉。当我即将译完莫尔根这篇文章的时候，《古典文艺理论译丛》发表了另一位译者的译文。那时我们有一种想法，如果有了别人较好的全文翻译，我们就不必重复，所以我的译文纵然即将完稿，也仍旧停下来不再翻译下去了。这篇译稿虽未誊抄，但我一直保存到我们搬到吴兴路寓所之后。可是，最近当我想要找到它时却怎么也找不到了。不过，福斯泰夫这个人物却深深留在我的印象之中。他引起我的兴趣的一个原因，是由于他使我联想到我们文艺作品中的猪八戒。这两个角色具有不同的文化背景，自然存在着差异。但他们也有相同的地方。猪八戒像福斯泰夫一样，有个沉甸甸的大肚子，形状丑陋，好吃懒做，撒谎吹牛，贪婪好色。他也常常让自己陷于周围人们的嘲笑、斥责、詈骂、捉弄的尴尬境地，又总是嬉皮笑脸做出一副认输乞怜的样子将自己巧妙地从困境中解脱出来。中国读者像英国观众喜欢福斯泰夫一样喜欢猪八戒。记得我还是孩子的时候，我和周围的小朋友几乎没有一个人不喜欢这个为我们童年增添生气带来欢乐的丑陋怪物的。我们在故事中，戏台上，年画里，市场的玩具摊头……随时随地都会发现他的踪影，似乎他已成为我们生活中不可少的一部分了。我在翻译这篇论述福斯泰夫的论文时，童年的记忆在我脑海中不断浮现上来，变得越来越活跃，引起了我想写一篇《猪八戒论》的欲望。我想借此探索一下，为什么这个丑陋的、有着恶习的、品德败坏的角色，竟会引起人们这么大的乐趣，甚至得到儿童的普遍喜爱？作者凭什么本领化腐朽为神奇，从丑中提炼艺术的魅力，显现人性的弱点，却又用滑稽突梯把辛辣和苦涩变为可笑？……我的这个写作打算后来虽未付诸实现，但一直萦回脑海中的猪八戒形象，却给那段枯燥沉闷的日子带来了不少生趣，使我至今难忘。

　　这里还需要说明本书所辑录的俄国作家的评论，系大多取自友人的译文。这就是满涛的有关普希金和别林斯基的译文，辛未艾的有关车尔尼雪夫斯基的译文，姜椿芳的有关杜勃罗留波夫的译文。在辑录别、车、杜三家的评论时，可能有一两段是出了其他译者手笔。比如别林斯基《智慧的痛苦》那一小段，看来不像满涛的译笔，可能是选自人民大学所编纂的莎剧评论资料的油印本，由于年代久远，译者是谁已经记不清楚了。至于本书所辑录的赫尔岑的那段文字，也是同样情况。这里顺便说一下，在那些年代里，大学还没有重理轻文，只关心可以迅速、直接收到效益的应用学科，因此文科还是办得比较认真的，文科的资料工作也作得较好。可是由于当时的教条主义笼罩学界，却形成一种以引证代替论证而不从论据进行论断的空疏学风。今天这种不良风习已逐渐消退，可是代之而起的，却是赶时髦，喜炫耀，以艰深文浅陋的逐新猎奇的风习。

那时，我们辑录莎剧评论只是为了供自己查阅，一般性的或参考性不大的不录，虽然重要但容易找到的也不录。比如马克思书中有不少地方涉及莎士比亚。五十年代中期，我在读一九五三年版郭王合译的《资本论》第一卷时，发现书中涉及莎剧的地方不下十处，有些地方译者加注说明。有些地方由于译者不知道是出于莎剧而没有注明。例如第一卷第十二章第五节讲到门纳尼亚斯·阿格列巴（即朱译美尼涅斯·哀格利巴，Menenius Agrippa）的"无稽的寓言"，译者未作注释，我怎么也不懂马克思引用这件事是怎么一回事。费了很大力气才查出原来出于莎剧《科利奥兰纳斯》。查明典故，《资本论》的意思也就明白了。我本想根据朱生豪译本将有关字句抄下来，但后来马恩论艺术这类书出版了，这些问题已解决，我就不再去抄录了。但是也有我本应该做而没有去做的。这就是抄录黑格尔《美学》中涉及莎剧的文字。这些文字虽然多半是寥寥数语，但往往言简意赅，不乏独到之见。过去我曾写过一篇谈到黑格尔对于莎剧具有某些偏见的短文，收入《思辨随笔》中。其实，总的来说，黑格尔是赞赏莎士比亚的，他对莎剧的分析往往烛隐发微，颇足启迪人的思考。这些地方我在本书序言中只是略加涉及，如果把黑氏《美学》中谈到莎剧的文字全都辑录下来，我想对于读者一定会大有裨益的。但由于精力和时间所限，目前我已无法做这方面的工作了。

我们出版本书，如前面所说也有我们个人方面的考虑，即作为我们过去生活的一点纪念，本书所附张可早年翻译的《早点前》，就是出于这一意图。张可自一九七九年中风后，思维能力受伤，迄今读写俱废。她的译述除了本书中所收的几篇莎剧评论外，主要就是独幕剧《早点前》。这个译本篇幅很少，既然不能出单行本，也就索性收入到这里了。请读者将它作为阅读莎剧评论之后的一点余兴来读罢。

最后需说明的是本书每篇译文的"译者附识"都是我写的。

一九九七年八月尾

自 述

> 学不干时身更贵，
>
> 书期供用老弥勤。
>
> ——公严先生诗句

我从一九三八年开始写作，到目前已有五十六年了。但认真算起来，我从事研究和写作的时间并不多。生活环境的变化使我有好几次不得不放下笔来。一九四一年太平洋战争爆发到一九四九年，我只写了几篇短文。一九五五年反胡风到一九七九年末平反，在这二十多年中，由于偶然的机缘，我才鼓起勇气记下当时的感受。我并不奢望这些文字将来可以发表，只是为了排遣生活的空虚，想在流逝的岁月中留下一点痕迹。这期间我两次患病，一次在三年灾害时期，因营养不良得了肝炎。一次在"文革"前两年，正是我写作《文心雕龙创作论》进入高潮的时候，突然少年时期所患的静脉周围炎（眼底回血管出血症）复发了。一天早上醒来，我的右眼一片黑暗，完全看不见了。我对这意外的打击感到恐惧。那时写作是我的惟一寄托，我不能想象眼睛完了我将怎么办。在这愁苦的日子里，我的亲人为我去找上海最好的眼科医生。我接受了何章岑医生直接在我眼球上的注射，每周一次，一共打了九针。由于疗效不大，剩下的一针就停止不打了。当我从消沉中渐渐振作起来，我还不能使用目力，只有请求父亲帮助。那时他已八十出头了，早已从北方交通大学退休回来，和母亲住在一起。每天他步行到我家，以极大耐心为我阅读资料，作我口述的笔录。现在我还保存着他为我誊写的八大本手稿。我的眼病刚刚有所好转，持续十年之久的"文革"发生了。

我生活在一个动荡的时代，青少年时期是在战争烽火中度过的，接踵而来的则是运动频仍的严酷岁月。从事研究工作，需要摆脱世事的困扰，无拘无束地进行潜心思考。黑格尔于一八一八年荣膺柏林大学的讲席，他一登上讲台就在开讲词中说："世界精神太忙碌于现实，太驰骛于外界，而不遑回到内心，转回自身，以徜徉自怡于自己原有的家园中。现在现实潮流的重负已渐减轻，使得几乎已经很消沉的哲学也许可以重新发出它的呼声。"（大意）黑格尔说的使精神返回自身那种内心的宁静，不是生活在动荡环境中的人所能享有的。但是从另一方面说，艰难岁月也使人有可能将环境施加在自己身上的痛楚，转化为平时所不容易获得的洞察力。没有经受这种痛苦，没有经受环境施加给人的无从逃避的刺激，就不可能产生这种深沉的思考。这是在远离尘嚣的书斋中苦思冥想所不能得到的。大概神秘主义者雅科布·伯麦（Jakob Böhme）把"苦闷"（qual）作为能动的本原就含有这种意思吧。为什么有不少人一旦离开养育他的土地，在尚不熟悉的新生活中过着很少变化的平静日子，思想反而逐渐枯窘起来呢？恐怕那些曾经使他感到不安的刺激因素的全然消失，也是其中一个重要的原因。

我们应该把环境施加给我们的影响，作为我们丧失宁静生活的某种补偿，虽然这并不是我们所追求、所愿意的。相反，我们却要为命运所作的这种安排付出重大的代价。

忧患意识长期以来促成中国知识分子的思想升华。太史公所谓"西伯拘而演《周易》，孔子厄而著《春秋》，屈原放逐乃赋《离骚》，左丘失明厥有《国语》……"可以说是对一部中国思想史所作的钩玄提要的说明。我以为不能单单列举"五四"时代那些把学术当成实现某种意图工具的学人，作为维持"救亡压启蒙"这一观点正确性的惟一依据。我们应该从他们的思想本身去找寻问题的答案，纵使当时没有救亡的压力，他们也不会做出其他的选择。直到今天还有人把这一时期和他们不同的另一些人，如王国维、陈寅恪等，看作只是一些从事纯学术研究的冬烘学者，殊不知他们对独立思想和自由精神的追求，并不比前面所说的那些人逊色。他们以为学术而学术的观点，弘扬传统，重建中国文化，未始不含有救亡图存的动机，但这并没有损害他们的学术研究。

一位友人曾从我的书中摘出这样一些句子："人的尊严愈是遭到凌辱，人的人格意识就愈会变得坚强起来。这是施加暴虐的人所不能理解的。"——"心灵的相契有时比观点上的分歧更为重要。"——"思想是古怪的东西。思想不能强迫别人接受，思想也不是暴力可以摧毁的。"……他认为这些见解不是来源于读书，而是直接来自阅历。这话是不错的。生活经历激发了思考。这些年我所写的谈龚自珍、谈韩非、谈公意、谈激进主义、谈杜亚泉，以及对于黑格尔、对于"五四"等等的反思……也都是在同样情况下进行的理论探讨。在历史和现在的关系这个问题上，我觉得克罗齐（Benedetto Croce）说的"史家对已往史实的兴趣永远是和他对当前生活的兴趣连成一体"这句话最为透彻。但它也包含了一条界限，史家一旦越出这条界限，把对当前生活的关怀变成用历史去影射现在，那么也就使历史失去了它的独立自主性。这种现代关怀是隐含在历史研究之中的，史家本人往往是不自觉的、无意识的。

我希望读者从这本论学集中可以看出我的思想历程。我的早期文字，在一九四五年编第一本集子时，大部分就未收入。这些文字多半是抄袭苏联的理论模式，很少有自己的看法和感受。我从这种模仿中挣扎出来，已是孤岛时期结束以后。日伪直接统治下的上海成了一个恐怖世界，我的许多藏书都自行销毁了，自然更谈不到发表文章。但幽居生活却使我可以沉静地思考。我对教条主义感到了厌倦。浸透着人文主义精神的西方十九世纪文学，几乎成了我当时的惟一读物，引发了我的浓厚兴趣。也许这是由于小时在家庭受到邻人爱的基督教义的影响，使我对这些文学作品产生一种认同感吧。抗战初，我结识了满涛，他刚从美国经欧洲返国。由于共同的爱好，他成了我最好的朋友。我们都是鲁迅的崇拜者，喜欢他的小说的沉郁，也欣赏他的杂文的犀利。我们对鲁迅精神作了自以为深刻其实不无偏差的理解，以为在论战中愈是写得刻骨镂心、淋漓尽致，也就愈是好文章。偏激情绪对于未经世事磨炼、思想不够成熟、血气方刚的青年来说，并不是什么好的征兆。一九五五年，我受到胡风案件的株连，引发心灵上的大震荡，接着陷入一场精神危机之中。在隔离审查的最后一年，我被允许阅读书籍。这时我完全被黑格尔哲学所吸引。我认真地读了可能找到的他的著作，其中《小逻辑》、《美学》、《哲学史讲演录》三种，成了我十分喜爱的书。仅仅《小逻辑》这部著作，我就读过四次，每次不止读一遍，现还保留两次写的笔记，共有十来本练习簿。我沉潜于思辨的海洋，不再像过去那样迷恋于令人心醉的激情世界了。

这以后有许多年，我只读那些不容易读懂的书，以为只有这种著作才蕴含深刻的哲理。幸而那时以艰深文浅陋的赝鼎之作，尚不像今天这样弥漫于理论界，而我对它们也有了一定的识别能力。我深深服膺德国古典哲学自康德以来所倡导的批判精神。这里说的批判精神，就是对过去各个哲学范畴重新衡量与估价，也就是对那些未经过追究的范畴进行考核，探讨这些范畴在什么限度内具有价值与效用。批判是不接受未经考察过的前提的。它具有反对盲从、反对迷信、提倡独立思考的意义。十七、十八世纪的启蒙学者开启了批判精神的先河。他们不承认任何外界权威，不管这权威是宗教、自然观、社会、国家制度，一切都必须在理性的法庭面前为自己的存在作辩护。这种批判精神给了我很大的影响。直到这两年，当我对黑格尔哲学进行反思时，我还是以它去清理由惰性和习惯所形成的偏见和谬误。这不仅限于对黑格尔本身的再认识，而且也是对"五四"以来在进化论思潮下所形成的新与旧、激进与保守、进步与反动等等既定观念的重新估价。这些观念至今仍作为知人论事的标准，牢牢支配着思想界，成了遮蔽历史真象难以破除的偏见。

我感到，自己没有充分掌握材料并对材料作出仔细的鉴别和考察，是造成误差的原因之一。这就很自然地联系到传统的训诂考据问题上去。这方面的思考使我发觉，过去所深信的所谓逻辑和历史一致性的说法其实只是理性主义的过分自信。在历史的进程中虽然也可以发现某种规律性，但历史和逻辑毕竟不是同一的。逻辑推理不能代替对历史的实际考察，史家的史识必须建立在对历史事实的实证上。清人钱大昕说训诂考据乃"义理所由出",也就是阐明此义。可是长期以来,只有观点才是最重要的这种看法始终占据上风,而训诂考据则多遭藐视。据说一位论者准备批《四书》中的儒家思想,竟以为用不着去读原著,只要请人把《四书》中的有关观点罗列出来供他使用就行了。这可以作为上述那种看法的一个实际例子。不必讳言,过去不少训诂考据文章,往往流于琐碎,有的甚至变成了言不及义的文字游戏。但不能因此断言训诂考据是无用的,正如不能因为曾出现过大量"假、大、空"的理论,就断言观点义理是无用的一样。我不同意把观点义理置于训诂考据之上,作出高低上下之分。这个问题不能抽象对待。对于庄稼来说,下雨好还是晴天好?要根据具体情况才能判定。对于研究工作来说,观点重要还是考据重要?也属于同类性质的问题。马克思曾经嘲笑莎剧《科里奥兰纳斯》(*Coriolanus*)中的美尼涅斯·哀格利巴(Menenius Agrippa)荒唐地把人比作他自己身体的一个断片,由一个个体供给其他所有个体以营养。他认为各司不同职能的人是像珊瑚一样,每个个体都供给全体以养料。我觉得,学术工作所采取的各种研究手段,其作用虽有大小,但也应作同样的理解。庄生所谓"泰山非大,秋毫非小",也即阐明万物并育而不相害之理。这句话隐隐含有平等与自由的意蕴,是值得细细玩味的。

一九九四年八月记于沪上清园

附记:本文是应《收获》编者之约,为该刊《人生采访》专栏所写的一篇文章(后我将此文略加增订,作为《清园论学集》的序言)。同时编者按照专栏的惯例,又约请胡晓明撰写作者印象记《一切诚念终当相遇》一并发表。现将这篇文字作为本文附录,刊载于下。

[附]
一切诚念终当相遇

胡晓明

衡山宾馆门前的大广告牌粲然亮起时,我正左顾右盼地穿过面前的车水马龙,然后,绕到高大的吴兴公寓背后。这里有一方草坪,花木宛然。我的心里有一点安静。此时,可以看见他在那里了。薄暮中那熟悉的白T恤、白球鞋,越发地鲜明起来。同时,他也很快发现了我,我就会听见他打招呼,那是舒展、响亮、厚实的男中音。——很久以来,我已经习惯于在这里跟他见面,陪他一起散步,看着身边的楼影消融于温柔的夜,看着脚下的青青草,渐渐发黄,又渐渐转绿……

一直有一个愿望想写写业师王元化先生。一提起笔来,却不知为何,眼前首先出现的就是上面这幅图景。我心目中的他,从不是一副青灯苦读的老儒生模样,他的形象总是与春天的青草地,与夜色背景中的白T恤、白球鞋联系在一起,总是不断走动着的同时不断地思索着的样子。他的步子硬朗,且总比一般的散步者更显得有些急促有力。

我从来没有看见过先生捧读高文大典、挟册吟哦的时候。虽然,在我为他查找资料时,曾发现他的线装本《十三经》有密密的圈点和批注;虽然,我更知道他有一摞关于黑格尔、莎士比亚,以及关于佛学的读书笔记。我常常想,先生属于那样一种学者:他们的时代,他们的生活道路的确干扰了他们的学问世界,但是同时,他们又深受其厚赐,因而凝练造就了他们独特的学思风格。当他们回首往事时,他们有很多这样那样的懊悔,但是他们的内心里,也充盈着对于他们所纠缠、所执著的时代的复杂的情愫,因为他们知道,这当中有许多其实是不必悔的。恰恰因为他们将其时代生命的体验,一点一滴融入其学问生命之中,其学问生命与时代痛痒相关,其思也深,其言也切,这正是一般书斋学者所未能企及的。或许真如吾国先贤老子所云:天道其实并无所谓亏盈。

我在这篇随笔里,应尽可能地忠实于自己的感觉,而不应以陈词滥调去欺瞒先生以及他的读者。就以先生为例罢,他在研治古今文学理论的巅峰时期,忽然停止了,进而扩展到思想史、文化评论。这着人先鞭的举动,吸引了不少青年人。尤其是在今天,"文学评论"的范围,渐已经扩大到一切作品,包括哲学、社会理论、学术思想等等,早已不是旧的"文学"的概念所能容纳的时代。先生的学思历程,尽管没有尽其能事,致其曲折,却也不期然而然地暗合了学科的内在生命。可是,这却也不是先生所能自己左右自己的,甚而不是先生所愿意的,而是他的时代,以及他身上的思想传统之推转运移之力所使然。中国的学问与西方的学问,我以为在一个根本点上有不同。西方学人的终极关怀,可以与他们的现实关怀分开,而中国学人则有一个根深蒂固的传统,其终极关怀与其现实关怀,往往是合而不分的。先生正是此一传统中人。我个人以为,这是一个不以人的意志为转移的传统。

惜乎今人狃于西学偏见,识此者万无一人。昔人论梁任公先生与中国五十年之时代问题不能绝缘,因而影响其学术成就。独陈寅恪先生深不以为然,为之辩解云:先生"本董生国身通一之旨,慕伊尹天民先觉之任",其不能与时代问题绝缘,"实有不获己之故,此则中国之不幸,非独先生之不幸也"(《寒柳堂集·读吴其昌撰〈梁启超传〉书后》),不仅是同情的了解,且更是平正的通识。

还有一个传统。中国的学问,自孔子开始,就讲究学思并重的传统。用今天的话来说,即文献功夫与思想功夫并重。先生这两种功夫都很好,他关于《文心雕龙》等的考辨、论析与裁断,在学术界有决定性的影响。但从总体上说,先生的学问风格,却不能不说是思想功夫第一,文献功夫第二。这样他就常常写得比一般书斋里的学者苦。记得冯芝生对钱宾四先生说:先生著书,乃古人之说大字,自己之见小字。我著书,则自己之见大字,古人之见小字。元化先生也是属于要写大字的人。而且,他处于一个新学说五光十色的时代,却又绝不受各种走马灯式的新学所诱惑,所以他写得很苦,而且不能成为一个"高产"的学者。但是只要我们想到,有不少高产的学者,却对于时代与生命漠不关心;有不少追逐时尚的学人,却无奈成为时代吸尘器中的灰尘。记住这一点,我们就会理解他,尊重他,更发生一份真心的敬意,而不是发自学生的本能的崇拜。

七十四岁的老人了,先生的心情却不像一个老人。他的思想不是一潭死水,而是一条船,不断向前方划进。近年来,他在一系列重要文章中,倡导研究近代学人,表彰自由思想与独立人格为学者最重要的品格,提出对于"五四"传统与众不同的新见,提出中西文化异质的新见,以及大胆对自己的旧著重新反思,其思想之勇锐,思考之严肃认真，体现了一个古稀老人尤为可贵的思想家品质。想想我们现在的青年，都会成为老人，但我们会不会像他那样拥有一种精进的生命呢？正如他的散步，是绝不会找一个清凉的地方，点上一支烟斗，坐下来摇摇大蒲扇，观赏观赏风景。不，他总得不停地走，他也没有烟斗与大蒲扇。有一次，我有些倦了，有意识落后了几步，瞧着他的背，自己问自己：中国历史上，这号气分的人物，究竟有哪些呢？

我不来的时候，先生散步常是一个人。师母腿不好，而且步调不一致。

写先生，不可不写师母张可。清秀的脸盘，清澈的眼神，而又是那一头的银发，俨然大家闺秀。我们在先生面前童言无忌，常常夸先生何等福气，现在你到哪里去找一个这样气分的女孩子来？有一回与师兄一起帮先生清理柜子，清出一帧师母年轻时的照片，那一瞬间，相觑无言，我们都被镇住了。

去先生家，师母总是要留饭的。她留饭的方式跟一般人不大一样。如果她不说，就表明你是要在这里吃饭的了，而且往往有好菜。如果她说：没有什么菜，你吃饭不？这是表明她希望你留下来，却因真的没有什么菜而又感到有点不安。为了解除她的不安，我说：有面吃面，有酒喝酒。这时她笑了，开心得反像一个被教师宽宥了的学生。最忘不了我当学生时每个周末到先生家去改善生活。师母总是换着花样，把或烤、或炖、或蒸的鸡、鸭、或鱼、蛋，撺到我的盘子里，然后在一旁惬意地看着我像一个灾区的饥民一样吞咽。还记得当师母站起来为我们分菜时，先生总是不高兴："你不能总这样，人家有人家不吃的权利嘛。"其实，除了天上飞的飞机，地上跑的火车，只要能吃，我还有什么不吃的呢？后来我分到了房子，找机会也做了一桌子菜来酬谢先生师母，却失败地发现，他们二人的胃口加起来不及我的一半。

师母吴人，先生楚人；师母如吴侬软语，先生如楚骚汉赋。师母是静的，先生是动的。有了师母在边上，显得先生的性格尤为鲜明。先生有时会为这样那样的事情发脾气，师母总是不吭声，那一副眼神，依然平静如常。这时候，我们总是暗地里很欣赏师母的慈慧与品性。我在家里是"母党"，在先生家里，同样被视为"母党"。有时亦引以为荣。

先生似乎不是那种一团和气的温厚长者。接触过他的人，都会对他那种惊人的耿直、火热的道义感、不屈不挠的性格，留下极深刻的印象。画家丁聪曾在《读书》杂志上画过一幅先生的头像，突出的正是他的那双眼睛。先生的面相其实很一般，但最有个性的正是那一双炯炯有神的大眼，像煤炭一样亮，甚至一样灼人。他就是这样久久地注视着所有的人。惟其是这样一种人，所以他敢怒敢言，绝不只说半句话。西方谚语有云：一大早起来就大声骂的人，不会得癌症。先生当然不会无故动肝火，但是他老人家却绝不会把气窝在心里留给自己受用。于是不免有时也得罪人。他亦有他特有的"迂"，有讲"原则"讲得"讨人嫌"的时候。譬如人家好生生拿来一本叫作什么"舌战"的畅销书，请他老人家题个词，他却题了个"以口舌气势胜，不如以道理胜、以人格胜"，这岂不是给人难堪么？他不是个完人。但是正如古人所说："人无癖而不可以交，以其无真气也。"我们看惯了社会上谨言慎行，圆滑世故，举手投足都得其所当的"君子"们，就会觉得先生这样有棱有角的人，自有其可爱之处。我喜欢他的真率，他也大概不把我当作一个世故的人，所以我们还谈得来。所以我对先生说，你老人家的敢怒敢言，主要是缘于个性，用中医的说法，就是个气血的底子旺。用文学一点的说法，就是个血性的汉子，或者说就是个有"真气"的人。我当然不是说他不是出于道义热肠，代表着中国知识人的良知，我如果老是这样赞美先生，先生听多了也会烦。

人们往往将中国思想中的"浩然之气"理解成一种抽象的概念，朱子却说得十分地合我意："浩然之气只是个血气之气"；"血气助得义心起来。人之血气衰时，义心亦从而衰"（《朱子语类》卷五十二）。先生常说我们"做不来事"。其实，做得来事做不来事，这就是个有气魄无气魄的样子。先生喜说"君子坦荡荡，小人长戚戚"这句话。世界上相当多的人并非不想做事，只是不能以"气"、以坦荡荡的人格去"张王"诸如道义、事业等等。于是道义也好，事业也好，永远成了个虚架子。久而久之，由于缺少了"气"的支援，渐渐，整个人就越来越枯竭，人的气质变得馁败、昏浊、颓塌，哀哀戚戚、嗟叹自怜。我们在先生那里得到最受用的，就是这整个儿大气的人格的感染了。先生确是当今极少数"做得来事"的知识人、学者。这方面，我们不能得其万一。

先生的刚硬拗直，当然与他饱经磨难的人生经验有关。命运的砂石与风雨，磨砺了他经得起摔打的灵魂。这一点，我有直接的感受。记得有一回，我因某事而甚感冤屈，跑到先生那里去诉苦。先生宽慰了我一番，又说此等事体无须怨尤。晚上我又打电话找他诉说，先生在电话中不仅没有安慰而且给予严厉批评。他的批评中有一句话，"灵魂要粗糙一点"，对我来说，这是很受用的一句话。

了解王元化的人，都说其人虽然脾气大，但对人却是极真诚，极好。先生其实是很近人情的。我毕业求职，他写了十几封推荐信。他主持的答辩会，人们说颇富有人情味。有一次他对我说："有我这样的人对你说些心里话,你将来会觉得很难得的。"忽然间我的心里有一种感动。想起春天里有一次同他一起散步时,我去踩软绵绵的青草,他叫我赶快下来,说:"那些草正在长哩。"所谓"望之俨然,即之也温",先生是也。

先生的客厅不拒三教九流。从中央的要员,到县城里的文化人;从美国的教授,到大学里的本科生;从著名的作家,到市井的骗子。有一回,他心爱的一幅林风眠的山水画,就被一个骗子说拿去装裱,从此泥牛入海。但是他的客厅依然向每一位来访者敞开。每到圣诞或元旦春节,他那宽大的客厅里鲜花纷呈,贺卡环室,他可以在温暖的煤气炉边,尽情沉浸于各种美好的想念、感谢、祝福的辞语之中,亦可以沏一壶清茶,浮想联翩于北国的雪、江陵的古城、南方的花市、大洋彼岸的钟声,以及北欧的海天一色的明朗。先生的晚年,得此足矣。

但是,先生真的不寂寞么?

先生背得好多古诗,尤其是老杜的诗,这着实使我钦佩过好一阵子。但是最使我心动的,还是那天他坐在暮色来临的窗前,吟起那句唐诗:日暮乡关何处是,烟波江上使人愁。是时,晚风极畅,餐室的窗帘全部撩起,我忽然惊异——大敞的窗户竟是如此绝妙的一巨幅画框!放眼看去,远方可辨处是静安寺,霓虹广告光影流荡,鳞次栉比的万家灯火,傍晚的天空大片大片地挥洒着蔷薇或绀青的余辉。先生坐在窗前,似有所思。

他的乡关在哪里?

《清园夜读》中有一篇文章记熊十力先生,以亲切的回忆,拈出了十力先生不被人注意的另一面:温厚柔和,平易近人,具有理解别人的力量，尤其是对于弱者的同情。先生近年来多谈待人要宽厚，读书治学要"躁释矜平"。对于学界的意气之争与帮派之习，对于为人的锋芒毕露与小肚鸡肠，深不以为然。我以为这不仅是先生性格气质的某种变化，而且，乃是他一直在思考的一个大问题，关乎"文革"中的中国知识分子的表现，关乎鲁迅以及"五四"的另一面，甚而关乎中国近现代思想进程中某种走极端、趋激进的一面……先生已有文章涉及此问题，我们有理由期待着他这方面的思考继续问世。有人以为，思想家的思想应是永远向着一个目标作直线运动，我非常怀疑此说。陈寅恪先生说："余少喜临川新法之新，而老同涑水迂叟之迂。盖验以人心之厚薄，民生之荣悴，则知五十年来，如车轮之逆转……"这几句话，值得看问题过于简单的学者们细参。

先生近年越来越发现中国文化与西方文化相异的一面，尤其是中国艺术中的种种特美。他的《文心雕龙》研究修订版序，正是充分体现此一种趣向的典型。在某些问题上，我容或有不同之见，但在关于中国艺术的特美这一点上，我是无保留同意的。作为一个见证人，我可以有资格说，这是完全可以理解的一种变化。一方面，只要是一个真正的学人，他就不会隐瞒自己的观点，他就应忠实于自己的心灵的指引。另一方面，只要中国文化中的某些东西是真实的存在的，那么，一个诚实的学者就不可能不与这种存在，真实地照面，真实地相契。先生的学思历程，既是自己对自己尽心、负责，同时也是中国文化精神的一种真实的呈示。

先生近年越来越好谈京剧。记得有一天中午稍事休息，突然被他的一个电话惊醒："晓明呀，快打开电视，有好节目！"我揉着惺忪的眼，使劲捅了一下遥控板。原来是京剧《赵氏孤儿》正在播出。节目完了，又打电话来问："怎么样？是很好吧？你怎么不说话？到底看了没有？"

先生对于京剧不仅是一般票友的陶醉，且有一种相当深切的理解。

"青灯有味是儿时"，先生近年来多谈及小时候的故事。如何与赵如兰等小朋友嬉戏于清华园南院；如何与熊秉明穿越一座大林子，到成志小学去上学，那林子里只有蟋蟀的声音叫破了寂静；熊秉明如何又跌入浅水小池，哭着回家，而他一副吓坏了的样子跟在后面……如何在父亲的呵斥下出逃，又如何在母亲的弹词吟咏中恬然入睡。读他的那篇《思辨随笔》序，他第一次深情地提到感谢母亲了，字里行间充盈着中国文化中所说的那种"孺慕之情"。

烟波江上，乡关何处？先生在想什么呢。我发现我和他的心情这时很近。

先生在窗前有所思。"多美的一幅油画啊。"我说。

"不，是水墨画。"先生不同意地说了一句。

谈顾准和他的著作两篇

《从理想主义到经验主义》序

这不是一本为发表所写的著作,而是作者应他兄弟的要求断断续续写下来的笔记,时间是从一九七二年到一九七四年作者逝世前为止。我要说这是近年来我所读到的一本最好的著作:作者才气横溢,见解深邃,知识渊博,令人折服。许多问题一经作者提出,你就再也无法摆脱掉。它们促使你思考,促使你去反省并检验由于习惯惰性一直扎根在你头脑深处的既定看法。这些天我正在编集自己的书稿,由于作者这本书的启示,我对自己一向从未怀疑的某些观点发生了动摇,以至要考虑把这些章节删去或改写。本书就具有这样强大的思想力量。

如果要我勾勒一下我从本书得到的教益,我想举出下面一些题目是我最感兴趣的。这就是作者对希腊文明的研究;对中世纪骑士文明起着怎样作用的探讨;对宗教给予社会与文化的影响的剖析;对法国大革命直到巴黎公社的经验教训的总结;对直接民主与议会制度的评价;对奴隶制与亚细亚生产方式的阐发;对黑格尔思想的批判与对经验主义的再认识等等,都作了很少有人作过的探索,显示了真知灼见,令人赞佩。作者的论述,明快酣畅,笔锋犀利,如快刀破竹。许多夹缠不清的问题，经他一点，立即豁然开朗，变得明白易晓。我觉得，这不仅由于他禀赋聪颖，好学深思，更由于作者命运多蹇，历经坎坷，以及他在艰苦条件下追求真理的勇敢精神。这使他的思考不囿于书本，不墨守成规，而渗透着对革命、对祖国、对人类命运的沉思，处处显示了疾虚妄、求真知的独立精神。他对于从一九一七年到一九六七年半个世纪的历史，包括理论的得失、革命的挫折、新问题的涌现，都作了认真的思索。这些经过他深思熟虑概括出来的经验教训，成为他的理论思考的背景，从而使他这本书形成一部结合实际独具卓识的著作。读了这本书我不能不想，是什么力量推动他这样做？请想想看，他很早参加革命，解放不久在"三反"整党中就被打下去。"文革"前曾两次戴上了"右派"帽子，一次在一九五八年，一次在一九六五年。据我所知，这是绝无仅有的。"文革"开始，唯一关心他的妻子自杀了，子女与他划清界限。他断绝外界来往，孑然一身，过着孤独凄苦的生活。在异地的弟弟和他通信，他寄给他大量笔记。读了这些凝聚着智慧和心血的文字，不得不使人为之感动。他的这些笔记是在十年浩劫的那些黑暗日子里写的，没有鼓励，没有关心，也没有写作的起码权利和条件，也许今天写出来，明天就会湮没无闻，甚至招来横祸。这是怎样的毅力！我由此联想到历史上那些不计成败、宁愿忍辱负重、发愤著书的人物。记得过去每读司马迁的《报任安书》，总是引起了内心的激荡，真所谓展卷方诵，血脉已张。为中国文化作出贡献的往往是那些饱经忧患之士。鲁迅称屈原的《离骚》：怼世俗之浑浊，颂己身之修能，怀疑自遂古之初，直至万物之琐末，放言无惮，为前人不敢言。他指出达到这种高超境界是基于思想的解放，摆脱了世俗的利害打算。倘用他本人的话说，这就是：灵均将逝，脑海波起，茫洋在前，顾忌皆去。我想，本书作者在写下这些文字的时候，大概也是一样，对个人的浮沉荣辱已毫无牵挂，所以才超脱于地位、名誉、个人幸福之外，好像吐丝至死的蚕、燃烧成灰的烛一样，为了完成自己的使命与责任，义无反顾，至死方休。所以，在造神运动席卷全国的时候，他是最早清醒地反对个人迷信的人；在"凡是"思想风靡思想界的时候，他是最早冲破教条主义的人。仅就这一点来说，他就比我以及和我一样的人，整整超前了十年。在那时代，谁也没有像他那样对马克思主义著作读得那样认真，思考得那样深。谁也没有像他那样无拘无束地反省自己的信念，提出大胆的质疑。照我看，凡浸透着这种精神的所在，都构成了这本书的最美的篇章。

这里顺便说一下，抗战初我在隶属江苏省委的文委领导下工作，顾准是我的领导。那时文委书记是孙冶方，顾准是文委负责人之一。我以自己曾在他们两人领导下从事文化工作而感到自豪。直到我看了顾准兄弟写的回忆文章后，我才知道孙冶方于五十年代提出价值规律是受了顾准的启发。我感到幸运的是"文革"后我又见到孙冶方，并多次晤谈。可是，我和顾准在一九三九年分手后，就再也没有见过面，后来连音信也断绝了。现在留在我记忆中的顾准仍是他二十多岁时的青年形象。王安石诗云："沉魄浮魂不可招，遗篇一读想风标。不妨举世嫌迂阔，赖有斯人慰寂寥。"是的，世界上有这样的人才不会感到寂寞。我读了顾准的遗篇，才知道他的为人，才理解他的思想，可是为时已晚。当他尚在的时候，尽管困难险阻，我没有能去看望他，向他请教学问，终觉是一件憾事。

一九八九年三月

《顾准传》序[1]

今年初我患病住院期间,你用了几天工夫将你的书稿读给我听,你写时满含着自己的感情,我也受到感染。当时我答应为你的书写几句话,现在书稿已在上海文艺出版社付排了,准备赶在十二月初出版。我答应你写的文字至迟得在二十日以前交卷,这个期限没有几天了。你着急,我更着急。现在得抓紧时间赶写这封信,以代你所要的序言。

我和顾准相识在一九三九年。那时他是上海地下党文委副书记,我是他领导下的文学小组的一个党员。我对他有较多的认识是多年以后的事。最近读了你的书稿使我觉得这种认识还在延续。过去我对他的经历只知道一个大概的轮廓,并不清楚你书中所记叙的那些细节。我只知道他生活坎坷,历经磨难,而并没有料到他的遭遇竟如此悲惨:意外的株连,两次被打成"右派",三年灾害时期的劳改苦役,由于狱卒的蛮横所受到的人格侮辱和肉体摧残,饥饿,疾病,家庭的不幸,离婚,妻子的自杀,子女断绝亲情,最后的绝症……种种不幸一股脑降在他那毫无防御的头上,好像要让他饮尽人生的苦酒。但他并没有倒下去,偏偏在非人的生活中挣扎着,活下来,而且还不停地读写,直到因癌症去世。这种非凡的毅力可以说是达到了人们所能达到的极限。这里我想引用克里斯朵夫说过的话:"在这样的榜样面前,我们所经受的那些痛苦又算得了什么!"

你曾向我说过,你要尽量写出顾准的精神面貌。你确实写出来了。这要归功你的勤奋和认真。为写这本传记,你采访了六十多位和顾准有关的人员。凡是在世的你都走访到,一个也不少,包括那些已经出国难得回来的人,也包括那些散在各地行动不便的老人,你都不辞劳苦去采访他们,仔细记录他们的谈话。我还记得四年前,我去北京参加顾准八十冥诞学术研讨会时,你去采访已届高龄双目失明的骆耕漠老人,我也随你同去探望这位久违多年的前辈。骆老曾在顾准最困难时期设法接济他食品。老人的精神好,记性也很好,他的讲述是十分动人的。他说有一次他请顾准到小饭店吃饭,回来时顾准提出要散散步,领他绕一条远路走。他们慢慢走到顾准曾经住过的地方。顾准站住了,对妻子自杀前的故居远远眺望着,这时骆老才明白他为什么要散步的原因。还有一次,他要买台灯,却买了一盏双人用的台灯。这时他早已是孤零零一个人住了。最初骆老不明白他为什么要这样做,后来才恍然想起,过去他和妻子汪璧两人的书桌拼在一起,共同使用的双人台灯就是这一种。我不知道你对这类细节是怎样看法?这类细节虽是小事,但感人至深。它使我们进一步了解这个在困难中迎着压力而不屈服的硬汉,却具有一副富于人性的柔肠。像他这样一个珍视家庭亲情的人,一旦因为说出了浅人庸人所不懂的真理,就被置于万劫不复之地;而且不是由于他的过错,也不是由于妻子儿女的过错,却必须去承受妻离子散的人间悲剧,这将是怎样的一种精神酷刑!它比肉体上的痛苦和折磨更为可怕。当我们谈论顾准的为人时,如果在这些细节方面注意不够，表述得不充分，那就会失去对他的精神世界的更深发掘，而这恰恰是我所读到那些充满豪言壮语的文字所不懂或忽略不顾的。

你的书里记叙了顾准所在单位中国科学院经济研究所和他的关系。这也是别人所没有接触过的，但却是很重要的一个方面。你的书做了填空补阙的工作，这很好。顾准在"文革"这场浩劫中，居然活了好几年，还将自己的思想记录下来，直到癌症去世。这固然基于他本人的品格素质，但与经济所的特定环境也不无关系。从一九五七年起，孙冶方就担任了经济所所长，那里聚集了一批优秀人物。顾准打成右派后就是孙冶方设法邀请他到所里去做研究工作的。庐山会议后，张闻天也被下放经济所。此外所里老一辈的有骆耕漠、林里夫、巫宝三等，年轻的有张纯音、吴敬琏等。这些人皆一时之选。在那个人与人关系变成了狼与狼关系的残酷年代，似乎只有经济所还散发着人间的温暖，这似乎是个奇迹。经济所关心爱护顾准的不止骆耕漠，张纯音也是一个。她不仅接济他食品，送他钱，而且还让跟去干校的女儿咪咪去照顾他。这一老一小后来结成了纯真的友谊，咪咪在那些愁苦的日子里给予了顾准很大的慰藉。这是使顾准得以存活下去的精神力量。人活着不仅需要使自己温饱，还需要精神养分，而友情就是其中的一种，它也像水与空气一样不可缺少。在顾准患癌症的时候，又是骆耕漠四处奔走，利用过去的关系，使顾准住进了医院，而这时他自己也在靠边审查。当一个人自顾不暇的时候，如果不是对朋友的忠诚，谁会置自己的安危于不顾，去甘冒不韪呢？但是，顾准的病情仍旧恶化了，医院发出病危通知。经济所的那些善良的人们自动地组织起来去护理，分成三班轮流守在他身边。他临终时，在他病床前值班的是如今已成著名经济学家的吴敬琏。他在最后时刻想见见长久没有晤面的子女，子女没有来，经济所革委会的负责人竟然去做子女的工作。这一切都发生在阶级斗争斗红了眼的时候，难道是可能的吗？但这是事实。经历这些事件的人有些还在，他们可以证明中国有些人纵使处在最恶劣的环境下，仍旧良心未泯，他们心中的正义火焰始终在燃烧。当我知道这些动人的事件以后，我觉得有责任把它们记录下来。前几年有家电视台来采访，要我谈谈顾准，我谈了顾准和经济所的关系，但播放时恰恰这一部分没有了。去问，据说这部分的像带坏了。后来一家电台又来作同样采访，我又把这部分讲述了一遍，可是播放时又没有了。去问，又是这部分的音带坏了。我不懂事情为什么会这样凑巧？你在书中把它们记叙下来，我认为是做对了，并因此感到欣慰。

传记不大适宜过多地去写思想问题，因为理论分析不适合这一体裁。但你的书并不放弃这方面，你对顾准思想的介绍是比较全面的。这几年谈论顾准的文章多起来，有些论者本来是可以写出一点研究心得的，但他们放弃这样做，不切切实实讨论问题，而只谈主义，将顾准当做一面旗帜，把它抢过来，忙于给顾准定性，讲些人人早已知道的道理，断言他是什么什么主义，还吹嘘这就是对顾准思想最深刻的理解。读了这些文字真使人感到悲哀。我不懂，这些人并不缺乏才华，过去也写过一些好文章，为什么白白浪费时间，虚掷自己的可贵精力。其实顾准所写的有关民主的文章是很值得讨论的。我所指的是这几篇：《直接民主与"议会清谈馆"》、《民主与终极目的》、《科学与民主》等。前几年北京三联寄给我一本《公共论丛》，这本丛刊并不以顾准为标榜，却切切实实地讨论了这些问题，谈得也很深入。我虽然并不认识这些人，但觉得他们倒是理解顾准精神和顾准思想的。你不是从事理论研究的，不应该对你苛求。纵然如此，我认为你书中在这方面所作的工作，还是有价值的。我并不是说你有什么了不得的思想，而是赞赏你的勤奋和认真。在阐述顾准某一观点时，你将来龙去脉都仔细地考虑到，为此你阅读了大量有关资料。你的书对于一般不是从事理论研究的读者大有裨益，可以使他们逐渐去领悟顾准的思想。比如顾准书中所谈的古希腊斯巴达精神问题，对于大陆的读者就具有启迪作用。我们一直赞扬斯巴达的集体主义精神。小时候我曾读过鲁迅的早期论文《斯巴达之魂》，这篇文章写得热情洋溢，令人神往。在原苏联，斯巴达的名字也成为光荣的称号，甚至有的足球队也以他命名。而你根据顾准的论断，阐述了斯巴达如何从集体主义陷入了专制主义，这些地方都作得很好，就是对于今天大陆读者来说，仍具有一定的针对性，这才是踏踏实实的启蒙工作，而不是把启蒙当作空洞的口号。

关于你这本书，我要说的就是这些了。末了我要说几句无关宏旨但也想顺便提一提的事。我不大欣赏你为这本书所取的名字，但你似乎特别偏爱，并说书店编辑也选择了它，我就不再提什么意见了。这是风格作风问题，各人各有所好，而不可勉强，大概你爱好带点辣味的东西，而我却很喜欢陆游诗中拈出的"平夷"二字。

一九九九年十一月十八日

注：

① 这是我用通信的体裁为高建国《顾准传》写的序。

谈张中晓和他的著作两篇
《无梦楼随笔》序

本书是根据中晓遗留下来的札记由友人编选而成。这些札记用毛笔或钢笔写在一些零碎的纸张上。中晓生前将它们装订成整整齐齐的三个本子，分别题以集名，因为作于他自号的"无梦楼"，选编者总称之为《无梦楼随笔》。本书的写作时间，大约是五十年代末至"文革"前两年。

一九五五年，中晓因胡风案受审，旧疾复发，咯血不止，于一九五六年被允准保外就医，回到绍兴乡下。收入没有了，甚至连购买户口米的粮票也没有了，只得依靠在当地邮局做小职员的父亲苦撑度日。"大跃进"三年灾害时期，我的妻子张可突然收到一封寄至她单位上海戏剧学院的信。拆开来，其中还套着另一封封口的信，是中晓写给我的。他不知我也被定为胡风反革命分子，日子也不好过。信中说："你的情况大概还好，我很困难，活不下去了。但我还想活……"希望我给予援手等等。读了他的来信，我心中惨然。中晓进新文艺出版社，我有引荐之责。当时他刚刚二十出头，至今我还记得他那双闪闪发亮似乎永远在追寻生活奥秘的大眼睛，是那样澄澈、坦然……当时我听了朋友的介绍，写信邀请这个不相识的青年到新文艺来工作。他不大讲话，总是默默地倾听着，一开始他就给我留下了很好的印象……从道义上说，我不能对他的来信置之不理。可是，我在当时的处境下又能为他做些什么呢？信件来往在胡风案件中曾构成严重问题，令人心有余悸。我拿着他的信，心中忐忑不安，害怕再惹祸事。在作为定案准则的《胡风反革命集团三批材料》中，中晓被说成是最反动的。他的一些直率言词，被解释作具有特殊的"反革命敏感"。这种说法经过大肆渲染，"张中晓"已成为令人毛骨悚然的名字。直到六十年代，在一本指定作为学习文件的小册子中，仍在重复这些说法。我和中晓的交往曾成为我在审查中的一个问题。一九五七年初，我在隔离时期，两位和我共过事的老作家来找我谈话。我为中晓申辩，说他是一个纯朴的青年，当即受到其中一位的严厉呵叱。后来我被指为对抗组织审查，这也是证据之一。由于这些事记忆犹新，现在手里拿着中晓的这封信，真不知怎么办才好。那时朋友中只有一位还和我往来，他是我深深信赖的柏山。我去和他商量，他经过考虑，认为还是不要声张好。我把信搁了下来。但是不久，中晓又寄来了第二封信。他在信中再一次向我呼吁，诉诸我的良知，企图唤醒我由于权衡利害逐渐变得麻木而冻结起来的同情心。我不知道其他处境相同的人是否像我一样经过如此剧烈的心灵交战？我在审查时期曾有好几次发生过这样的精神危机。也许勇者是不会这样的。可是我的性格中蕴含着一些我所不愿有的怯懦成分，这一次我克服了自己的懦弱。但是应该承认，我并不是每一次都能做到这一步的。我通过罗荪把中晓的信转给了主持上海文教工作的石西民。他曾向我表示过，可以向他反映自己的困难，也包括其他受到处分的人，哪怕关在牢里的也是一样。我和石西民素不相识，他说这些话的时候，我不敢深信，但后来证明他是真诚的。多亏在那可怕的岁月里有这样一些人，中晓总算有了一线生机。可是他没有活多久就逝世了。

现在已没有人说得出中晓离开世间的确切年月，可以知道的是，他偏偏多活了一些时日，偏偏还要经历"文革"的浩劫。这究竟是命运的播弄？还是天地不仁，必须使他遍历人世的磨难？那时他只身蛰居上海，在新华书店做寄发书刊的杂活，勉强糊口。"文革"一来，苦难和疾病把他拖垮了。据估计，他死于一九六六年或一九六七年，享年三十六七岁。当中晓能够苦撑着生存下来的时候，他相信未来，相信知识的力量。他决不苟且偷生，能活一天，就做一天自己要做的事。这本《无梦楼随笔》就是一个见证。书中生动地表明他是怎样在困厄逆境中挣扎，怎样处于绝地还在内心深处怀着一团不灭的火焰，用它来照明周围的阴霾和苦难。当时他的贫困是难以想象的。我们从他的札记里时常可以读到："寒衣卖尽"、"晨餐阙如"、"写于咯血后"……之类的记载。据说他曾把破烂外衣补补缝缝改为内裤。他就是在这种极端艰难困苦中，一笔一笔写下他那血泪凝成的思想结晶。

当编者把书稿交给我嘱我写序的时候，正是我束装南下的前夕。在几天内，我读了经过整理的书稿，又借来中晓那三本札记。一边读，一边心潮随着起伏、激荡。我还来不及细细消化，借来的书稿和札记都得交还了。我写这篇序的时候，总觉得未能较深体会这些平凡文字的深意。从中我惊讶地发现，经过一九五五年的事件，痛定思痛，我们在许多方面几乎有着同样的内心体验和精神历程，这首先表现在完全出于自觉的反思上。这种反思是痛苦的，但它是以一种巨大的精神力量来进行的。人的尊严愈是遭到凌辱，人的人格意识就愈会变得坚强起来。这是施加暴虐的人所不理解的。在那些年代里，中晓以旺盛的求知欲读了他所能得到的书籍。在哲学方面，除了马恩原著外，主要是康德与黑格尔，他也是黑氏《小逻辑》一书的热心读者。他的札记中有《小逻辑》的大量摘录。札记中凡摘录黑氏著作，使用的都是贺译的名词术语。此外，他为了拓广视野，补足自己的知识不足，还读了不少古书。我发觉他对程朱理学和陆王心学都予以特殊的注意，这显然是想要纠正过去用唯物唯心画线，轻视思辨哲学的偏颇。札记中还用了不少篇幅来摘录《周易》的文字，可惜很少据以引申出自己的看法。中晓摘录这些文字，不会没有想法，但我们不能悬揣。札记中也摘录了不少基督教圣经新旧约中的文字。这方面比较容易理解。比如札记中曾摘录《旧约箴言》的话："你在患难之日若胆怯，你的力量就微小。"显然就是和他当时处境与心情相关联的。

以上是我匆匆读了中晓的札记后的一点印象。这本书的不平常处，就在于它的作者没有想到能发表供人阅读。他那隐闭着的心灵沉思，我们从这本选编而成的《无梦楼随笔》中只能窥见一斑。要理解他在饱经患难中所经历的心路历程，即使读了全部原始札记，也仍旧不能轻易揭开那扇隐秘的心扉。因为在当时处境下，纵使他在写给自己看的札记中，也还不能直言无隐。札记中也有一些自藏锋芒的隐语，一时是不容易明白它的含意的。札记中也有一些观点是在反思中出现的尚未成型的看法，记下来可能是为了备忘，以待日后进一步思考。但我觉得，如果我们细细体会他所留下的三本札记，就可以按照那些断断续续记下的一鳞半爪的思想轨迹，去探索他的思想变化、心理活动和精神历程。他在历经磨难、艰苦备尝的环境中，没有丧失生活的勇气，始终怀着一颗在知识中寻求力量的赤子之心。这不是每个中国知识分子都可以做到的。

　　中晓把他的居处叫做"无梦楼"，《无梦楼随笔》也因此得名。这使我想起不久前由香港三联出版的顾准的集子《从理想主义到经验主义》。他们都命运坎坷，并不是为了传世而著书立说，只是由于不泯的良知写出自己的内心独白。他们的书名有共同之处。后者取名的含意是一目了然的。前者不免有些费人猜测。但中晓既以"无梦"命名，我想大概也含有抛弃梦想，向乌托邦告别的意思吧。

一九九二年除夕于南粤小镇

《无梦楼随笔》台湾版序

对于这本看来零碎散漫实际却寄意遥深的著作，我觉得纵使只写短短几句话，也需要多读几遍，才能够领悟作者在横逆中所写下的那些故作隐语的文字。这本书是作者于一九五六年因咯血被允许保外就医至一九六三年间所写下的札记。那时他作为被管制的胡风反革命分子是没有言论和行动的自由的。因此他在撰写这些札记的时候不得不格外谨慎。后来事实证明，作者这种小心翼翼的态度是完全必要的。本书编者在他所写的后记中，附有作者于一九六六年十月七日向监管机构所作的《关于三本笔记的检查》。其中说到为了盘问这些札记的事，"当地（曾）将（他）父亲禁闭吊打"。这份《检查》通篇都是为札记进行解释的。作者在《检查》中说写札记的动机是为了留下自己的思想资料，以便"用毛泽东思想加以批评和改造"，显然是托词。作者既然早就知道当时可能遭到的危险，为什么他还要撰写这些札记呢？本书编者在后记中，记述了作者于一九六六年离家时，垂泪向父母和弟弟说道："我牵连害苦了你们，心里很难过。今年我三十六岁，光身一条，只有两箱书和十年所写的几本札记。这一去凶吉不知，这些札记也许以后有点用,求你们给我保存好。"从这些话来看,作者是十分重视这些札记的。作者在本书第一部分《文史杂抄》小序中也说,他将这些札记汇编成集,曾"五易寒暑,三经删订"。

小序还说"因杂观群书,遂抄摘斯篇,掇拾贯穿,无所不记……",似乎作者全是摘抄他人著作,而未参入己见。正由于这缘故它被人目为零碎散乱如断烂朝报。我开头也有类似看法,但渐渐我的看法改变了。编者所编选的这一部分,我发现绝大多数都是作者自己撰写的文字,只是因这些文字经过了自藏锋芒的修饰,一时不容易看出来罢了,但倘细加推考,就不难见其思想轨迹。其中有一些直接针砭时弊的文字,这是容易辨认的。比如第二二节:"流氓哲学与政治哲学之间……,如果没有道义的标准,两者实际上是无区别的……"——第六一节:"中国人的理论,学术著作,读来如一批命令,缺乏纯真的乐趣(美学上的享受)。没有精神参加进去,没有精神(个性)的活动。或者是抄袭,或者是枯燥的理智,或者是宫廷语言的堆积……"——第七三节:"中国人所谓的心术,是一种没有心肝的统治手段,残酷地进行欺诈和暴力行为……心术越高,而他心中的人性越少,如果他让心术和人性共存,那么,他将是一个伟大的悲剧性格。他可能而且只能在他的关键时刻毁灭自己。……"——第八十节:"……宗教裁判所对待异教徒的手段是火刑,而现代只是使他沉默,或者直到他讲出违反人的本心的话。"——第一一一节:"当世俗的权利在精神的王国中挥舞着屠刀,企图以外在的强加来统治内在的世界。于是就产生诛心之论,产生法外之意。"——第一一二节:"一切美好的东西必须体现在个人身上。一个美好的社会不是对于国家的尊重,而是来自个人的自由发展。……"——第一一六节:"是像人一样的生活、感觉和思想，还是像僵尸一样地不思想？兽一样冲动？百灵鸟一样的学舌？"等等。

这些文字可以判定完全出于作者手笔，而不是引自前人的著作。因为只有处于作者那样特定的环境和遭遇，具有作者那种特定的个性、气质、禀赋的人，才会写下这样的文字。其中有许多话，比如第三十九节"人不是神，正如人不是兽"是"文革"后常用的类似说法。但要知道，作者写下这句话的时候是在"文革"前，甚至在一九六二年以前，比后来说这话的人至少要早十五年。我认为更值得注意的还不在于作者思想上的敏感，重要的是他具有一颗善于体察人类悲剧的同情心。困难和不幸并没有把这颗心磨硬，使他变得冷酷，相反倒增加了他对别人的苦难和不幸的同情与洞察力。在陷入胡风冤案前，我们都倾向于激进派，思想偏激，不赞成也不大懂得容忍和宽恕在一定情况下是必要的。我们在文章中，有时甚至会滥用疾恶如仇的激情去叱责对手，一定要把话说得淋漓尽致刻骨镂心才称心意，而没有想一想这些人并非大奸巨憝，他们同样是处在淫威之下。不幸的打击和苦难的折磨，不是令人丧失良知，堕入地狱，就是相反，锻炼人的毅力，使人净化自己的灵魂。作者在许多章节中都显示了一种新的思想境界。他在第九九节说："过去认为只有睚眦必报和锲而不舍才是为人负责的表现，现在却感到，宽恕和忘记也有一定意义，只要不被作为邪恶的利用和牺牲。耶稣并不完全错。"据我的印象，这是作者过去很少涉及的思想领域。紧接上面引文，还有这样两行文字："一九六一年九月十日，病发后六日记于无梦楼，时西风凛冽，秋雨连宵，寒衣卖尽，早餐阙如之时也。"在如此困顿的逆境中，作者没有被生活所压倒，没有产生丝毫的沮丧情绪，仍然保持着清明的头脑和宽广的胸怀，这是令人感动令人惊讶的。饱经忧患使他更以同情的态度去看待人类的悲剧。作者在第五七节中说："在颠倒的世界和混乱的时代中，人们的言论的悖理和行为的道德违反人性，是当然的现象，他们是牺牲者，道德上的失败者。他们干出了最蠢的事。像陷入一场恶梦那样，恐怖疲劳，两眼失神，他们的内心是非常矛盾和不安的。他们的不负责任和不诚实，常常是违反本质的。"读这段话需要仔细体会作者的时代和环境。如果不理解中国知识分子的苦难历程，不理解人在接连不断的运动中，由于恐惧和保存自己的本能，会干出怎样的蠢事，不理解牺牲者、道德失败者的人性是怎样被扭曲的……就不会懂得作者的这些告白。作者曾经赞美"出于自由心情"的"容忍"，却以"幻想统治者恩赐的奴隶道德"这一特定涵义赋予"仁慈"这两个字（见第二五节），如果还后者以应有的意蕴，我们可以说，作者对待由苦难所滋生出来的脆弱人性……是宽恕的，也是仁慈的。我以为这类文字凝聚了作者极其深刻的思想，构成了这本书的最美篇章。

从本书一些文字中也可以看出作者正经历着极为痛苦的思想探索过程，如果命运不是那样残酷地把多种不幸降在他身上，而使他享有天年，我相信他会在现代中国思想史上作出很少有人可以匹敌的贡献的。可是他在荆棘丛生的思想征程上起步不久，才三十多岁，还可以工作许多年，就夭折了。从这本书可以看出，他十分赞扬黑格尔哲学，如第一三五节谈到"建立体系的大师"，第一〇九节谈到"圣人虽然不怒，但恨却更合乎人性"，第九八节谈到"历史上有地位和成体系的大家，都代表真理发展的一个环节"……这些说法不难发现黑格尔的影子。作者对康德却往往不无微词。（不知是不是因为仍怀着激进的启蒙心态，对他的不可知论表示不满？）书中第一节谈到"哲学的任务是在于使人有力量（理性）来改变外在压迫和内在冲动",列举了康德、黑格尔、斯宾诺莎、狄德罗、费尔巴哈诸说,但在末尾又加上了"无梦楼按:康德例外,他对这力量本身怀疑"。那么上面那段正文是谁说的呢?对于这段话的正文和按语我一直在思考,我认为两者都可能出于作者的手笔。为什么要这样做?回答就是我在前面已经说过的作者为了提防检查,事先做好自藏锋芒的修饰。第十四节谈到真理论,在正文后的括弧中说:"远处传来了康德的声音:不,只说对了一半,人类对真理是不可知的。"第一六七节是推重康德批判独断主义,作者说康德站在远处。倘细察默省我们就会这样想,随着日月推移,作者将越来越向康德逼近,然而作者早逝,这种推测将始终成为一种推测而已。

本书编者记述作者在横逆和困顿中好学不倦的精神是令人感动的:"为了能看到书报,他常在早上四点钟起床,从绍兴东关坐三个小时的手摇船到绍兴城,在书店,在路边的报栏,站几个钟头阅读,到中午十一时再坐船回家。"作者舍不得用有限的生活费买一些必要的生活用品,连内裤都是剪裁已经破烂的外衣补缀而成,可是他回乡后在几年中,购买了一批书价并不便宜的书,有:《历史哲学》、《魏晋玄学论稿》、《哲学史讲演录》、《伦理学》、《罗曼·罗兰文抄》、《松阴讲义》、《汉学商兑》、《薛文清公读书谈》、《朱子语类辑略》、《判断力批判》、《反杜林论》等等,作者并不把学术和思想看成是对立的,认为重学术就会轻思想,像有人所说的"学术出台思想淡化"那样。正由于他勤学苦读,才使他的思想更臻于成熟、深刻。对他来说,学术不但没有淡化思想,相反,却是深化思想的一个必要因素。

末了我想借用作者一段话来说明近年来议论很多的反思问题。第十八节:"又是一种误会,即把哲学性的自我反思与一般理智思考混淆起来了。前者是思考自己,即把自我的全部心灵,作为思考的对象,后者是逻辑分析。"作者所说哲学性的反思和一般理智思考的区别,是许多自称反思的人,也包括一些指摘所谓"九十年代反思"的人所不理解的。他们将两者混为一谈了,但只有懂得其间区别的人,才能理解反思的真正意义。

一九九七年六月一日

谈孙冶方——《陈修良文集》序

今年十一月六日是修良大姐逝世的周年，尚之准备为母亲编文集，嘱我写序，这是义不容辞的。抗战初，修良大姐在江苏省委领导下负责妇委工作，那时我入党不久，还是一个十几岁的青年。修良大姐没有直接领导过我，但我在文委时，沙文汉同志是江苏省委的宣传部长，曾给文委成员上过党课。我和修良大姐相识很迟，八十年代后期才接触多起来。后来她身体不好，长期住院疗养，我每次去看她都谈得很高兴。没有会面她就打电话来，谈谈她的一些想法。对于丑恶的东西，她那种疾恶如仇的态度，就像一个血气方刚的青年人。那时她患了骨质疏松症，不能下床，仍认真阅读书报，思考问题，写回忆录，不能写就口述。我不禁想有多少年届九十还在生病的老人会像她一样？我并不想为修良大姐讳，由于老年人容易失控，她感情冲动时也会说一些过火的话，这一点曾引起有些人非议。但知人论世当取大节，她的鲠直的性格，磊落的态度，毕竟是可贵的品质。难道她不是常常把大家想说而没有说的话说了出来么？

修良大姐是二十年代入党的老同志，她在文章中所谈的多半是自己的革命经历，我对这些事所知有限，我理解得比较多的是那本书《孙冶方革命生涯六十年》。修良大姐和孙冶方有着深厚的战斗友情。大革命后，他们同在莫斯科中大学习，又一起受到校长米夫所支持的王明、康生的打击和迫害。回国后，修良大姐帮助孙冶方恢复组织关系，还介绍他和洪克平大姐相识。这本书不仅提供了有关孙冶方本人及历史背景的第一手资料，而且帮助我们进而去认识他的内心生活和精神面貌。本书所提供的资料简直可以作为史鉴来读。一九二八年初，中大发现了所谓"江浙同乡会反革命组织"，这一政治案件仅仅是由一句戏言引起的。原来中大江浙籍的同学常到孙冶方处去玩，一次一个同学从那里经过，听见里面讲话都是江浙口音，回来就向人说，他们在开同乡会。中大肃反开始，王明负责学生支部局工作，他对其中某些人怀着派性偏见，竟借这句玩笑话把他们打成托派，虽然后来查明了真相未作反革命处理，但十多年后王明在长江局当书记时，还问一个由上海去汇报工作的同志："中国农村经济研究会有一个薛萼果（即孙冶方原名）的托派分子现在哪里？"那时在莫斯科军大学习的中国同学也发生了相同的事件。军大也有一些江浙同学要在那里学习的蒋经国请客烧点中国饭菜吃，蒋写了一个纸条回答说"钱未汇到，没有会费"。条子里的"会费"同样是句戏言，不料恰好可以和中大的"江浙同乡会反革命组织"联系起来。这些因戏言而兴大狱的事发生在七十多年前，可是后来的审干肃反没有从中吸取教训。五十年代在审查所谓"潘扬反革命"案件时，也因为过去有人在淮阴把奉命联络文化人的扬帆比作孟尝君，开玩笑说："扬公门下三千客，尽是鸡鸣狗盗徒。"于是断定扬帆的"反革命组织"有三千人之多（扬帆也是孤岛时期的地下党文委成员之一）。本书中详细记录了"江浙同乡会"案件始末，我想主要是由于这虽然是孙冶方本人的事，但又不限于彼时彼地他一个人。同类的事还在发生，它们并未成为过去。

修良大姐在本书中重点介绍了孤岛时期的上海文化工作，为被污蔑成"黑线"的三十年代文艺工作平反。她在字里行间流露出对这段生活的怀念。这些年代也是令我难忘的岁月。孤岛时期孙冶方是文委书记，副书记是顾准和曹荻秋。我所在的文学小组由戴平万（书中"万"字误印作"凡"）、林淡秋分头领导，而孙、顾二人都代表文委参加过我们的小组活动。我还记得当顾准代替文委的另一个同志来参加我们的小组时，大家是多么高兴。原来那位领导过于严肃，对我们动辄加以训斥。而顾准是富有人情味的，他第一次参加小组活动时还带了一点糖果，大家边吃边谈，毫无拘束。有一件事我的印象很深，当时我负责文艺通讯的组织工作，这是一个群众团体，参加的文艺青年有两三百人，突然文委决定解散，我的思想不通，小组同志几经说服，我仍不服，就越级给顾准写了一封长信。小组有些人对我的这一举动颇不以为然，可是后来我听蒋天佐告诉我，顾准当时却说坚持自己认为正确的看法还是好的，虽然他对我反对解散文通的意见并不同意。孙冶方偶尔也参加小组活动，他不苟言笑，但我们并不像怕那个喜欢训斥人的领导一样怕他。他虽然也很严肃，但并不严厉，有了问题，他只是细细地听你说，再慢慢地分析道理。有一次我闹情绪，他就是这样对待我的。还有一次，他去出席戏剧小组，那里有不少刚刚入党的年轻同志。开会了，他讲话刚刚开了个头，就停下来，在屋里嗅了嗅问："什么味道？"接着把面孔转向那位领导这个小组的同志，叫了声他的名字："你又不洗脚，脚要天天洗的。"他的话一出口，马上引起一阵哄笑，但他没有笑。他自己总是穿得很整齐，衣服洗得干干净净，似乎还经过熨斗熨过。后来我从修良大姐这本书中，才知道他当时经济很困难。我觉得修良大姐在书中曾形容他有时会显出一种憨态是颇为传神的。不过当时我们这些刚入党的小青年都很喜欢他，不知谁给他起了个"妈妈"的绰号，这名称一下子就叫开了。我们虽然幼稚，但都懂得他对我们的爱护，尽管他从未向我们公开表露过。抗战初是一个轰轰烈烈的时代，党内生活又是那样充满生机和朝气，这一切都使我们这些正在拚命吸取知识的小青年受到了良好的熏陶。那时我们的生活笼罩在一片欢腾的气氛中，虽然敌人是残暴的，工作是危险的，但我们还没有经受理想和现实的冲撞，我们心里的阳光还没有被任何云翳所吞没。

孤岛时期的文委做了大量的工作，可是修良大姐在这本书里只挑出当时文艺界所发生的一个问题来谈，即歌颂与暴露问题。她说这是社会主义国家中"争论不休的问题"。她认为孙冶方提出的观点特别值得重视。为什么在社会主义国家内，这个问题竟成为长期不能解决的问题呢？事情不在这个问题本身，而在它涉及对社会主义社会的看法，涉及对民主原则和民主作风问题。一种意见认为社会主义的优越性即在于它不会产生异化现象，因而也就不会存在任何黑暗、丑恶、腐败的东西。提出暴露是别有用心的。而另一种意见认为社会主义不是不会产生异化，而是在于它敢于公开揭露那些黑暗、丑恶、腐败的东西，它可以依靠民主的生活、健全的法律、舆论的监督这些自我调节的手段去加以克服，因而暴露是不可少的。修良大姐和孙冶方都坚持后面一种观点。当时文委的领导层中也有不同的意见，但多人如顾准、王任叔、林淡秋、戴平万、姜椿芳、殷扬等都和孙冶方的看法一致。当时我觉得这道理是不言自明的，连争辩也是不必要的，直到日后我才明白它涉及的方面确是十分复杂，延安文艺整风，就是由这个问题引发出来的。苏联在斯大林时期曾提出用批评和自我批评的方法去解决社会主义本身的矛盾，表面上也承认社会主义社会的黑暗面，主张揭露它。所以斯大林提出，如果批评的意见只有百分之五是正确的，就应当接受而不应该对批评的人打棍子。甚至他在那本和学术民主精神相悖的批判马尔语言学的著作中，也提出了没有自由讨论任何科学是无法前进的这一论点（可是实际上却从没有实行过）。然而我们这里连公开的说法也是反对揭露内部的黑暗面，反对讽刺的，认为它只能对外，不能对内。（就我记忆所及，解放初在一面倒的情况下，当苏共"十九大"政治报告提出文艺作品应当用讽刺的火焰把内部黑暗全部烧掉以后，《讲话》才作了文字上的修改。）实际上歌颂与暴露的问题并不是什么深奥的问题，而是一个关系到让不让人讲话和能不能听取不同意见的民主原则和民主作风问题，关系到应该不应该鼓励人们独立思考和发扬批判精神的问题。

坚持独立思考坚持批判精神是要付出巨大代价的。我以为这本书写得最精辟、最感人的地方，就是这些方面，并且从这些方面显示了孙冶方的内心生活和精神面貌。修良大姐所记述的那些事迹，清晰地勾勒出一个中国知识分子的悲壮的心路历程。它似乎在告诉我们：这个人生来就不是为了追求庸人梦寐以求的幸福，为了真理，他可以置自己的安危于不顾，纵使身临危境，也毫无畏惧，而决不会放弃自己的正确主张。现在我将书中有关这方面的记述依时间先后转述如下：

一九五八年大跃进时，"一大二公"之风盛行，张春桥在《解放》杂志上发表文章，鼓吹供给制。孙冶方冒着危险提出了"价值论"。（七二至七三页）

一九六二年六月至八月，陈伯达邀孙冶方每天去《红旗》杂志编辑部参加"座谈会"，康生也几次约他去"座谈"，鼓励他尽量"放"，以便收集他的"修正主义"罪证，以后再将他一棍子打死。他不顾好心人的劝告，虽然明知这是一个阴谋，仍旧决定参加。他说："我不需要三不主义（不抓辫子、不打棍子、不戴帽子），只要有答辩权，允许我反批判就行。帽子总是要戴的，不是戴这顶，就是戴那顶，可是答辩权最要紧。"（六八至六九页）

一九六三年底，他在哲学社会科学部一次扩大会议上，发表了关于利润问题的演说，更引起了人们的担心。有人劝他："风声很紧，还是不要再讲利润问题。"他回答："什么是风声，我不是研究气象学的。"继续写这方面的文章。（七八页）

一九六四年，康生、陈伯达根据孙冶方在内刊上发表的文章，给他戴上"中国最大的修正主义者"的帽子。有一次他们指定他去参加会议，讨论一篇在他指导下，由几个年轻人写的有关生产价格的论文。他挺身而出，把火引向自己。他说："不必批判年轻同志，这些观点是我的。"就这样承担了政治责任。在会上他阐发了价值规律的作用和资金利用效益的重要之后，严正声明说："要解决几十年的疑难，是要冒点风险的。尽管人家在那里给我敲警钟，提警告，说这是修正主义观点，我今天还要在这里坚持自己的意见，以后也不准备检讨。"在重重的压力下，有的人放弃了原来的观点，有的人灰心失望、准备改行。可是他在会上公开宣布接受挑战。他说："对我来说是遭遇战，我应战。"从此对他的打击一步步升级，直到"文革"开始，一九六八年四月四日夜间他被戴上手铐，关进秦城监狱以后，人们才再不能够听到他的声音。（七八至八一页）

他坐了七年的牢,在牢房中他一直坚持写他的"论战书",经过了二十年的"反思",他是有充分信心的。他说:"死不足惜,声誉毁了也不要紧,我长期从事经济研究所形成的观点决不能丢,我要为真理活下去,要在死前把它留下来,让人民去作公正的判决。"狱中没有纸,没有笔,他就打腹稿,反复背诵,达八十五遍之多。他长期患肝病,居然熬过了极端苦难的七年铁窗生活。一九七五年形势有所改变,他被释放出狱。当押他回家的造反派在汽车上警告他"要老实做人"时,他回答:"我是一不改志,二不改行,三不改变自己的观点的!"(八四至八七页)

他回家不久"反击右倾翻案风"就开始了。他目睹许多被指为"右倾翻案风的首从者"也跟着去批邓,心中感到非常忧虑。一次江青在大寨的讲话又点他的名说:"孙冶方又要翻案了。"他不但不怕,还坦然地说:"我有什么案可翻?至于经济学问题,我可以同她争论。他们把经济搞成了这个样子,难道也是我孙冶方的罪过吗?"

"文革"后,他快七十岁了,仍努力学德文,作调查研究,写文章,作读书笔记。书中对这段生活的记述,内容十分丰富,这里不能一一枚举,但有几件事,我觉得是不能不提的。一件是他在一九七七年十一月十六日的日记里,记载他通过读书和思考,认识到权力的腐蚀作用。这对他来说是一重大发现。还有一件事:一九七八年六月下旬,他从外地讲学回来,对于"唯上"的学风提出批评。他以马寅初的人口论为例,十分赞赏马老在一九五九年遭到围攻时说的一段话:"我虽年届八十,明知寡不敌众,自当单身匹马,出来应战,直到战死为止,决不向以力压服不以理说服的那些批评者们投降。"中国历史上本来就有"三军可以夺帅,匹夫不可以夺志"的传统,每逢危难关头,总有人挺身而出，甘冒不韪，迎着压力和打击，去伸张正义，去为真理而呼喊。这些威武不能屈、贫贱不能移、富贵不能淫，在任何情况下也不肯降志辱身的人，堪称中国的脊梁。他们是应该载入史册，让人永志不忘的。再有一件：一九七九年九月他经过超声波检查，发现胆囊附近有黑影，医生从他腰部抽出了瘀血，于是立即剖腹检查，发现是晚期肝癌。他开刀不久，就支撑着伤口未痊愈的病体，为多年未得彻底平反的老战友沙文汉向中央写报告。修良大姐听人说，这报告是"他用二条纱布拴在床上，拉着纱布条强坐起来"写成的，这事使修良大姐热泪盈眶。

动手术后，他休养了一个时期，又开始各种活动了。修良大姐特别提到一九八二年，他为影片《天云山传奇》进行申辩这件事。这部影片是根据小说拍摄的，放映不久就被斥为"完全歪曲了反右斗争的真相"，认为它是"资产阶级自由化在文艺上的反映"。当时他对这种无理的指责进行了抗争。他不顾别人要他"别管闲事"的劝告，不顾自己已患绝症的衰弱身体（他写这篇文章距他去世只有几个月的时间了），以分明的是非和热烈的爱憎，投入到这场论争中去。他身上所显示出来的这种精神力量，是来自他的信念，也来自他从三十年代讨论歌颂与暴露问题以来就已形成的观点，这是有坚实基础的。

我和他孤岛时期分手后一直未见过面，但常常听到他的消息。一九七八年五月二十七日他在上海科学会堂做报告[①]，那时我尚未平反，想尽了办法弄到一张入场券，坐在后排远远地望着他，这是我们分手四十年后第一次重逢。次年，我为自己的案子上京申诉，姜椿芳带我去见他，这才有机会作长谈。"十二大"时我们又见了面。大会开幕的那天，趁会前的空隙，我从拥挤的大厅中把《天云山传奇》的作者

（也是来参加大会的）找到和他见了面。最令我感动的是他去世后，他的助手把他的一本遗著寄给我，并在书的扉页上写下了这样几句话："冶方同志把书放在床边，本想等身体好些亲自签名将书送给你，但一直未能做到，现在只好由我在书上盖上他的图章，以表他的遗愿。"

读完修良大姐这本书后真是感慨万千，心情激荡不已。它使我回到孤岛时期刚刚入党的年轻时代。我是吸取上海地下党文委的精神乳汁长大成人的。文委中那些至今令我难忘的人，对我的思想的形成和人格的培养，曾经发生过巨大的影响。这些人里面，自然也包括了直接领导文委的沙文汉同志，包括虽与文委没有直接关系但在精神上和文委同呼吸共命运的修良大姐。

一九九九年八月二十日

注：

① 本文载入《陈修良文集》时，上海社会科学院出版社编辑根据自己揣测，将原稿中的"上海科学会堂"改作"上海社会科学院"，这是错误的。当时（一九七八年五月）上海社科院尚未恢复，孙冶方是在南昌路科学会堂作的演讲。

《思辨短简》后记

《思辨短简》是从过去文章中选出的片断，其中也包括若干未发表过的札记。前者在选入时大抵经过一些修改，但只限于文字的增删与润色，在思想内容上未作任何改动。

这些片断或阐述某一观点，或记述某一学案，均可独立成章。范围涉及思想、人物、历史、哲学、美学、鉴赏、考据、训诂乃至译文校订等。目前书籍中采取这种形式的尚不多，但在以前却是相当普遍的著书方法。我国传统有以笔记体所写的理论文字，如沈括《梦溪笔谈》、王应麟《困学纪闻》、顾亭林《日知录》、王念孙《读书杂志》等。除此以外，前人还往往从浩繁的卷帙中摘出旨要，汇编成集，或名为某某著作精华，或名为某某著作削繁。《思辨短简》虽不敢妄自比附前贤，但删繁就简以便浏览的目的却是相同的。这样做只是希望本书可以较广泛地传播我多年积累下来尚可供读者参考的一些知识性与理论性的文字。

本书既然经过我以今天的水平进行沙汰，自然不能表现我的思想历程，更无法代表我的思想全貌。我曾经陷入过机械论，发表过片面过激的意见，凡此种种，本书均未采入。因此倘要评价我，则应根据我那些未经删选的文集或文章。不过，差堪告慰的是不管我走过怎样崎岖的道路，我写作时是从自己的信念出发的。我有过犹豫和徬徨，但没有作过违心之论。当时对某些文艺观点以至某些政治观点的信念，今天看来，有些是幼稚的理想主义，有些则是近于自欺的愚忱，但当时我却真的相信它们。当它们和实际冲突，在我心中激起剧烈矛盾时，我曾先后有两次濒临思想崩溃的边缘，发生了精神危机。一次在一九五五年隔离时期，一次在"文革"中。这两次都在释放回家后经过精神科医生的治疗，才逐渐恢复。这些可怕的往事，我想留待将来写回忆录时再如实记载下来，作为一个中国知识分子的苦难历程留给后人。

我曾说："理论的生命在于勇敢和真诚。"对此，虽然我还有较大的差距，在荆棘丛生的理论道路上一再蹉跌，但我没有放弃自己的向往和努力。一千多年前，鸠摩罗什作为一个异邦人来到中土，他以宗教的虔诚传译梵典，自称未作妄语，死后舌不焦烂。我觉得这种对待自己事业的精神，至今仍值得效法。

我原拟为本书题名《文史辨》，后经编辑部一位老友提出意见，认为在这样的时刻取这样的书名，恐怕在推销征订上有问题。他建议取思辨二字。（短简是我拟定的，取其每篇均是短章之意。）我同意了这位朋友的意见。但这里要说一下，虽然有一时期我曾倾倒于黑格尔，但本书取名并不含有推重思辨哲学之意。思辨一词具有某些歧义。中世纪曾有思辨语法（speculative grammar）之名。据《大不列颠百科全书》（十五版简编）称，思辨这一词语并非取其现代涵义，而用其拉丁语源 speculum（镜子）之意，以说明语言反映潜在于物质世界的实质。我觉得这比《礼记》中所谓学问思辨的"慎思之"、"明辨之"的释义较为惬恰。我以思辨两字为书名，不过是表示我在思想辨析方面企图发掘较深层的某些意蕴而已。

　　这篇后记是我在参加五十三届国际笔会时，住在比利时边境一个小镇兰纳根（Lanaken）的旅舍中偷闲写出的。老实说，我对笔会兴趣不大，当时推辞不掉，才勉强赴会。好在这类会议并不需要天天到会。我十分喜爱兰纳根这个具有欧洲田园风味的小镇。它一直保持着乡间的恬静，绿草成茵。旅舍附近还有一片森林，在葱郁的浓荫中隐现出远方的一座古堡遗迹。住在兰纳根的几天，我早晚都去森林中散步，呼吸着带有潮湿泥土气息的新鲜空气。这篇后记中的一大部分就是在散步中构思，回到旅舍后断断续续写下来的。……

一九八九年五月十一日记于兰纳根

《思辨发微》序

本书是《思辨短简》的增订本，由原来的一百多篇，增至二百余篇。原有的篇章删去了一些，留下来的也都经过了修改，主要是文字上的润色，内容则一仍其旧，以保存不同时间的思想轨迹。关于本书体例，请参阅附录，这里就不再多说了。编者要我换一个书名，原拟用《海上短简》，但是承义认为这个名字不好，现在就用他建议的《思辨发微》作为书名。

书中收有一些辩难文字，不论对方是相识或不相识的，我们之间的争论，并不含有学术以外的动机。自然我也碰到过恶意的攻击，曲笔构陷，捏造罪名，但这已不属于理论研讨的范围。我感到庆幸的是，我的对方也往往持同样学术民主的立场，并不以我的驳诘为忤。我曾对《中国意识危机》的作者林毓生教授提过反对意见，在我们经过比较激烈的争论后，他成了我所敬重的朋友，虽然我们的意见并未达到一致。心灵的相契有时比观点上的分歧更为重要。我很佩服青年友人学勤的远见卓识，他在为《传统与反传统》所写的书评中，就预告了我和那位后来结识的友人在精神上的接近，而那时我并不同意他这种说法。我深深服膺十力先生所言：不萌自足之念和不挟标榜之私的学风。他曾特别揭出"虚己服善"这四个字，以为亭林、船山诸老遗范可师。十力先生的放达性格最易被人误解，以为他是那种意图一手推倒天下豪杰的妄自尊大者。可是读了上面那些话，谁还能这样去看待他呢？他是一个很会读书的人，常以自己的至情与作者精神相冥会。如他读庄，曾就《天下》所叙，称惠施应黄缭之问，遍及万物而不休，乃是一大科学家。他看出庄子描写惠子博学之神趣是极详尽、极生动的。又称，庄子责惠施的逐物之学，只在其不知反己，而并不在其所阐发的科学思想。这实是高远之见，为肤学者所不能道。我尤其赞赏他论庄惠关系的几句话："二人学术不同，卒成至友，博学知服，后人无此懿德也。"的确，学术界似乎尚缺乏这种气量与风度。我谨记这几句话，为的是鞭策自己不忘涤除逞强好胜之风。十力先生于一九五九年出版的《明心篇》，对孟子不无微词，曾遭非议，迄今未息。我不想为他的以大同反小康思想作辩解，但我认为他把孟子所主张的以圣王治天下称为"谬想"，是含有反对专制主义深意的。孟有胜于孔处，也有不及孔处。孔子有攻乎异端之说，但他毕竟主张和而不同，这就比孟子不息不著的激切说法显得宽容了。

这里，我要订正本书中的一个错误观点。过去我相信黑格尔说的人性恶要比人性善深刻得多。我对荀子的"善者伪也"作了肯定评价。可是近年来当我进行自我反思时，也对黑格尔作了再认识。我对他的上述说法感到怀疑。[①]一九七六年我的《韩非论稿》，只说韩非继承了申商衣钵，发扬了韩国重术的传统，而认为他与荀子性恶论殊少关联。其实，他不过是把荀子的性恶论发展到极端罢了。荀子认为人性恶可以通过外在力量加以改造，可是韩非不这样看。从逻辑的彻底性来说，韩非是对的。种子可以长出植物，石头却长不出植物，倘使人性中没有潜在的善的基因，不管强制性的外在力量多大，化恶为善是不可能的。所以韩非认为只有利用人的利赏恶罚的自为心，才可令其听命就范。这种性恶论自然不会相信人，尊重人，因为照他们看，人是丑恶的、自私的、卑贱的。过去我只对韩非的法、术、势深觉反感，一旦我弄清楚了性恶论的实质，我不禁对这种惨刻理论感到毛骨悚然。它给天下苍生带来多少苦难！我始终怀着人是神圣的信念。我相信罗曼·罗兰说的心的光明。我发现我国传统文化观念中也有几乎是同样的说法，这就是心本身所具有的"明几"。《船山遗书》曾抨击王阳明的格物致知为"孤明"，意谓王阳明所说的良知只是空洞的知，而没有情和意的参与。这种批评是否中肯这里且不讨论。我觉得王船山认为知、情、意必须结合在一起的说法是十分重要的见解。过去中国知识分子大都把自己的人格力量和学术良心渗透到治学中去。陈寅恪为王国维作纪念碑铭提到独立精神自由思想就是一例。而陈寅恪本人则更多的具有这种精神。

人的尊严是不可侮的。青年时代，我在一本通俗小册子里读到伽里略的事迹，我一直记得伽里略创地动说受到教廷审判宣告自己错误的情景，当这一切完毕以后，他怀着屈辱站起来说："可是地球还是动着的！"至今我一想到这事，我的心仍会感到战栗。思想是古怪的东西。思想不能强迫别人接受，思想也不是暴力可以摧毁的。

本书自过去的文章撷取的片断，就时间来说，从一九四〇到一九九〇年，已跨越半个世纪。我感到遗憾的是，由于境遇，也由于疏怠，我没有把想写的都写下来。年轻时，我喜欢过一位如今似乎永沉忘川再也不被人提起的俄国作家安特莱夫。他曾被责为阴冷、灰暗、病态。

我以为这不是误会就是曲解。我但愿有机会能为他的《红笑》、《往星中》、《大学教授》、《狗的跳舞》这些为我的年青心灵拥有过的作品说几句话。我也喜欢过英国的费尔丁。他不像狄更司那样多产，那样获得读者的爱戴。他的作品少，读者也少。但如果把他的《约瑟·安德路传》和狄更司的《匹克威克外传》放在一起要我选择，我会更偏向前者。费尔丁在书的扉页上书明"拟堂吉诃德"，如果不是他亲自写下这句话，别人是很难察觉它们之间的渊源关系的。狄更司的书我也爱读，他不但有才气，还有一颗仁慈的心。可是他的匹克威克太像亚当了。我可以举出这两部书有着像家族血缘所形成的那种类似的地方。自然，至今仍使我倾心的是本书中或多或少涉及过的莎士比亚、契诃夫、罗曼·罗兰，虽然后面这位作者在他本国或国外已经被人越来越淡忘了，然而我一想到他，仍旧感到温暖。他的约翰·克利斯朵夫曾经在我度过漫长艰难的岁月中给我以勇气。我不能一一列举我喜爱的外国作家的名字。但如果我不提一提司汤达，我会感到负疚的。这位赋有非凡才禀的作家，在他生前没没无闻，他预告一百年后会被人们理解。果然本世纪五十年代，他的作品像旋风般地风靡世界。可是令人感叹的是，冥冥之中似乎有什么力量在左右作家艺术命运的升降。不久，他在光芒四射之后，又隐没在黑暗中了。我愿意说，他在我心目中的地位，超越了当时不懂得他而对他采取漠视态度的雨果。我不禁反问自己：为什么今天的读者很多人读雨果的书而不知道有个司汤达呢？（正如在白朗底姐妹中选取了夏洛特的《简·爱》而将艾密莱的《呼啸山庄》弃置不顾。）是我抱残守缺，还是艺术感觉渐渐迟钝或者变异了？我不能回答，由将来去判断吧。在这里，我唤起青年时代的记忆，让那些曾经使我迷醉的艺术精灵在眼前再生。我早就由文学转入另一个领域，已经长久不谈，以后恐怕也不一定有机会谈到他们了。不管时间的无情浪潮使他们会有怎样的升降浮沉，我是不会忘记他们的。

　　这篇序是我在广东沿海的一个小村落里写的。这地方名叫白藤湖，距离斗门县府所在的井岸镇有数里之遥。它正在开发为一个旅游点，目前还是一个人烟稀少的偏僻处所。我在这里过着离群索居的生活已快三个月了，虽然寂寞，但我很喜欢这片幽静土地的美丽风光。我的窗外可以看到平静的湖水映照着蓝天上缓缓游动的白色云朵，永远是那样安详和恬静，即使微风徐徐拂过湖面，吹起细细的波纹悠然荡漾着的时候，也给人带来了一片和平，使我去掉浮嚣，在大自然中变得像它一样宁静⋯⋯

一九九二年二月记于烟雨蒙蒙的白藤湖

注：

① 过去我赞同黑格尔的人性恶的学说是受到《费尔巴哈论》的影响。这篇哲学名著是我一直爱读的，但现在在这个问题上却难以苟同。我不能同意它所说的："在阶级社会中，恶的情欲（贪欲和权势欲）是推动社会前进的杠杆。"（大意）事实上，促进生产力发展的科学发明和推动社会进步的思想学说，往往是出于为人类幸福作出贡献的善良动机。

《思辨随笔》序

五年前刊行的《思辨短简》是本书的初版本，这个本子收入短文一百五十三篇，共十五万字。出版不久，即告售罄，一直没有重印。两年前香港出版了经过增订的港版本，书名改为《思辨发微》。今年台湾又以港版本为底本，出版了台湾版本。现在上海文艺出版社出的这个本子《思辨随笔》是重新编定的，较以前有了很大变动，文字经过了修改，篇幅也作了大幅度调整。由最初的一百五十三篇，增至二百二十九篇，其中删去了原初版本和港台本的数十篇，字数则达二十五万言。

这本集子所收的文字，倘从一九四〇年写的《金圣叹示释弓》、《文章繁简》等算起，截至一九九三年止，前后已有五十三年，跨越了半个多世纪。在这漫长的岁月中，世事沧桑，我的思想也经历了不少变化，其中原委决不是一篇短短的序言可以尽其底蕴，只有留待他日有了充裕的时间再来追述。

编纂本书的宗旨和体例，在初版本跋和港台本序中已详，现不赘述，读者自可参阅本书的附录。这里需要说一下的是关于修改旧作问题。我过去是不赞成对旧作加以修订的，近来却有了一些不同想法。我不想像前人一样说"不悔少作"。因为少年时代固然有其活泼的生机和无邪的童稚，但由于盲目热情所导致的痴迷，由于缺乏独立思考所形成的陋见，却是应该向之诀别的。掩饰这些早年出现在自己身上的思想痕迹固然不对，但也没有必要对已经认识到的错误加以珍惜。不管一个人经历了怎样的变化，作为思想史和文化现象的研究，必须保存他在不同历史阶段所呈现的本来面目，而不容加以掩饰或更易。但对于一般读者来说，求知是主要目的，作者应该把自己认为是更好一些的东西奉献出来。

过去我谈到删改旧作问题时，曾按照习惯见解引章太炎为例，这也不大公正。由《訄书》到《检论》，太炎诚然作过多次修订，这是由于他在不太长的时间内经过了急骤的思想变化，而并不是由于他隐讳过去，示人以华衮。一位作者不愿让自己已经认识到的误失再在读者中间流传，这本是人之常情，但我们往往喜欢作过苛之论。从我自己的愿望来说，我也希望自己每一论点都能贯彻始终，永远正确，无奈在荆棘丛生的理论道路上，我却一再蹉跌，有过犹豫，有过彷徨，也走过弯路。不过，我相信细心的读者，仍可从本书中窥见，中国学人纵使历经劫难，处于困境，也还是本着自己的良知，在挣扎、反思、探索……他们并没有趋炎附势，也没有随波逐流。

本书收入了我在六十年代初就开始酝酿的有关方法论的文章，其中《论诠释》、《综合研究法》、《原则与原则的运用》、《由抽象上升到具体》、《知性的分析方法》等，在当时是较早接触这一问题的文字。八十年代大陆学术界兴起了方法论的热潮。那时以在社会科学领域内援用自然科学方法最为突出，有人甚至用系统论等来直接剖析历史，号称新义。自命富有开创意义的新观点、新方法，一时蔚然成风，形成一股似乎势不可挡的滚滚潮流。对于这股趋新猎奇之风，我开始在钦羡中多少有些茫然，继之是惶惑，终于对它进行了较为冷静的思考。当时的一些想法就写进收入本书的《新的不一定都是好的》和《各领风骚三五天》等文之中。"五四"时期胡适曾批评中国学术界是"目的热方法盲"，他所鼓吹的科学精神主要就是指方法论。胡适本人在治学上也是吸取了本世纪初美国所盛行的科学实验室精神。这几年我越来越对大陆上那些运用自然科学方法的论著发生疑问。这倒不是受到海外批判科学主义的影响，而是感到自然科学的规律和社会科学的规律很不一样，因此也就很难以前者去解释后者的各种现象。其实纵使在自然科学领域内，倘要通过实验去揭示某种规律，也需要排除干扰，在纯净的状态中进行，那么怎么可以将自然科学方法直接用到性质迥异的社会科学领域中来呢？近读《十力语要》，其中有些话虽针对当时，却也适用于今日。如称："知识之败，慕浮名而不务潜修。品节之败，慕虚荣而不甘枯淡。"这是指一些人对于未经深探的新学新说，徒惊于其声誉，震于其权威，炫于社会上千百无知者的辗转传说，遂沉迷其中。袭取外人的皮毛，其后果则是毁弃了自己的本性，从而渐渐失去了"独立研究与自由发展之精神"。

十力先生并不是一个食古不化的人。他早就说过东方文化其毒质至今已暴露殆尽。他所关怀的是发扬其中固有的优质。我觉得他对东方文化的认识，甚至比今天一些自命有思想的学者要清醒得多。近年来海峡彼岸一位论者曾对他痛加指摘，措词严厉，甚至夹杂着詈骂，斥他"既骄且吝，好名好胜而又目空四海，时时贪、痴、嗔三毒习气横发而又不知自检"。这使我想到本书所收《忒耳西忒斯式的酷评》一文中所举那种伎俩。我不知道论者是否把具有特色的大批判带到彼岸？十力先生不断修订自己的观点是出于追求真理的热忱，而不是趋承上意，取媚权势，凡熟悉他的人都对此有所理解。但这位论者却别出心裁，判定他于五十年代初删削《新论》，乃是迎合当局反宗教宣传。这真是惊听回视之论。其实，在此以前他早已由佛入儒。我以为他后来在《明心篇》中所说："吾惟以真理为归，本不拘家派。但《新论》实从佛家演变出来。"这几句话道出了他在反思佛学时删削旧作的真正原因。可是论者的政治情结对十力先生于一九四九年在去留问题上的选择深表反感，以致耐不住呵责他在大陆的十八年是"虽生犹死"，而所著"每一本新书都可以说是一种负积累，标志着他学术水平的倒退"。这还不够，论者同时还对他的为人也作了寻垢索瘢的挑剔。我不想对这些武断骛语进行辩解。据我所知刘述先生和郭齐勇先生已对论者的考释作了辩正。好在十力先生所撰各书俱在，读者自可参考。倘有人对这些著作的得失成败不虚美、不掩恶，作实事求是的探索，倒是大有裨益的。但这就需要躁释矜平，更不能狃于政治上的党派偏见妄生穿凿，厚诬前人。

这篇序言是在上海罕见的炎夏中写就。我每天工作三四小时，从来还没有感到这样吃力。现在全书即将问世，我可以实现我的多年宿愿了，那就是将本书奉献给我的亲爱的母亲桂月华。她于一八八七年八月初一生，一九八六年五月十五日殁。她的慈祥、仁爱、贤惠伴我度过幸福的童年。抗日战争时期，在日伪统治下的恐怖岁月里，她为我受尽惊吓，给予我只有母亲所能给予的关怀和帮助。在以后二十多年的坎坷命运中，母爱是我得以排遣寂寞、孤独、苦闷，从颓唐中振作起来的力量源泉。那时如果没有她和另几位亲人，我不能想象，我将活得多么凄苦……如今她离开这个世间已八年了,她始终安息在我的心中。十年浩劫后,我曾在一篇短文《女性赞》中涉及她,这篇短文收在本集中,作为我对她的默默的纪念。

一九九四年七月十五日写于炎夏时的清园

邂逅草书话

近日整理日记、旧稿，清出了三篇书话，其写作年代相距约一个甲子，但三篇所谈内容竟十分相近。我以为这些文字在当前尚不无现实意义，但这只是一种巧合。现将这三篇书话汇编在一起，题名"邂逅草书话"，取其不期而遇之意。

二〇〇〇年三月

谈诙谐

年轻时读鲁迅《新文学大系小说二集序》，其中有评王鲁彦作品的一段话："秋天的雨，'无心'的人，和人间社会是不会有情愫的。要说冷静，这才真是冷静，这才能和'托尔斯小'的无抵抗主义一同抹杀'牛克斯'的斗争说；和'达我文'的进化论一并嘲弄'克鲁屁特金'的互助论。对专制不平，但又向自由冷笑。作者是往往以诙谐之笔出之的，但也因为太冷静了，就又往往化为冷话，失掉了人间的诙谐。"

初读这段话不懂是什么意思。再读几遍，有些明白了。所谓"对专制不平，但又向自由冷笑"，这是指一种"太冷静了"，"没有心的参与"（即文中说的"无心的人"）的诙谐。今天文艺界正在风行的调侃之类，不是也有些类似么？理想、崇高、道德、真善美……统统滚他妈的旦！这个世界上再没有什么值得尊重和倾心的东西，让每个人头上都抹上一点粪吧。我以为鲁迅那些话是对这种极端虚无态度的批评。可是为什么托尔斯泰变成了托尔斯小，马克思变成了牛克斯，达尔文变成了达我文，克鲁泡特金变成了克鲁屁特金呢？究竟何所据而云？

日前杨扬来访，他正在编王鲁彦文集。我问他王鲁彦是否曾说过"托尔斯小"一类的话。他回答说，记忆中无此印象。我请他回去帮忙查查看。不久，他打电话来说，在王鲁彦一篇小说《柚子》里果然查到了。这篇小说是写作者和他的友人T君在街上去看杀头，在慌忙中，T君撞倒一个行人。作者就这件事说："撞倒一两个人有什么要紧呢？况且人家的头要被割掉，你们跌一跤又算什么？托尔斯小先生说过：'自由之代价，血与泪也。'那么我们为要得到在这许多人马中行走的自由，只好请你们出一点血与泪的代价了。"从这段话来看，作者"对专制不平，但又对自由冷笑"是明显的。

王鲁彦把几个伟大人物的名字更改了，其意若谓：你们不是说托尔斯泰伟大吗？我偏说他"小"，所以叫他托尔斯小。以此类推，"我"者"尔"之反，一字之易，使达尔文心里根本没有了"你"，只剩下一个"我"字。而"牛克斯"乃对马克思之蔑称，"什么马克思牛克斯"在当时早成为某些人的口头禅。至于"克鲁屁特金"则更是露骨的詈骂了。①

摘自一九九八年三月二日日记

注：

① 本文在《文汇读书周报》发表后，得梦熊来信，说《鲁迅全集》中已将王鲁彦那些话的出处全部注释明白。当时未查到，现将末一段作了修订。

《幻洲》记略

八十年代开始,调侃之风盛行,痞子文学兴起,许多人以为这是新近才出现的事。其实早在二十年代就有所谓"新流氓主义"了。我曾问过一些在大学教现代文学的老师,他们之中已经很少有人知道这桩公案。一九二六年,创造社出版了一本小型刊物,名叫《幻洲》。六十四开本,横排,半月一期,每期约两万字上下。编者以亚灵笔名,发表了谈新流氓主义的长篇论文,自第一期至第六期连载了五次(第五期未载)。这自然是一本左派杂志,它反对正人君子,也反对绅士学者。为什么提倡"新流氓主义"呢?作者开宗明义说:"生在这种世界,尤其不幸生在大好江山的中国,只有实行新流氓ism(主义),方能挽狂澜于既倒。"作者列举了当时一些被他称为"不堪入目的言行",其中有这样一些议论:"提倡中学生读经"、"讲新文学先得研究六朝文"、"内除共产外抗苏俄"、"冒无政府主义招牌当总司令走狗"、"瞎吹共产主义希图骗几片卢布"、"冒圣人之名跪奏废帝复辟"、"追随亡国诗人身旁大吹'诗哲法螺'"、"提倡艺术要民众化却没有找着民众"、"高喊女子解放而自己老婆还是野鸡化"等等。作者举出这些议论后愤愤地骂道："我入他妈的，诸如此类的正人君子绅士学者才是祸国殃民的罪魁。"于是作者号召："凡是感到被束缚、被压迫、被愚弄、被欺侮的青年，假如要反抗一切，非信仰新流氓 ism 不行。新流氓主义没有口号、没有信条，最重要的就是自己认为不满意的就奋力反抗，譬如你不赞成我的新流氓主义，你立刻反驳我，打倒我，高喊'反对新流氓主义'；你果有这种精神，我也就乐不可支了！因为这种精神才是新流氓 ism 信徒的精神！"作者特别辟一章叫《骂人章》，说明为什么要骂的道理："骂是争斗的开始，人类生存最后的意识，也不过是争斗，所以我们并不认为争斗的开始——骂，是有伤道德。"怕骂是因为"被传统观念支配，脑筋上还有'恕道'这个东西"。

《幻洲》也确实刊载了不少骂人文章，创刊号上裴华女士一马当先，骂刘复说："我要骂他多时了，不骂出来，闷在肚子里实在难过，管他妈的，冒个万死，碰碰刘博士的钉子吧。"她认为刘复用"纸捻装"装订《扬鞭集》是"提倡疑古玄同主张'扔在臭毛厕里去'的线装书"，"唉！洋翰林（你家的放屁逻辑家大白称你的）而复古，岂不怪哉！装订虽是小事，但照'因小而见其大'的定律算起来，刘博士复古的嫌疑是证实了"。这一期还有养慎骂张伯苓校长"为学生看（性史）而整饬学风"的；泼皮骂陈望道因演讲男女平等而没有提经济独立是"冒牌的运动家"，是"丑表功"的。下面一期，有盯梢响应裴华女士，由刘复骂到《志摩的诗》，再骂到"继之而起"的俞平伯的《忆》和滕固的《迷宫》的。此外还有长虹的《蒋光赤休要臭得意》、泼皮《程艳秋的戏与朱湘的诗》等等。两本《幻洲》骂了这许多人，其声势之猛真使人感到有些所向披靡的样子。

除骂之外还有"实力"对付的办法。"关于似新而旧，似是而非；怕干脆而爱妥协；爱虚伪而冒真实；已老而假充年少……的一类，我们是预备用实力的争斗制服他们,在没有拿出争斗实力以前,也是先用骂来做导火线。"《幻洲》的骂人文章还有一些是没有点名的,这方面涉及的面就更广了。

读了《幻洲》,我不禁想现代中国文化中,何以先后出现了新流氓主义和痞子文学?两者之间有何渊源?它与中国长期存在的帮会传统有无关系?这些都是值得研究的问题。其实"流氓气"、"痞子气",不是新流氓主义或痞子文学所专有的,它的幽灵也常常从其他方面显现出来。可惜没有人去研究这一有关现代中国作家学人的文化精神和文化素质问题。鲁迅不仅批评了创造社的"流氓加才子"气,晚年在答徐懋庸那篇文章里还谈到当时文坛的某种类型人物。他用了一个不大被人注意的用语"破落户的飘零子弟"去称呼他们。那时我不懂这称呼是什么意思,也未予探究,但现在却觉得是很值得玩味的。最近读杜亚泉文章,发现他分析游民文化的特征,颇可以用来说明"破落户的飘零子弟"身上的那种"流氓气"与"痞子气"。杜亚泉指出知识阶级缺乏独立思想,适与贵族同化,穷与游民为伍,遂形成了一种游民文化。这种人有两面性。一面夸大骄慢,凡事皆出于武断,喜压制,好自矜贵,视当世人皆贱,若不屑与之齿者;另一面则是轻佻浮躁,凡事皆倾向于过激,喜破坏,常怀愤恨,视当世人皆恶,几无一不可杀者。我觉得这些话正可以用来作为"流氓气"和"痞子气"的最惬恰的解释。八十年代初,我撰写《让酷评的幽灵永不再现》,可是到了九十年代后期,酷评不但死灰复燃,且有变本加厉之势。不过这时的酷评已不是造反派的大批判,而是以"进步勇士"的面目出现了。

摘自一九九九年五月十日日记

《九尾龟》

我不是老上海,不大清楚上海滩上的流氓活动。我只知道北方有个帮会叫"在家里",或者是这个"礼"字。

我在北平育英中学读书的时候,一个绰号叫作"老陕"的地理教员——细长的身材,冬瓜一般光滑的和尚头,陕西口音——上课常常迟到,来了之后,一定要把他的毡帽翻过来,像脸盆一样摆在课桌上,脱下的手套也一定要放进帽子里面。他除了死背书本以外,常问两个问题:"××人口扰(若)干哪……?""××出产怎样哪……?"尾音拖得很长,像念诗一样,但他的奇怪举止并未引起同学的哄笑。我问老同学,才知道"老陕"就是"在家里",他把手套摆在朝天的帽口里的习惯,原来就是"在家里"应遵守的一种规矩。

"在家里"虽然也是依势混一口饭吃,但是却没有流氓那样专横跋扈。只要你不去惹他,他也不会睬你。我真正懂得了流氓的利害是到上海之后的事了。

一到上海,就有长辈告诫我:如果遇见了歪戴帽子,鼓起眼珠,捋拳捋袖的汉子,就要赶快避开,千万不可和他们争长论短。后来,我的经验逐渐增多，才知道流氓是无孔不入的。他们从四面八方把你包围，使你躲不胜躲，防不胜防。报上的新闻社会版，几乎每天都有这种记载。例如要是看见广告上说："麻将牌每副一元，寄费在内。"你寄了一块钱去，可是收到的却是不值两角钱的纸牌，你上当了，他在背后还会骂你"阿木林掮木梢"，这就是流氓手段之一。插金带银的妇人走在马路上，迎面来了一个陌生人，突然劈拍两声，请她吃了两记耳光，口里还要骂她偷汉，于是抢了银钱首饰扬长而去。这也是流氓手段"装笋头"。大而言之，还有什么"仙人跳"、"放白鸽"等等，举不胜举，小而言之，我们常常可以在马路上见到故意打翻担子求乞的，叫作"放生意"，摆一个象棋摊子和人赌赛骗钱的叫作"翻戏"，真是五花八门，应有尽有，连乞丐都有流氓的骗术；用蜡烛油、煤烟、豆腐、猪血涂在腿上，假作脓血溃烂，你如果不细察决不会怀疑他是假装的。不过，流氓虽然无恶不作，但他们还不会说自己是什么"公理声辩者"，到底还没有流氓文学家的脸皮来得厚。

你如果一不小心得罪了流氓，那么他们就一定要寻衅报复，办法有软硬两种。硬的有："吃卫生丸"（用手枪狙击）、"开山王斧"（用利斧劈）、"驼石碑"（沉入于河）、"背娘舅"（用绳勒毙）、"借腿"（用木棒打断人腿）、"种荷花"（溺人于河）。这末一项，我有一次在马路上就听见一个人对他的敌手说过：

"侬勿要神气活现，留心老子种侬的荷花！"

其实声明要种别人荷花的，未必就真的实行，因为真的要种别人荷花一定不肯预先通知对手的。所以我们在马路上遇见了指手画脚大喊大叫的人尽可放心，遇见了闷声不响胸有成竹的人反倒要提防一二。

至于软的手段有："洒香水"（以镪水浇人头面）、"拍粉"（以生石灰迷人眼睛）、"摆堆老"（以荷叶裹秽向人头上抛掷），前些天报上就登着一位妇女被人"洒香水"的新闻。这些都是上海的特产，北方大概是没有的，只在"九·一八"之后，有一个时期，北平出现了一群洋场恶少，出于私欲用镪水洒在别人的西装上，还说这是为了爱国，可是没有多久，这群"爱国的恶少"也不知去向了。

"洒香水"是要损伤仇人的脸面，"拍粉"是要迷瞎仇人的眼睛，这些手段我们是可以明白的。最使我觉得特别的是"摆堆老"。据说人头着粪至少要交恶运三年。为什么人头着粪就要交恶运呢？我至今还不明白，流氓寻衅报复的手段，或硬，或软，或阴险，或毒辣；虽然可卑，但是最恶劣的还是"摆堆老"，他老远的站着，手里拿的不是刀枪，却是一包粪便，不等你看清他的面目，他就把手里的东西向你抛来，击中了，虽不会致命，但是要大大吃亏。所以我奉劝大家遇见专爱"摆堆老"的流氓，只有不去理他。"粪帚文人令勇士退避"，你如果去和他们打笔墨官司，是永远打不清的。

就我所看到的来说，用图画和文字勾画流氓嘴脸的作品似乎还很少。据说清末吴友如画"流氓拆梢"之类是享有盛名的，他主编的《点石斋画报》就勾画出了不少流氓的嘴脸，可是我连后来翻印的《吴友如墨宝》都没有见到。不过我以为许晓霞、汪仲贤在《社会日报》上合作的《上海俗语图说》是聊备一格的。也许《上海俗语图说》不及《吴友如墨宝》那样古雅，可是内容却复杂得多了，光是与流氓有关的图画就不下百余幅，占全书的一大半，其中所画的流氓骗术有些在吴友如活着的时候还没有出现呢。

几乎与吴友如同时出现了一本描写流氓的小说，这就是《九尾龟》。《九尾龟》中的章秋谷可以算现在流氓的鼻祖了。据苕狂在《九尾龟》一文中说：

> 本书主人公，夫人而知是章秋谷，也夫人而知是著者自况；可是在相貌方面，未免写得不忠实一些，凡与著者认识的，都觉得这笔下产生的章秋谷，要比张春帆本人漂亮多了。

章秋谷是"胸罗星斗，倚马万言"的才子，才子不但要有"海阔天空，山高月朗"的胸襟，"蛟龙得雨，鹰隼盘空"的意气，并且还一定得有一张漂亮的面孔，否则佳人不会垂怜。可是千金小姐大家闺秀是不容易到手的，只好以妓女来代替了。这风气在当时很盛行，直到"五四"运动爆发，仍旧没有革除干净。新文艺运动健将刘半农被《新青年》编辑请到北京之后，几乎有一年多，仍有上海带来的"红袖添香夜读书"想法，后来好容易才给《新青年》同仁骂掉了。

章秋谷是地主的子弟，家里很有几个钱，所以才能够作着才子佳人的美梦。现在的才子是没有那样幸运了，经济上就远远比不上。因此漂亮的阔小姐偏偏垂爱卖文为活的穷学生一类的"新才子佳人"小说出现了。以前是才子嫖佳人，现在只好掉过头来，阔小姐怜爱穷学生的事一时成为美谈。倘若不信，请你拜读一下沈天鹤先生"保留电影摄制权"的《江秋白》就可以知道。这些梦想阔小姐的没落才子使人不禁想到《九尾龟》里那个倒霉的牛幼康，他们倒是有些相像的。

章秋谷虽然有钱，可是他深信"只有妓女负心，不见客人薄幸"。自拟为贾宝玉，把妓女当作林妹妹的呆头呆脑的痴想，他是没有了。他渐渐知道了制服妓女的方法，懂得了占便宜的门槛，因此他就成了流氓才子。"摆堆老"的流氓可能被捉去坐牢,"种荷花"的流氓可能捉去偿命,唯有流氓才子深通法律,他们欺压的是弱小,所以永远可以无往而不利。而且章秋谷还会运用"扬之可以使上天,抑之可以使入地"这种中国祖传的秘方,要别人帮助就主张互助论,要占别人便宜就主张生存竞争,要别人退让就主张托尔斯泰主义……

流氓吊膀子,章秋谷要打散,以为:"引诱良家妇女真是死有余辜!"(四十八回)可是他自己却用尽心机,买通内线,作好圈套来勾引良家妇女,对方不答应,他居然还会吐出一口带着血丝的痰来。(一百十一回)其实所有的流氓才子差不多都会这一手,例如在强词夺理的时候,也会挤出一二滴眼泪来,仿佛他的赤诚可以感动天地似的。可是我却非常讨厌这种咯血含泪的批评。……(下略)

附记:本篇摘自 1941 年孤岛时期出版的《万人小说》,篇名为《〈九尾龟〉中的男性》。当时作者用的笔名是禹鼎。

图书在版编目(CIP)数据

九十年代反思录 / 王元化著. — 上海：上海书店出版社，2023.1
（王元化著作集）
ISBN 978-7-5458-2223-6

Ⅰ.①九… Ⅱ.①王… Ⅲ.①社会科学—文集 Ⅳ.①C53

中国版本图书馆CIP数据核字（2022）第188778号

统筹策划 杨英姿
责任编辑 邹　烨
封面设计 胡斌工作室

九十年代反思录
王元化　著

出　版　上海书店出版社
　　　　（201101　上海市闵行区号景路159弄C座）
发　行　上海人民出版社发行中心
印　刷　苏州市越洋印刷有限公司
开　本　890×1240　1/32
印　张　10.125
字　数　230,000
插　页　2
版　次　2023年1月第1版
印　次　2023年1月第1次印刷
ISBN 978-7-5458-2223-6/C·36
定　价　78.00元